GARTEN-
DAS JAHR

GARTEN
Wissen

GARTEN-DAS JAHR

Monat für Monat

Ian Spence

DORLING KINDERSLEY

DORLING KINDERSLEY
London, New York, Melbourne, München und Delhi

Programmleitung Jonathan Metcalf
Projektleitung Liz Wheeler
Cheflektorat Esther Ripley
Lektorat Helen Fewster
Projektbetreuung Caroline Reed
Bildredaktion Alison Donovan, Joanne Doran, Elaine Hewson
Gestaltung Becky Tennant
Art Director Peter Luff
Herstellung Joanna Byrne, Luca Frassinetti, Mandy Inness

DK India
Redaktion Nidhilekha Mathur
Gestaltung Nitu Singh
DTP-Design Rajdeep Singh

Erstausgabe
Projektbetreuung Katie Dock
Bildredaktion Elly King
Redaktion Caroline Reed

Für die deutsche Ausgabe:
Programmleitung Monika Schlitzer
Projektbetreuung Regina Franke, Manuela Stern
Herstellungsleitung Dorothee Whittaker
Herstellung Mareike Hutsky

Bibliografische Information Der Deutschen Bibliothek
Die Deutsche Bibliothek verzeichnet diese Publikation in der Deutschen Nationalbibliografie; detaillierte bibliografische Daten sind im Internet über http://dnb.ddb.de abrufbar.

Titel der englischen Originalausgabe:
RHS Gardening month by month

Übersetzung und Bearbeitung Reinhard Ferstl
Redaktion der Neuausgabe Regine Gerst, Agnes Pahler

ISBN 978-3-8310-2077-5

Colour reproduction by MDP, Wiltshire, UK
Printed and bound in Singapore by Star Standard

Besuchen Sie uns im Internet
www.dorlingkindersley.de

INHALT

Einführung **6**

Januar **8**
Was zu tun ist 12
Stars 40

Februar **50**
Was zu tun ist 54
Stars 76

März **84**
Was zu tun ist 88
Stars 114

April **128**
Was zu tun ist 132
Stars 168

Mai **186**
Was zu tun ist 190
Stars 220

Juni **238**
Was zu tun ist 242
Stars 266

Juli **286**
Was zu tun ist 290
Stars 316

August **336**
Was zu tun ist 340
Stars 358

September **378**
Was zu tun ist 382
Stars 410

Oktober **420**
Was zu tun ist 424
Stars 450

November **462**
Was zu tun ist 466
Stars 484

Dezember **490**
Was zu tun ist 494
Stars 508

Das Jahr im Überblick **514**

Register 540
Dank und Bildnachweis 560

VERWENDETE SYMBOLE

🏆 Besonders empfehlenswerte Pflanze
↕ Höhe der Pflanze
↔ Breite der Pflanze

Gärtner sind von Natur aus Optimisten. Stets freuen sie sich auf das, was kommt; Jahr für Jahr sind sie überzeugt, diesmal noch bessere Ergebnisse als in der Vorsaison zu erzielen. Dazu aber müssen sie zur richtigen Zeit das Richtige tun. Dieses Buch erleichtert Ihnen das Planen Ihres Gartenjahres – nicht indem es Ihnen penibel vorschreibt, was wann zu tun ist, sondern indem es allgemeine Richtlinien vorgibt und praxisnahes Wissen vermittelt.

Ein exakter Fahrplan ist auch gar nicht möglich, denn die Klimabedingungen in Mitteleuropa sind von Region zu Region sehr verschieden. Je nachdem, ob man etwa am Oberrhein oder in einer Mittelgebirgsgegend wohnt, kann sich die Kirschblüte bis zu vier Wochen verschieben. Zudem muss das saisonale Wetter in Betracht gezogen werden. Bleiben Sie also flexibel und stellen Sie sich auf die aktuellen Bedingungen ein.

Gärtnern ist meine Leidenschaft – und diese Leidenschaft möchte ich mit Ihnen teilen. Ich hoffe, Sie hält auch bei Ihnen ein Leben lang an. Viel Spaß!

IAN SPENCE

WAS ZU TUN IST JANUAR

DAS WETTER

Im Januar scheint der Garten tief zu schlafen, doch dieser Eindruck täuscht. Während die Schneedecke den Garten magisch verzaubert und die ruhenden Gewächse schützt, verleihen immergrüne Pflanzen der winterlich kargen Umgebung eine feste Struktur.

KLIRREND KALT

Der Januar ist in Deutschland der kälteste Monat des Jahres, wobei in sternenklaren, windstillen Nächten Temperaturen von –30 °C auftreten können. Während Städte wie Frankfurt, Hamburg oder Berlin eine Durchschnittstemperatur von 0,2 °C aufweisen, ist es in Düsseldorf am Rhein mit 2,5 °C im Schnitt am wärmsten. In Regensburg beträgt die mittlere Januartemperatur –2,1 °C.

STÜRMISCH

Der Norden ist im Januar deutlich windreicher als der Süden. In diesem Monat erreicht die Tiefdruckaktivität über dem Atlantik einen Höhepunkt und bestimmt das Wetter in Europa. Setzt sich milde Meeresluft durch, kann sie schwere Stürme mit sich bringen. Der Orkan Kyrill, der am 18. und 19. Januar 2007 mit Spitzengeschwindigkeiten von 225 km pro Stunde über weite Teile Europas hinwegfegte, kostete Menschenleben und verursachte Schäden in Milliardenhöhe.

SONNIG IM BERGLAND

Vor allem im Gebirge zeigt sich im Januar die Sonne, in den nebelverhangenen Niederungen bleibt sie hingegen die Hälfte des Monats ganz verborgen. Im Schnitt liegt die monatliche Sonnenscheindauer in Deutschland bei 48 Stunden. Im schweizerische Bern, in Wien und in Salzburg scheint die Januarsonne jeweils 62 Stunden lang.

REGEN UND SCHNEE

Zu Jahresbeginn ist es oft kalt, zeitweise schneit es. Zwischen dem 5. und 14. Januar herrscht meist mildes, aber trübes Wetter vor. Die Niederschläge fallen als Regen oder Schnee. Ab der Monatsmitte sorgt häufig trockenes kaltes Hochdruckwetter für viel Sonnenschein und gute Fernsicht in den Bergen, dafür Nebel im Tal. Zum Monatsende hin wird es meist wieder milder.

NEUSCHNEE

Das wechselhaft nasskalte Wetter beschert Hochlagen viel Neuschnee. Bei Dauerfrost schneit es auch in tieferen Lagen. »Ist bis Dreikönigstag kein Winter, so kommt auch keiner mehr dahinter.« Diese Regel bestätigte sich gerade in den letzten Jahren häufig.

ALLGEMEINE GARTENARBEITEN

SAATGUT BESTELLEN

Das Angebot an Samen und Jungpflanzen von Versandfirmen ist schier unüberschaubar. Selbst für Fachleute ist es nicht einfach, die richtige Auswahl zu treffen. Blättern Sie einfach die Kataloge durch und überlegen Sie sich, was Sie im kommenden Jahr gerne pflanzen möchten. Mit altbewährten Sorten liegen Sie immer richtig. Es macht aber auch Spaß, neue Züchtungen auszuprobieren.

Wenn die Samenpäckchen per Post eintreffen, sollten Sie sie sogleich an einem kühlen Ort lagern. Ideal ist ein Plastikbehälter mit verschließbarer Haube. Legen Sie ihn einfach in die unteren Schubfächer des Kühlschranks.

ANALYSIEREN SIE IHREN BODEN

Es bricht einem schier das Herz, wenn man sieht, wie manche teuren Gewächse verkümmern, weil ihnen der Gartenboden nicht

Raschwüchsige Einjährige wie diese farbenfrohen Brunnenkressen blühen schon wenige Wochen nach der Aussaat.

behagt. Wenn Sie kein Risiko eingehen wollen, dann testen Sie vor dem Pflanzenkauf den Typ und pH-Wert des Untergrunds, d.h. ob er sauer oder alkalisch ist. Zerkrümeln Sie die Erde mit den Händen – so stellen Sie fest, welche Struktur sie hat. Enthält sie viel Ton und fühlt sich deshalb schwer und nass an? Besteht der Boden vorwiegend aus Sand und wirkt leicht und trocken? Oder ist er eine Mischung aus beiden, also lehmartig?

Den pH-Wert kann man mit Testsets feststellen, die man beispielsweise in Gartencentern bekommt. Die Auswahl ist groß, sie reicht von elektrischen Geräten bis hin zu Farbstreifen, die wenig kosten und meist völlig ausreichen. Wenn Sie mehr über Ihren Boden wissen, können Sie gezielt Gewächse auswählen, die in Ihrem Garten gut gedeihen.

Durch Einarbeiten von Kompost oder gut verrottetem Stallmist bzw. Mulchen mit Laubhumus lassen sich extreme Bodenarten ausgezeichnet verbessern. Am einfachsten ist es jedoch, den pH-Wert einfach hinzunehmen und die Gewächse zu pflanzen, die ihn auch vertragen.

Alle anderen Pflanzen setzt man eben in Töpfe oder Kästen mit speziell auf sie zugeschnittenem Substratgemisch.

Ton lässt sich gut formen.

Sand fühlt sich trocken und körnig an.

VERNICHTEN SIE UNKRAUTSAMEN

Wenn Sie im Januar durch Ihren Garten gehen, nehmen Sie eine Hacke mit und holen Sie die unerwünschten Gäste aus der Erde, bevor sie sich ausbreiten. Dann sparen Sie im Frühjahr eine Menge Zeit und Mühe. Einjährige Unkräuter wirft man auf den Komposthaufen, ausdauernde gräbt man möglichst mitsamt den Wurzeln aus und gibt sie in den Restmüll. Wurzelreste im Boden oder auf dem Komposter treiben oft neu aus und verschlimmern so die Unkrautplage.

VERTEILEN SIE ORGANISCHE SUBSTANZ

Wenn der Untergrund steinhart gefroren ist, gibt es draußen nicht viel zu tun. Sie sparen jedoch später eine Menge Zeit, wenn Sie jetzt gut verrotteten Stallmist oder Gartenkompost ausbringen. Normalerweise ist das Verteilen eine schmutzige Angelegenheit, aber auf gefrorener Erde kommen Sie halbwegs sauber davon. Zudem lässt sich der Schubkarren ohne große Anstrengung schieben. Schonen Sie aber vereisten Rasen. Legen Sie notfalls Bretter darüber.

Verteilen Sie Stallmist – die Niederschläge arbeiten ihn mit der Zeit in den Boden ein.

Verteilen Sie den Dünger gleichmäßig. Sobald das Wetter wärmer wird, taut der Untergrund auf. Wenn Sie sich an einem kalten Tag so richtig aufwärmen wollen, schnappen Sie sich die Schaufel oder Gabel, statt sich hinter dem Ofen zu verkriechen!

SAMMELN SIE ALTES LAUB AUF

Altes Laub sollte eingesammelt und auf den Kompost geworfen werden. Räumen Sie vor allem die Kronen von krautigen Stauden frei, denn sie sind besonders anfällig und faulen bei anhaltend feuchten Bedingungen unter abgefallenen Blättern sehr leicht. Seien Sie vorsichtig, wenn Sie große Laubhaufen einsammeln – ein Igel könnte darin sein Winterquartier aufgeschlagen haben. Die in manchen Katalogen angebotenen Laubsammler bzw. -greifer sind sicherer als Gabeln oder Rechen.

BEHALTEN SIE IHREN TEICH IM AUGE

Mit Teichen hat man in der kalten Jahreszeit wenig Arbeit. Wenn Sie allerdings Fische im Wasser halten, sollte nicht zu lange eine geschlossene Eisdecke das Gewässer bedecken, sonst sterben die Tiere an

Dicke Laubschichten schaden dem Rasen, harken Sie die Blätter deshalb regelmäßig zusammen.

Sauerstoffmangel. Stellen Sie deshalb jeden Morgen einige Sekunden lang eine Pfanne oder einen Topf mit heißem Wasser auf das Eis. Dadurch schmilzt ein Loch in die gefrorene Oberfläche. Schlagen Sie keinesfalls mit einem Hammer oder einem Stock eine Lücke ins Eis. Der Schock kann Fische und andere Teichbewohner töten oder die Folie beschädigen.

Alternativ können Sie im Winter auch einen Ball ins Wasser werfen, sofern Ihr Teich in einem festen Becken aus Zement oder Glasfaser angelegt wurde. Gefrierendes Wasser dehnt sich aus; dadurch kann die Belastung für das Becken zu groß werden, sodass es Risse bekommt. Ein Ball absorbiert diesen Druck. Wenn Sie ihn aus der vereisten Oberfläche holen, haben Sie gleichzeitig ein Loch für die Fische. Am Abend sollte der Ball natürlich wieder ins Loch kommen, das Sie dann unter Umständen etwas vergrößern müssen.

Bei großen Teichen kann man als praktische Alternative zum Ball einen an einer Schnur befestigten, teilweise mit Wasser gefüllten Kanister ins Wasser werfen. Binden Sie die Schnur am Ufer fest, sodass Sie den Behälter aus dem Wasser ziehen können, ohne sich über den Teich beugen zu müssen.

SCHONEN SIE GEFRORENEN RASEN

Eine mit Raureif überzogene oder vereiste Grünfläche sollte nicht betreten werden. Ansonsten nehmen die Halme Schaden und die Fußabdrücke bleiben nach dem Auftauen als gelbe Flecken im Rasen zurück.

VERTEILEN SIE WURMERDE

Würmer sind bis in den Spätherbst hinein im Boden aktiv. Deshalb sieht man noch oft Wurmerde auf dem Rasen liegen. Sie sollte regelmäßig weggebürstet werden, denn sonst bilden sich unansehnliche Erdflecken im Gras, auf denen sich obendrein noch besonders gern Unkraut ansiedelt. Ansonsten aber sind Würmer für den Garten eine Wohltat und dürfen nicht vertrieben werden. Man säubert den Rasen am besten mit einer langen, biegsamen Rute, die man über das Gras zieht, sodass sich die Häufchen verteilen. Kleinere Flächen lassen sich auch mit einem steifborstigen Besen kehren. Behandeln Sie Ihren Rasen aber nur, wenn er nicht gefroren ist.

VERBESSERN SIE DIE DURCHLÄSSIGKEIT

Schlecht drainierte Stellen erkennt man als leichte Vertiefungen, in denen sich das Wasser sammelt und nur schwer abläuft. Warten Sie, bis der Rasen einigermaßen trocken ist. Stechen Sie dann in 15-cm-Abständen eine Gartengabel 15 cm tief in den Boden und bewegen Sie die Zinken etwas hin und her, damit sich die Löcher weiten.

Unmittelbar nach dem Belüften sollte etwas feiner Gärtnersand – kein Bausand – bzw. eine Sand-Erde-Mischung über den betroffenen Bereich verteilt und mit einem steifborstigen Besen in die Löcher eingearbeitet werden. Das verhindert, dass sich die Löcher schnell wieder schließen, und verbessert die Drainage zusätzlich. Wenn Sie eine große Rasenfläche haben, können Sie sich auch ein Aerifizierungsgerät besorgen, das Ihnen die Arbeit erleichtert.

Aerifizieren Sie den Rasen mit einer Gabel. Für größere Flächen gibt es Geräte.

EBNEN SIE MULDEN UND BUCKEL EIN

Bei mildem, trockenem Wetter kann man durchaus schon im Januar unebene Rasenflächen planieren. Mulden lassen sich leicht auffüllen. Man sticht dazu mit einem Spaten oder Rasenkantenstecher ein »H« in das Gras. Dann schiebt man den Spaten unter die Sode und klappt jede Hälfte zurück (siehe Abb. unten). Nun gibt man Erde auf die nackte Stelle, tritt sie fest und legt das Gras wieder an seinen Platz. Sie können etwas mehr Erde unter die Sode streuen, da sich das Ganze noch setzt. Nachdem Sie die Sode wieder zurückgeklappt haben, sollten Sie sie mit dem Rücken einer Harke festklopfen.

Beim Einebnen von Buckeln geht man genauso vor wie beim Auffüllen von Mulden, nur dass man stattdessen etwas Erde abträgt.

Lösen Sie ein Stück Rasen und gleichen Sie Mulden und Buckel aus.

EINE KUR FÜR DEN RASENMÄHER

Bringen Sie den Rasenmäher zum Kundendienst. Wenn Sie ihn jetzt zur Inspektion geben, bekommen Sie ihn im Nu wieder zurück – im Sommer sind die Wartezeiten naturgemäß erheblich länger. Und ob Sie es glauben oder nicht: Sogar im Winter tut es dem Rasen gut, wenn man ihn hin und wieder mäht, besonders bei mildem Wetter. Ein winziger Rückschnitt mit der Einstellung auf der höchsten Stufe reicht, damit er besser aussieht. Je weniger man die Halme stutzt, desto gesünder bleibt das Gras. Das gilt übrigens auch für den Sommer.

WÄSSERN SIE GEFÄSSPFLANZEN

Selbst im Winter brauchen Pflanzen in Töpfen und Schalen gelegentlich etwas Flüssigkeit, vor allem wenn sie an einer Hauswand wachsen. Steht die Dachtraufe über, bekommen sie oft nur wenig Regen ab.

STRÄUCHER IN TÖPFEN BRAUCHEN SCHUTZ

In Töpfen gezogene Sträucher brauchen in der kalten Jahreszeit Schutz, selbst wenn sie völlig winterhart sind. Denn in den Gefäßen sind ihre Wurzeln der Kälte weit stärker ausgesetzt als in der Erde und können daher leichter Schaden nehmen. Man kann die Töpfe zum Beispiel in Luftpolsterfolie oder Gärtnervlies einwickeln. Noch mehr Wärme bietet eine Strohpackung, die man zusätzlich mit einer Plane oder alten Säcken umwickelt. Sie können die Gefäße auch ganz nah zusammenstellen – so schützen Sie sich gegenseitig. Oder Sie stellen sie gleich nach drinnen. Vergessen Sie außerdem nicht die leer im Garten herumstehenden Töpfe: Auch sie können durch Fröste springen, vor allem wenn sie glasiert oder aus Terrakotta sind, und sollten daher nach drinnen gebracht werden.

Wickeln Sie Ihre Töpfe in Gärtnervlies oder Luftpolsterfolie. Damit schützen Sie die empfindlichen Wurzeln vor der Kälte.

BÄUME, STRÄUCHER & KLETTERER

ERRICHTEN SIE EINEN WINDSCHUTZ

Frisch gesetzte Bäume und Sträucher, insbesondere immergrüne Gehölze, sollten mit einem Windfang vor Schnee und Böen geschützt werden. Dazu stellt man einen Rahmen um die Pflanze auf und befestigt ein Gärtnervlies, eine Plane oder eine Luftpolsterfolie daran. Um ganz sicher zu gehen, kann man noch etwas Stroh zwischen Rahmen und Gewächs packen. Achten Sie jedoch darauf, dass immer genug Luft zirkulieren kann und die Pflanze ausreichend Licht bekommt.

PRÜFEN SIE BAUMBÄNDER UND STÜTZEN

Baumbänder und Stützen. Werden junge Bäume und Büsche von Wind und Schnee gebeutelt, sind ihre Tage gezählt. Prüfen Sie deshalb regelmäßig Baumbänder und Stützen. Sind die Gehölze nicht gut im Boden verankert, lockern sie sich noch mehr, wenn Wind und Wetter an ihnen zerren. In den Hohlräumen sammelt sich Wasser und lässt die Wurzeln faulen.

Baumbänder sollten gut fixiert sein, aber auch nicht so fest sitzen, dass dadurch das Wachstum der Pflanze eingeschränkt wird.

Vor allem die Baumbänder junger Gehölze müssen regelmäßig überprüft werden.

SETZEN SIE SOMMERGRÜNE GEHÖLZE UM

Setzen Sie falsch platzierte sommergrüne Gehölze um. Selbst erfahrene Gärtner machen immer wieder Pflanzfehler. Fällt die Witterung für den Januar einmal ungewöhnlich mild aus, bietet sich die Gelegenheit, sommergrüne Bäume und Sträucher umzupflanzen, falls sie zu groß geworden sind oder am falschen Ort stehen. Unterschätzen Sie aber den Aufwand nicht. Schließlich sollen Sie so viel Wurzelballen mitsamt der schweren Erde aufnehmen wie möglich.

PFLANZEN SIE WURZELNACKTE GEHÖLZE

Während Sie den Boden vorbereiten, sollten Sie die Wurzeln vor Wind und Sonne schützen, damit sie nicht austrocknen. Stecken Sie den Ballen in eine Plastiktasche oder decken Sie die Wurzeln mit einem Häufchen Gartenerde zu. Nach dem Einpflanzen drückt man das Erdreich behutsam an,

Nach dem Einsetzen drückt man den Boden behutsam fest, damit er später nicht absackt. Füllen Sie ggf. etwas Erde nach.

damit es nicht zu stark verdichtet wird (siehe S.56).

Ist der Boden zu nass oder steinhart gefroren, können Sie das Gewächs auch in einer geschützten Gartenecke provisorisch einpflanzen. Manchmal aber ist selbst das nicht möglich. Wenn der Ballen in Folie oder Sackleinen eingeschlagen ist, hält ein Gehölz auch eine Weile unter Dach aus, vorausgesetzt, es bekommt genug Licht. Bei guter Pflege bringen Sie Ihr neu erworbenes Prachtstück so ein paar Wochen lang über die Runden.

PFLANZEN SIE SOMMERGRÜNE HECKEN

Sommergrüne Heckenpflanzen wie Hainbuche (*Carpinus*) und Weißdorn (*Crataegus*) können problemlos schon im Januar in gut vorbereitete Böden gesetzt werden, sofern die Witterung es zulässt. Am preiswertesten sind junge Setzlinge ohne Wurzelballen. Bei gefrorenem Boden oder Staunässe kann man sie auch einfach nur vorübergehend einschlagen (*siehe vorherige Seite*).

Markieren Sie einen Streifen von mindestens zwei Spaten Breite. Beginnen Sie dann an einem Ende des Streifens einen spatentiefen Graben auszuheben und schaffen Sie den ersten Schubkarren mit Erde an das andere Ende. Setzt sich der Boden des Grabens aus schwerem, verdichtetem Ton zusammen, können Sie ihn mit einer Grabgabel lockern. Heben Sie aber keinesfalls nährstoffarmen Unterboden mit aus.

Arbeiten Sie reichlich organisches Material in den Boden ein und füllen Sie den ausgehobenen Grabenabschnitt mit Erde aus dem nächsten Abschnitt. Wiederholen Sie das Ganze, bis Sie zum Ende des Heckenstreifens gelangt sind. Den letzten Abschnitt füllen Sie mit der Erde des ersten Aushubs. Setzen Sie die Jungpflanzen nun in gleichmäßigenAbständen und treten Sie die Erde fest.

Damit die Pflanze von Anfang an Nährstoffe bekommt, wird verrotteter Stallmist in die Grabensohle eingearbeitet.

Sobald Sie wissen, wozu Sie Ihren grünen Wall brauchen, können Sie die Pflanzen aussuchen. Beliebte Heckengewächse sind Buche, Berberitze und Zwergmispel.

An exponierten Standorten leistet ein Windschutz, etwa eine zwischen Posten gespannte Plastikfolie, gute Dienste. Überhaupt tut es einer Pflanze gut, wenn man sie in den ersten Jahren nach dem Pflanzen etwas verwöhnt – sie bedankt sich für die Aufmerksamkeit, indem sie später umso ansehnlicher und gesünder wird.

BAUMSCHNITT

Jungbäume wachsen oft in alle Richtungen und entwickeln am ganzen Stamm Wildtriebe. Man kann unerwünschte Zweige problemlos im Januar entfernen. Wenn Sie einen Hochstamm wollen, nehmen Sie einige der direkt am Stamm sitzenden Äste weg – nicht alle auf einmal, sondern über zwei, drei Jahre hinweg. Kürzen Sie sie zunächst und schneiden Sie sie im Jahr darauf vollständig ab. Wenn einige Blätter an den gestutzten Ästen bleiben, wird die Wuchskraft des Baums angeregt. Ein radikales Entfernen aller Triebe auf einmal hemmt das Gehölz zu sehr in seiner Entwicklung. Verwenden Sie eine Astsäge oder, wenn die Zweige dünner als Ihr kleiner Finger sind, eine Gartenschere.

HOCHSTAMM-SCHNITT

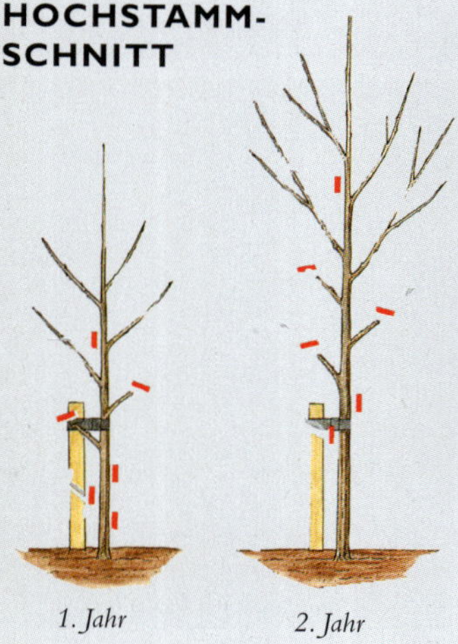

Ab dem 3. Jahr: Beim Entfernen dickerer Äste sollte der leicht verdickte Astring nicht verletzt werden.

SCHNITT VON WISTERIEN

Im Sommer schneidet man alle langen Jungtriebe bis auf 5–6 Knospen vor dem Haupttrieb zurück. Jetzt im Januar kürzt man sie noch einmal bis auf 2–3 Augen. Dasselbe gilt für neue Seitentriebe. Der Vorteil des Januarschnitts: Ohne Blätter sieht man genau, was wo weg muss. Überdies wird die Knospenbildung angeregt, sodass man sich auf reiche Blüte freuen kann.

Kürzen Sie sämtliche Seitentriebe am Hauptgerüst, damit Sie sich im Frühsommer über eine Blütenpracht sondergleichen freuen können. Das linke Bild zeigt eine Wisteria floribunda *'Multijuga'.*

HALTEN SIE KLETTERER IM ZAUM

Kletterer wie Blauregen (*Wisteria*), Zierrebe (*Vitis*), Efeu (*Hedera*), Wilder Wein (*Parthenocissus*) und die Kletterhortensie (*Hydrangea anomala* subsp. *petiolaris*) sollten jetzt geschnitten werden. Sie kriechen gern in Fensterrahmen und Türen; man schneidet sie deshalb so weit zurück, dass Sie keinen Schaden anrichten.

Wenn man Wilden Wein *(links),* Kletterhortensien *(rechts) und* Efeu *(unten) ungehindert wachsen lässt, überwuchern sie ihre Stütze und können viel Schaden anrichten.*

BLÜTENPFLANZEN

BRINGEN SIE ZWIEBELN NACH DRINNEN

Holen Sie Töpfe mit Zwiebeln, die Sie im Herbst in den Garten gestellt haben, ins Haus. In einem Gewächshaus oder Wintergarten kann man sie 1–2 Wochen zwischenlagern und so nach und nach an die Wärme gewöhnen. Verblühte Exemplare stellt man an einen kühlen, hellen Platz, bis sie im Frühjahr nach draußen kommen. Steigern Sie die Temperatur aber nicht zu schnell, sonst werden die Pflanzen langbeinig und entwickeln kümmerliche Blüten. Gießen Sie Zwiebel- und Knollenpflanzen in Behältern ohne Abzugsloch zurückhaltend.

Nach dem Flor stellt man die Gefäße an einen hellen Platz und knipst die Blüten ab, damit die Pflanze ihre Energie nicht in die Entwicklung von Samen steckt.

Versorgen Sie Ihre Zwiebeln weiterhin regelmäßig mit Nährstoffen, bis das Laub einzieht – man düngt sie am besten mit Kali. Im Frühjahr kann man sie dann in den Garten umsiedeln. Man sollte ein und dieselben Zwiebeln oder Knollen nicht Jahr für Jahr antreiben, denn dieses künstliche

Zwiebeldünger gibt es auch als Pulver, das man einfach in das Gießwasser gibt. Halten Sie sich an die Vorgaben des Herstellers.

Forcieren des Wachstums leert ihre Energiespeicher, sodass ihre Blühfähigkeit stark nachlässt.

BESTELLEN SIE SOMMERZWIEBELN

Das Durchblättern von Gartenkatalogen im Winter ist eine alles andere als unangenehme Beschäftigung. Wer jetzt rechtzeitig bestellt, hat die größte Auswahl. Sehr beliebt sind Lilien, aber warum sollte man nicht einmal etwas weniger gängige Zwiebel- und Knollengewächse wie die Riesenhyazinthe (*Galtonia candicans*) oder den Milchstern (*Ornithogalum*) ausprobieren?

Selbst nicht winterharte Zwiebelpflanzen wie die Tigerblume (*Tigridia*), die aus der Erde genommen und während der kalten Jahreszeit an einem frostfreien Platz gelagert werden müssen, sind leicht zu ziehen.

Greifen Sie ruhig einmal zu ungewöhnlicheren Zwiebelpflanzen wie Milchsternen (oben) oder Tigerblumen (rechts).

PRÜFEN SIE DAHLIEN-KNOLLEN

Prüfen Sie gelagerte Dahlienknollen auf Krankheiten. Knollen mit faulenden Stellen müssen aussortiert werden, sonst stecken sie den Rest an. Sind einzelne Knollen eines Stocks infiziert, trennt man sie ab. Entdeckt man Fäulnisbefall sehr früh, kann man die betroffenen Stellen ausschneiden und mit Schwefel bestäuben.

BESTELLEN SIE STAUDEN

Bestellen Sie aus Gartenkatalogen krautige Stauden, die im Frühjahr geliefert werden. Man kann heute aus einer erstaunlichen Vielzahl von Gewächsen auswählen und sich praktisch das ganze Jahr über an einem blühenden Garten erfreuen.

Vergessen Sie Blattschmuckstauden nicht: Sie unterstreichen Ihre Blüher und sorgen die gesamte Wachstumsperiode über für lebhaftes Grün. Immer beliebter werden z.B. Gräser und Farne.

Dahlienknollen werden mit Schwefelpulver bestäubt, um Fäulnis zu verhindern, und dann in Kisten mit Torfersatz gelagert. Die Krone muss aus dem Substrat herausragen.

Ziergräser (links), Seggen (unten links) und Farne (unten) bilden eine hervorragende Kulisse für Blütenpflanzen. Weiterer Vorteil: Sie kommen mit sehr wenig Pflege aus.

SÄEN SIE WICKEN

Wicken brauchen reichlich Wurzelraum; man gibt die Samen deshalb in lange »Wickenrohre«, die man gelegentlich in Gartencentern bekommt. Sie können sie aber auch selbst aus Zeitungspapier basteln, das Sie rollen und mit einem Klebeband umwickeln. Gute Dienste leisten Pappkerne von Toiletten- oder Küchenpapierrollen. Man stellt die Rollen in Anzuchtschalen und füllt sie mit torffreiem Substrat. Je nach Sorte müssen manche Samen über Nacht in Wasser gelegt werden, damit die Schale aufweicht.

Man kann auch an dem Ende, das dem Auge gegenüberliegt, ein Stück der Samenschale mit einem Messer herausschneiden. Dann dringt Wasser ins Innere, was die Keimung beschleunigt. Wicken brauchen keine hohen Temperaturen, um auszutreiben – ein kühler, heller Raum genügt.

Wer Wicken jetzt sät, wird im Sommer mit reicher Blüte belohnt werden.

WICKENSAMEN VORBEREITEN

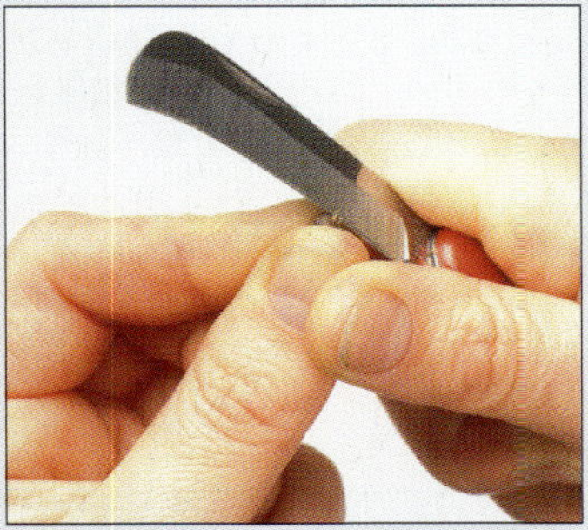

Weichen Sie die Samenkörner über Nacht ein oder ritzen Sie die harte Schale an, damit sie leichter keimen.

Drücken Sie in jedes Gefäß einige Körner 2–3 cm tief in die Erde. Gießen Sie gut und sorgen Sie für reichlich Licht.

KÜCHENGARTEN

UMGRABEN IM WINTER

Je eher man den Boden bearbeitet, desto besser, denn dann erledigt das Wetter bis zum Frühjahr den Rest, zerkrümelt große Brocken, verbessert die Bodenstruktur und erleichtert die Aufbereitung der Fläche im Frühjahr. Ist der Boden gefroren, sollten Sie zumindest Kompost oder Stallmist streuen. Nur wenn der Untergrund staunass ist, bleibt man dem Garten besser fern, sonst verdichtet man die Erde zu sehr und hat am Ende nichts als Schlamm. Er trocknet zu einer harten Kruste, die sich spä-

Verteilen Sie jedes Jahr organische Substanz auf der Oberfläche. Sie dringt im Lauf der Zeit von selbst in die Erde ein.

ter beim Aussäen nur mit großer Mühe bearbeiten lässt.

Damit man nicht auf der nackten Erde herumtrampeln muss, legt man für den Gemüseanbau am besten Flachbeete in Reihen an. Sie sollten nicht breiter als 1,20 m sein, sodass man die Mitte von beiden Seiten gut erreichen kann. Holländern Sie die Beete und arbeiten Sie reichlich organische Substanz ein. Holländern ähnelt dem einfachen Umgraben, doch wird der Boden zwei Spatentief ausgehoben. Danach brauchen Sie nie wieder umzugraben, sondern lediglich einmal jährlich im Winter eine Deckschicht Humus aufzutragen – die gesunde Wurmpopulation im Boden zieht diesen natürlichen Dünger schon in die Erde. In solchen Beeten können Sie Ihr Gemüse auch viel näher aneinander setzen, da Sie ja zwischen den Reihen keinen Weg brauchen. Außerdem ist der Boden nicht verdichtet. Und schließlich haben Sie einen höheren Ertrag als mit herkömmlichen Beeten.

In sehr milden Gegenden kann man den Untergrund mit Planen trocknen und wärmen.

BODEN MIT FOLIE ABDECKEN

In sehr milden oder geschützten Lagen kann sich das schon Ende Januar lohnen. Legen Sie eine große Plastikfolie über den umgegrabenen Bereich und fixieren Sie sie an den Ecken. Folientunnel halten nicht nur das schlimmste Winterwetter ab, sondern erwärmen den Boden auch. Das bringt vor allem dann Vorteile, wenn Sie unter Glas gezogene Jungpflanzen früh ins Freie setzen oder aussäen wollen. So können Sie Ihr Gemüse schon ernten, wenn es im Handel noch sehr teuer angeboten wird.

BLUMENKOHL BESCHATTEN

Beschatten Sie Blumenkohl unter Glas mit den eigenen Blättern. Die essbaren Teile des Kohls sind eigentlich die Blüte der Pflanze. Bekommt sie zu viel Licht, wird sie grün, entwickelt Knospen und ist dann nicht mehr genießbar. Man verzögert diesen Vorgang, indem man einige Blätter an der Mittelrippe abknickt und nach oben über den etwa faustgroßen Blumenkohl biegt, um ihn zu beschatten. Sie können das Laub auch zusammenbinden

Ideal zum Antreiben von Saatkartoffeln ist ein Eierkarton oder eine flache Schale.

FRÜHKARTOFFELN VORKEIMEN

Frisch geerntete Kartoffeln sind ein Genuss und schmecken weitaus besser als Supermarktware. Man setzt Frühkartoffeln je nach Lage im April ins Freie – in milden Gegenden kann man also schon Mitte Februar mit dem Vorkeimen beginnen. Der Januar ist denn auch der beste Monat, um geeignete Exemplare auszuwählen, passende Gefäße zu suchen und sich um einen Platz zum Auslegen zu kümmern.

Legen Sie die Knollen so in eine Schale, dass das Ende mit den meisten Augen nach oben zeigt. Dann stellt man die Schale an einen hellen, kühlen, aber frostfreien Ort. Nach 2–3 Wochen müssten die Kartoffeln austreiben. Entfernen Sie einige Triebe: 2–3 pro Knolle reichen für eine optimale Ernte. Im März kommen sie ins Freiland.

RHABARBER VORTREIBEN

Wenn Sie jetzt Rhabarber vortreiben, können Sie bereits im Frühjahr zarte Stängel ernten. Schneiden Sie aus der Krone alle abgestorbenen Blätter heraus. Stülpen Sie nun einen alten Mülleimer oder einen großen Topf darüber. Ideal sind spezielle Treibglocken aus Ton mit Deckel (siehe Abbildung), die man über die Krone stellt und – wenn möglich – mit frischem Pferdemist bedeckt. Der verrottende Dung erzeugt Wärme, sodass der Rhabarber im Inneren noch schneller heranreift.

Tonglocken zum Treiben von Rhabarber sind ein origineller Gartenschmuck. Der Deckel ist abnehmbar.

BRINGEN SIE JETZT SCHON EINEN ORGANISCHEN DÜNGER AUS

Gegen Ende des Monats kann man bei mildem Wetter allen Obstbäumen und -sträuchern einen organischen Dünger verabreichen. Ideal sind Blut-, Knochen- und Fischmehl oder Seetangextrakt, die die Nährstoffe nur langsam freigeben, sodass die Pflanzen nicht plötzlich einen Wachstumsschub wie bei chemischen Düngemitteln bekommen. Zu viel weichen Wuchs zu Beginn der Wachstumsperiode sollte man allerdings vermeiden, denn er ist anfällig für Schädlinge, Pflanzenkrankheiten und Frost.

Falls Sie die Basis von Bäumen und Sträuchern gemulcht haben, müssen Sie die Schicht vor dem Düngen entfernen. Gießen Sie anschließend und erneuern Sie die Mulchschicht.

JANUAR-PROJEKT

LILIEN IM TOPF: FRÜHE FARBENPRACHT

Mit Lilien erreicht der Sommer seinen Höhepunkt. Nutzen Sie den süßen Duft dieser Schönheiten, indem Sie einige im Topf neben der Eingangstür ziehen, damit Sie jedes Mal beim Vorbeigehen den Wohlgeruch wahrnehmen.

Sie können die Blühsaison erweitern, indem Sie Lilien bereits ab Januar in Töpfen ziehen. Ein paar Zwiebeln im Abstand von vier Wochen in die Erde gesteckt, und Sie dürfen sich über eine lange Abfolge von Blüten freuen. Lilien sind winterhart, trotzdem verhilft man ihnen zu einem perfekten Start in das Jahr, wenn man sie drinnen vortreibt. Zur Auswahl stehen viele Arten mit schönem Aussehen und feinem Duft, etwa *Lilium auratum*, *L. candidum*, *L. hansonii*, *L. regale* und Hybriden wie 'Star Gazer' (*rechts*) oder 'Arabian Red'.

1 Frische Zwiebeln *bei einer zuverlässigen Quelle kaufen. Ein hohes Gefäß wählen, da Lilien rund 20 cm tief gesetzt werden müssen. Abzugslöcher mit Topfscherben oder Kies abdecken, dann eine Lage Universalerde in das Gefäß geben.*

2 Eine 3 cm dicke Lage Sand *über die Erde streuen und die Lilienzwiebeln seitlich gekippt darauflegen. Auf diese Weise kann Wasser von den Zwiebelschuppen ablaufen, was das Risiko für das Entstehen von Fäulnis senkt.*

3 Zwiebeln mit Erde bedecken *und den Topf bis 5 cm unter den Rand mit einer Mischung aus Erde und Sand (1 : 1) füllen. Topf auf Füße stellen, um den Wasserabzug zu verbessern, und an einem geschützten Standort platzieren. Sobald die Triebe erscheinen, in die Sonne umsiedeln.*

4 Den Topf alle paar Tage gießen *und im Sommer alle zwei Wochen einen Kalidünger verabreichen. Gießen und düngen, bis das Laub einzieht, dann den Topf den Winter über an einen geschützten Platz stellen. Im Frühjahr die oberen 5 cm Erde durch frisches Substrat ersetzen.*

ALTERNATIVEN

Es gibt viele Zwiebel- und Knollenpflanzen, die sich für Töpfe eignen, etwa leuchtende Zwergdahlien *(unten)* und feurige *Crocosmia.* Begonien beeindrucken durch ihre

große Farbvielfalt. Ebenfalls empfehlenswert ist *Gladiolus communis* subsp. *byzantinus* mit magentaroten Blüten.

HOOKER-FLEISCHBEERE 1

Sarcococca hookeriana* var. *digyna ♡

Ein immergrüner Strauch mit glänzenden, lanzettlichen Blättern. Im Winter trägt er duftende weiße Blüten mit rosa Staubblättern, aus denen schwarze oder dunkelblaue Beeren reifen.

↕ 1,5 m ↔ 2 m

KULTUR In nährstoffreicher, feuchter, durchlässiger Erde an schattigen Standorten. Verträgt in ausreichend feuchten Böden auch Sonne. Muss kaum geschnitten werden. Ausläufer ggf. entfernen.

SCHNEEHEIDE 2

***Erica carnea* 'Springwood White'** ♡

Wuchskräftiger, breitwüchsiger, oft niederliegender, immergrüner Strauch. Von Januar bis Mai erscheinen weiße Blüten in kleinen, dichten Trauben.

↕ 15 cm ↔ 45 cm

KULTUR Bevorzugt offene, sonnige Standorte und gut durchlässigen, sauren Boden, verträgt aber auch leicht basische Erde. Nach der Blüte den welken Flor mit der Schere entfernen und eine Kopfdüngung mit Laubhumus oder Gartenkompost vornehmen.

KLEINER WINTERLING 3

Eranthis hyemalis 🏆 Wuchskräftige Knollenstaude. Im Spätwinter und zeitigen Frühjahr entfalten sich strahlend gelbe Blüten über einer Rosette zerschlitzter, leuchtend grüner Hochblätter. ↕5–8 cm ↔ 5 cm

KULTUR In voller Sonne in fruchtbarem Boden ziehen, der im Sommer nicht stark austrocknet. Die Knollen im Herbst 5 cm tief legen oder bereits vorgezogene Pflanzen kaufen und in nicht zu nasse oder gar gefrorene Erde setzen.

2

3

ZAUBERNUSS 1

***Hamamelis* × *intermedia* 'Arnold Promise'** ♕ Langsam wachsender, sommergrüner Strauch mit trichterförmig auseinanderstrebenden Zweigen. Von Dezember bis März sprießen an den noch kahlen Zweigen zahlreiche duftende, spinnenartige, gelbe Blüten.
↕ bis 4 m ↔ bis 4 m

KULTUR Verlangt fruchtbaren, humosen, feuchtigkeitsspeichernden, neutralen bis sauren Boden und einen geschützten, sonnigen oder halbschattigen Standort. Schnitt auf ein Minimum beschränken; überkeuzte oder beschädigte Triebe nach der Blüte entfernen.

HECKENKIRSCHE 2

Lonicera* × *purpusii Mäßig wuchskräftiger, halbimmergrüner oder sommergrüner Strauch. Im Winter und zeitigen Frühjahr erscheinen in kleinen, achselständigen Quirlen stark duftende, weiße Blüten mit auffälligen gelben Staubblättern. Purpurrote Triebe und dunkelgrüne Blätter im Sommer.
↕ 2 m ↔ 2,5 m

KULTUR Verträgt an sonnigen bis absonnigen Plätzen jede nährstoffreiche, gut durchlässige Erde. Abgeblühte Triebe bis auf eine kräftige Knospe einkürzen. Nur schneiden, um das Wachstum zu begrenzen.

JAPANISCHE SKIMMIE 3

Skimmia japonica Wüchsiger, kuppelförmiger, immergrüner Strauch. Im Winter erscheinen dichte Bündel rosaroter Knospen, die sich im Mai zu weißen, duftenden Blüten öffnen. Leicht aromatisch duftendes, dunkelgrünes Laub. Die weiblichen Pflanzen tragen rote Früchte, wenn sie in der Nähe männlicher Exemplare stehen.
↕ bis 5 m ↔ 1,5 m

KULTUR Absonnige bis schattige Standorte und nährstoffreiche Humusböden. Braucht kaum Schnitt.

1

SCHNEEGLÖCKCHEN 1

Galanthus plicatus* subsp. *byzantinus
Eine wüchsige, mehrjährige Zwiebelpflanze. Im Februar und März erscheinen nickende, nach Honig duftende, weiße Blüten mit grünen Malen an der Spitze und der Basis der inneren Blütenblätter.
↕20 cm ↔ 8 cm

KULTUR Gedeiht an absonnigen Standorten in jeder fruchtbaren Gartenerde, die im Sommer nicht austrocknet. Dichte Zwiebelbestände nach der Blüte, aber vor dem Welken der Blätter ausgraben und teilen. Selbstaussaat möglich.

SCHWERTLILIE 2

***Iris unguicularis* 'Mary Barnard'** 🏆
Wüchsige, immergrüne Rhizomstaude. Duftende, blasslila bis tiefviolette, gelb gezeichnete Blüten mit kontrastierender Aderung erscheinen von November bis März. Ganzjährig feste, grasartige Blätter.
↕30 cm ↔ 5 cm

KULTUR An sonnigen, geschützten Plätzen in nährstoffarmem bis mäßig nährstoffreichem, stark durchlässigem, neutralem bis basischem Boden ziehen. Nach dem Einpflanzen nicht mehr stören. Blühen mit der Zeit immer besser.

HIGANKIRSCHE 3

***Prunus* × *subhirtella* 'Autumnalis Rosea'** 🏆 Mäßig wüchsiger, ausladender, sommergrüner Baum. Kleine, einfache, schalenförmige weiße Blüten, die sich im April oder Anfang Mai öffnen. Jungblätter bronzefarben, Herbstfärbung gelb.
↕8 m ↔8 m

KULTUR In fruchtbare, feuchte, gut durchlässige Böden an sonnigen oder absonnigen Standorten pflanzen. Braucht kaum Schnitt; das Herausnehmen störender oder verletzter Zweige genügt.

2

3

PAPIERBIRKE 1

Betula papyrifera Sommergrünes, wüchsiges Gehölz mit kegelförmiger Silhouette. Unter der papierartig abblätternden weißen Borke kommt ein blasses Orangebraun zum Vorschein. Der Baum ist auch ohne Belaubung im Winter sehr attraktiv. Die dunkelgrünen Blätter färben sich im Herbst goldgelb. Im Frühjahr erscheinen gelbe Kätzchen.
↕20 m ↔ 10 m

KULTUR In fruchtbaren, feuchten und gut durchlässigen Boden in sonniger oder absonniger Lage pflanzen. An Jungexemplaren im Winter die untersten Zweige entfernen, damit der Stamm astfrei bleibt.

BECHERKÄTZCHEN 2

Garrya elliptica Wuchskräftiger, dichtbuschiger, immergrüner Strauch. Von Januar bis März bilden sich hängende, seidige, graugrüne Kätzchen. Ganzjährig graugrüne, glänzende Blätter mit gewelltem Rand.
↕4 m ↔ 4 m

KULTUR Am besten an einem sonnigen bis halbschattigen, windgeschützten Standort in fruchtbaren, durchlässigen Böden. Nach der Blüte störende Triebe einkürzen. Von Exemplaren, die vor einer Wand wachsen, entfernt man alle Triebe, die zur Mauer hin oder senkrecht von ihr weg wachsen.

TIBETANISCHE KIRSCHE 3

Prunus serrula 🏆 Mäßig wuchskräftiger, rundlicher, sommergrüner Baum. Kleine, einfache, schalenförmige, weiße Blüten im Mai oder Juni. Glänzende rotbraune Rinde. Gelbe Herbstfärbung.
↕10 m ↔ 10 m

KULTUR In fruchtbarem, feuchtem, aber durchlässigem Untergrund. Bevorzugt Sonne oder Streuschatten. Leichter Schnitt im Spätsommer. Beim jungen Gehölz Seitentriebe vom Stamm entfernen, um die Borke sichtbar zu machen.

HARTRIEGEL

Zu den Hartriegeln gehören verschiedene wuchskräftige, sommergrüne Sträucher, die mit ihren auffällig gefärbten, kahlen Wintertrieben im Garten interessante Akzente setzen. Im Frühling erscheinen weiße Blütendolden, im Herbst weiße oder blauschwarze Steinfrüchte.

KULTUR Hartriegel wachsen in jedem mäßig fruchtbaren Boden und vertragen Schatten, doch entwickeln die Zweige in der Sonne die schönste Färbung. Für schöne Wintereffekte jährlich im zeitigen Frühjahr fast bis zur Basis zurückschneiden.

OBERE REIHE VON LINKS NACH RECHTS

- *C. alba* 'Aurea' 🏆
  ↕ 3 m ↔ 3 m
- *C. alba* 'Elegantissima' 🏆
  ↕ 3 m ↔ 3 m
- *C. sericea* 'Kelseyi'
  ↕ 75 cm ↔ 1,5 m

UNTERE REIHE VON LINKS NACH RECHTS

- *C. alba* 'Sibirica' 🏆
  ↕ 3 m ↔ 3 m
- *C. sanguinea* 'Winter Beauty'
  ↕ 3 m ↔ 2,5 m
- *C. sericea* 'Flaviramea' 🏆
  ↕ 2 m ↔ 4 m

WAS ZU TUN IST
FEBRUAR

DAS WETTER

Der Februar geht einher mit der Vorfreude auf den nahenden Frühling und erste Blüten. An milden Tagen kann man den Winterschnitt erledigen und den Boden vorbereiten. Auch im warm geheizten Haus lassen sich vortrefflich erste Gartenpläne schmieden.

FROSTGEFAHR

Im Februar ist es meist nicht mehr so kalt wie im Januar – norddeutsche Inseln und Berggipfel im Süden ausgenommen. Wenn jedoch sibirische Kaltluft nach Deutschland strömt, hat sie meist noch hochwinterliche Frostperioden und klirrende Kälte im Gepäck. Bei extremer Föhnwetterlage kann in München das Thermometer aber auch auf frühlingshafte 20 °C klettern.

SEHR WINDIG

Generell ist es im Februar windiger als im Januar, wobei Windstille im Norden seltener auftritt als im Süden.

MEHR SONNENSCHEIN

Da die Tage im Februar schon wieder länger werden, steigt auch die durchschnittliche Sonnenscheindauer – gegenüber einer Stunde im Januar auf 2,6 Stunden. Insgesamt kann Deutschland mit 73 Sonnenstunden in diesem Monat rechnen, an zehn Februartagen jedoch zeigt sich die Sonne in der Regel überhaupt nicht.

NASSKALT

Südwest- und Westlagen bringen milde Temperaturen und einen raschen Wetterwechsel. Sie sorgen im Süden für sonnige Abschnitte, in Mittel- und Norddeutschland für den Durchzug von Regenfronten. Im Mittel fallen 49 mm Niederschlag im Februar, im Osten und Süden vermehrt als Schnee. So muss Garmisch-Partenkirchen an 25 Tagen mit einer Schneedecke rechnen, Hamburg an zehn Tagen. In der Hansestadt misst die maximale Schneehöhe 40 cm, in München 56 cm.

SCHNEEFALL

Tiefdrucklagen bescheren nasskalte Witterung mit viel Neuschnee oberhalb von 600 m. Wechselt die Wetterlage auf Nordost oder Ost, gehen die Temperaturen zurück und der Wind wird eisig kalt. Ab dem 5. Februar fällt der Niederschlag vermehrt als Schnee. Nach einer weiteren frostigen Woche folgt mildere Witterung. Dann wird es zwischen dem 19. und 24. Februar nochmals kalt, bevor erneut milde und veränderliche Witterung einsetzt. Ist der Februar zu kalt, trifft dies für den April wahrscheinlich ebenso zu: »Wenn die Februarsonne den Dachs nicht weckt, schläft er im April noch fest.«

ALLGEMEINE GARTENARBEITEN

PRÜFEN SIE GERÄTE UND WERKZEUG

Prüfen Sie Gartengeräte und -werkzeuge. Böse Überraschungen sind Ihnen gewiss, wenn Sie nach Wochen zum ersten Mal wieder in Ihren Schuppen gehen und feststellen, dass Ihr bester Spaten noch immer kaputt ist – mit Sicherheit brauchen Sie ihn gerade dann dringend zum Umgraben oder Setzen einer neu erworbenen Pflanze. Außerdem sollten Sie nachsehen, ob alle elektrischen Anschlüsse und Kabel in Ordnung sind. Wenn Sie nicht sicher sind, was zu tun ist, bitten Sie einen Elektriker, alles in Schuss zu bringen.

RÄUMEN SIE AUF

Gartenchemikalien und auch biologische Mittel sollten gelegentlich durchgesehen werden. Welche liegen schon geraume Zeit herum und können entsorgt werden? Sind Beutel zerrissen oder sogar ausgelaufen? Stehen seit Jahren Flaschen herum, die nur noch ein paar Tropfen enthalten? Gießen Sie den Inhalt aber nicht einfach

Pflegen Sie auch die hölzernen Teile Ihres Werkzeugs. Zuerst reibt man sie ab, dann werden sie mit Leinsamenöl imprägniert.

in den Ausguss und verstreuen Sie keine alten Düngemittel im Garten – damit können Sie viel Schaden anrichten. Bringen Sie ausgemusterte Chemikalien und leere Dünge- bzw. Spritzmittelbehälter am besten zum Wertstoffhof oder zur Sondermüllsammelstelle Ihrer Gemeinde.

NAHRUNG FÜR TIERE IM GARTEN

Gartenvögel brauchen Futter und Wasser. Im Februar wird Nahrung für die gefiederten Freunde knapp. Wer ein paar Leckerbissen für Vögel und kleine Säuger im Garten bereithält, verhindert, dass sich die hungrigen Gartenbesucher über Knospen oder Zwiebeln hermachen.

BRINGEN SIE ORGANISCHEN DÜNGER AUS

Bringen Sie organischen Dünger auf den Rabatten aus. Jetzt ist die beste Gelegenheit dafür, denn diese natürlichen Mittel geben ihre Nährstoffe langsamer frei

Bauen Sie einen Nistkasten für Vögel. Er sollte so hoch wie möglich angebracht werden, damit Katzen ihn nicht erreichen.

als Mineraldünger, sodass sie mit Beginn der Wachstumsperiode zur Verfügung stehen. Eine Dosis Seetangextrakt, Geflügelmist, Humus, gut verrotteter Stallmist oder Fischmehl tut den Pflanzen nach einem langen Winter gut. Verteilen Sie den Dünger nach den Angaben der Hersteller und arbeiten Sie ihn mit einer Harke oder einem Grubber leicht in den Boden ein.

BÄUME, STRÄUCHER & KLETTERER

PFLANZEN SIE WURZELNACKTE GEHÖLZE

Wurzelnackte Bäume und Sträucher einschließlich Rosen können während der gesamten Ruheperiode von November bis März gesetzt werden. Jüngsten Forschungsergebnissen zufolge aber ist der Februar die beste Pflanzzeit, sofern der Boden nicht gerade gefroren oder so nass ist, dass er an den Stiefeln klebt.

WURZELNACKTE BÄUME SETZEN

1 Graben Sie ein großes Loch, in dem die Wurzeln nicht zusammengepresst werden, und arbeiten Sie organische Substanz ein.

2 Schlagen Sie den Pfosten immer auf der Windseite ein, sodass der Baum von der Stütze weggedrückt und ein Scheuern vermieden wird.

3 Setzen Sie den Baum in die Tiefe, in der er zuvor gestanden hat (erkennbar an der dunkleren Stammfärbung). Erde einfüllen und festdrücken.

Im Spätherbst gepflanzte Gewächse müssen den ganzen Winter über in kaltem, durchtränktem Untergrund ausharren, wenn ihre Wurzeln sowieso kaum wachsen und sie obendrein kurz vorher in der Baumschule aus der Erde genommen wurden. Im Februar hingegen ist es nicht mehr weit, bis der Boden sich erwärmt und frische Wurzeln sprießen können. Pflegen Sie neue Pflanzen gut und wässern Sie sie in Trockenzeiten gründlich, vor allem im ersten Jahr.

Neue Kletterer pflanzt man wie andere Gehölze auch: Graben Sie ein Loch in mindestens 20 cm Entfernung von Mauern und Zäunen, damit die Pflanze nicht im Regenschatten steht, und legen Sie die Triebe an die Stütze.

STUTZEN SIE WINTERBLÜHENDE HEIDEKRAUTGEWÄCHSE

Man schneidet sie einfach bis zum Ansatz der Blütenstängel zurück. Das fördert die Bildung von Seitentrieben und erhält den buschigen, kompakten Wuchs. In den nächsten Wochen sollte man die Zwergsträucher mit einem Torfersatz mulchen und düngen, dann treiben sie wieder kräftig aus.

PFLEGEN SIE KONIFEREN

Wenn Sie die Äste Ihrer Nadelgehölze nicht vor Wintereinbruch anbinden, können Wind oder Schnee Äste verbiegen. Schneidet man sie einfach ab, hinterlassen sie oft eine hässliche Lücke. Man bin-

Koniferenäste sind biegsam und verformen sich, ohne zu brechen. Mit einer Schnur oder einem Stück Stoff bindet man sie zurück.

det sie deshalb mit einem mit Plastik umwickelten Draht an den Stamm. Schieben Sie allerdings ein Stück Gärtnervlies oder eine andere Polsterung dazwischen, damit der Draht nicht in das Holz schneidet und den Baum absterben lässt.

STUTZEN SIE IMMERGRÜNE GEHÖLZE

Auch immergrüne Gehölze, die zu groß geworden sind, vertragen jetzt einen Rückschnitt, vorausgesetzt, sie sind völlig winterhart. Empfindlichere Gewächse wie die nur in milden Gegenden winterharte Orangenblume (*Choisya ternata*) hingegen sollte man noch in Ruhe lassen. Wuchernde und zu lange Triebe werden bis zum Hauptast zurückgeschnitten, um die Form der Pflanze zu erhalten. Den Rückschnitt bis zur Basis behält man sich für Gehölze vor, die einen radikalen Eingriff vertragen, etwa die Lorbeerkirsche (*Prunus laurocerasus*), die Japanische Aukube (*Aucuba japonica*) oder den Laurustinus (*Viburnum tinus*). Nach

dem Schnitt ist eine Nährstoffgabe in Form eines Naturdüngers und das Mulchen mit organischer Substanz ratsam.

SCHNEIDEN SIE SPÄT-BLÜHENDE STRÄUCHER

Zu ihnen zählen der Gemeine Schmetterlingsstrauch (*Buddleja davidii*), die Bartblume (*Caryopteris × clandonensis*), winterharte Fuchsien, das Heiligenkraut (*Santolina*), die Hornnarbe (*Ceratostigma*) und die Buschmalve (*Lavatera*).

Diese Gehölze blühen am schönsten an diesjährigem Holz. Wenn Sie einmal so richtig mit der Schere wüten wollen, nehmen Sie sich diese Gewächse vor – sie vertragen es! Schneiden Sie sie fast bis zum Boden zurück und lassen Sie an jedem Ast nur ein oder zwei Augen bzw. Triebe. Dann ist Ihnen eine reiche Blüte sicher. Soll ein Busch größer werden, lassen Sie einige Zweige stehen und stutzen diese nur leicht. Nach dem Schnitt

◀ *Buddleja davidii* 'Fascinating'

Schneiden Sie die dicken Äste von Buddleja davidii *mit einer Astschere bis auf ein rudimentäres Gerüst zurück.*

Das Herausnehmen langer Stängel aus der Bartblume (Caryopteris) *regt neuen Wuchs an und sorgt für reiche Blüte.*

◀ *Hamamelis × intermedia* 'Jelena'

verabreicht man den Gehölzen organischen Dünger und mulcht mit Gartenkompost oder Stallmist.

KÜRZEN SIE SPÄTBLÜHENDE CLEMATIS

Ab Ende Februar stutzt man bei günstiger Witterung die Orientalische Waldrebe (*Clematis orientalis*), die Texas-Waldrebe (*Clematis texensis*), die Italienische Waldrebe (*Clematis viticella*) und viele Sorten wie 'Madame Julia Correvon' und 'Gravetye Beauty', aber auch großblumige, spätblühende Hybriden wie 'Ville de Lyon' und 'Jackmanii'. Sie werden oft als Clematis der Gruppe 3 bezeichnet.

In milden Gegenden treiben sie zuweilen schon Ende Februar aus. Ihre Triebe brechen allerdings sehr leicht, man muss deshalb beim Entfernen des älteren Wuchses vorsichtig sein. Ansonsten lassen sich Clematis sehr leicht kürzen: Man stutzt einfach den gesamten Wuchs auf 25–45 cm über dem Boden auf eine gesunde Knospe zurück.

Waldreben sind ideale Ranker an Sträuchern; sie ziehen sich zwischen den Zweigen hoch, werden dabei aber niemals so dicht, dass sie ihren Wirt behindern, da sie jedes Jahr aufs Neue austreiben. Nach dem Schnitt düngt und mulcht man sie. Legen Sie am besten einen großen Stein vor die Basis, denn Clematis brauchen einen kühlen Wurzelraum.

Clematis der Gruppe 3 werden vor dem Austrieb bis fast zur Basis zurückgeschnitten.

SCHNEIDEN SIE JASMIN

Winterjasmin kann jetzt nach der Blüte geschnitten werden. Der hoch aufschießende Strauch braucht Pflege, sonst wirkt er schnell unansehnlich. Schneiden Sie totes oder verletztes Holz heraus und binden Sie Zweige fest, sodass die Struktur ausgewogen wirkt. Stutzen Sie nun alle Seitentriebe bis auf 5 cm vor den Hauptästen zurück. Das fördert den Wuchs neuer Triebe für die nächste Blüte im Winter. Düngen und mulchen Sie Jasmin wie Clematis.

Sommerjasmin kann ebenfalls im Februar geschnitten werden, man nimmt bei dieser Spielart jedoch einen oder zwei Stämme vollständig heraus, denn wenn Sie wie bei Winterjasmin alle Seitentriebe abschneiden, bildet der Strauch unzählige, dicht beblätterte Triebe ohne Blüten.

Jasminum nudiflorum *kann sehr langbeinig werden und braucht immer wieder einen Schnitt, um ansehnlich zu bleiben.*

SCHNEIDEN SIE ZU GROSS GEWORDENE HECKEN

Sie danken Ihnen einen Schnitt mit besserer Gesundheit und schönerer Form. Die meisten sommergrünen Heckenpflanzen, aber auch ihre immergrünen Pendants wie die Lorbeerkirsche (*Prunus laurocerasus*), lassen sich kräftig zurückschneiden. Koniferen jedoch dürfen nie bis ins nackte Holz gestutzt werden.

Eine Ausnahme bilden lediglich Eiben: Sie gelten zwar als langsamwüchsig, doch im Grunde legen sie erstaunlich schnell zu. Wenn sie nicht radikal in ihre Grenzen gewiesen werden, wachsen sie nach und nach immer mehr in die Breite. Im Gegensatz zu anderen Nadelgehölzen wie der Leyland-Zypresse (× *Cupressocyparis leylandii*) nehmen sie keinen noch so kräftigen Schnitt übel. Andere Nadelbäume müssen regelmäßig leicht gestutzt werden, damit sie kompakt bleiben. Lassen Sie es nie so weit kommen, dass sie zu groß werden.

KOPFDÜNGUNG FÜR TOPFSTRÄUCHER

Wenn sie seit Jahren im selben Topf oder Trog stehen, tut ihnen eine jährliche Dosis frischer Topferde gut. Kratzen Sie so viel altes Substrat von der Oberfläche wie möglich – ideal sind 2–3 cm. Mischen Sie in das Substrat etwas Langzeitdünger mit hinein. Dann bekommen die Pflanzen über mehrere Monate hinweg Nährstoffe zugeführt, was das wöchentliche bzw. monatliche Düngen im Frühling oder Sommer überflüssig macht.

Kopfdüngung: Die oberste Schicht Erde wird abgekratzt und durch frisches Substrat ersetzt.

BLÜTENPFLANZEN

JÄTEN UND GRABEN

Jäten und graben Sie Rabatten sowie neu angelegte Flächen jetzt um und arbeiten Sie möglichst auch organische Substanz mit ein. Schneiden Sie Fetthenne (*Sedum*), Bärenklau (*Acanthus*) und andere Stauden, die Sie im Winter wegen ihrer schönen Struktur stehen gelassen haben. Je eher Sie diese Gewächse von altem Wuchs befreien, desto besser, denn einige werden bald schon neu austreiben. Bei milder Witterung regen sich Ende des Monats bereits die ersten Stauden. Eine Dosis Naturdünger tut ihnen jetzt besonders gut, denn dann entwickeln sie sich so richtig gesund.

TREIBEN SIE DAHLIEN-KNOLLEN VOR

Dahlienknollen, die über den Winter gelagert wurden, können jetzt in Kästen gelegt und vorgetrieben werden – sie entwickeln schöne Schnittlinge. Die Knollen werden einzeln eingetopft oder zu mehreren in große Schalen gesetzt. Stellen Sie die Gefäße an einen hellen Standort und besprühen Sie die Knollen gelegentlich mit Wasser, um den Wuchs der Knospen anzuregen.

Dahlien sind in unzähligen Varianten erhältlich; man bekommt sie in winzigen Pomponformen ebenso wie als fiedrige, dekorative Büschel oder große, kaktusblütige Schönheiten.

Setzen Sie Dahlienknollen in eine flache Kiste oder Schale mit Einheitssubstrat.

KLEINE DAHLIENSCHAU

'Glorie van Heemstede'

'Hamari Gold'

'Zorro'

'Kathryn's Cupid'

'Ivanetti'

'Moonfire'

Im Gegensatz zu den meisten Zwiebeln werden Schneeglöckchen mit Blättern gesetzt.

SCHNEEGLÖCKCHEN UND WINTERLINGE

Pflanzen und teilen Sie Schneeglöckchen und Winterlinge nach der Blüte, aber solange sie noch grün sind. Man kauft beide in belaubtem Zustand, denn oftmals wachsen sie gar nicht gut, wenn man nur die trockenen Zwiebeln in die Erde steckt. Viele spezialisierte Anbieter liefern die Frühlingsblüher grün mit der Post. Auch in Gartencentern bekommt man sie in Töpfen. Kaufen Sie die Zwiebeln nur von seriösen Quellen, dann können Sie sicher sein, dass keine Wildpflanzen gesetzwidrig ausgegraben wurden.

Arbeiten Sie vor dem Setzen Kompost oder Blattmulch in den Boden ein. Setzen Sie die Zwiebeln ein wenig tiefer als vorher und wässern Sie sie, falls der Boden trocken ist. Zu dichte Horste nimmt man nach der Blüte behutsam mit einer Gabel aus dem Boden und teilt sie. Pflanzen Sie sie einzeln in zwanglos verteilten Grüppchen so tief wie vorher.

Schneeglöckchen und Winterlinge bringen, wenn sie jetzt gesteckt werden, Farbe in den winterlichen Garten des nächsten Jahres.

KÜCHENGARTEN

DÜNGEN SIE KOHLGEWÄCHSE MIT KALK

Etwa ein Drittel der Gemüsebeete muss einmal im Jahr gekalkt werden – in der Regel dort, wo Kohlgewächse wie Rosenkohl, Kopfkohl und Blumenkohl wachsen, da sie alkalischen Boden bevorzugen. Streuen Sie den Kalk mindestens zwei Monate vor dem Auspflanzen. Wenn Sie also jetzt damit beginnen, können Sie die Jungpflanzen in ein paar Monaten in die Beete setzen. Bevor Sie kalken, sollten Sie aber zuerst den pH-Wert Ihres Bodens bestimmen. Davon hängt ab, wie viel Kalk Sie ausbringen müssen. Ist die Erde sehr alkalisch, erübrigen sich Kalkgaben. Der pH-Wert wird mit einer Skala von 1 bis 14 gemessen. 7 zeigt an, dass der Untergrund neutral ist, ein Wert unter 7 deutet auf einen sauren Boden hin. Liegt er über 7, haben Sie alkalische bzw. basische Erde im Garten. Testsätze sind sehr leicht zu handhaben. Bei den meisten vergleichen Sie Ihre Bodenprobe nach dem Mischen mit der beigefügten Lösung einfach mit einem Kontrollstreifen.

Tragen Sie beim Kalken Handschuhe, eine Schutzbrille und eine Atemschutzmaske. Kalken Sie nur an windstillen Tagen und verwenden Sie herkömmlichen Kalkdünger wie Mergel oder Kalksteinmehl statt der zwar schneller

Gekalkt werden sollte mindestens zwei Monate vor dem Pflanzen.

wirkenden, jedoch stark ätzenden Hütten- oder Branntkalke.

SÄEN SIE ERBSEN

Säen Sie Erbsen in alte Dachrinnen. Ideal sind frühe Sorten wie 'Douce Provence'. Sie müssen Löcher in die Rinne bohren und torffreie Saaterde einfüllen. Dann steckt man die Samen 2–3 cm tief in Abständen von jeweils 3–5 cm in Reihen und gießt sie. Stellen Sie die Rinnen auf ein Fensterbrett oder in ein Gewächshaus. Der Raum muss nicht geheizt sein, obwohl etwas Wärme von unten den Austrieb fördert. Sobald die Sämlinge ein paar Blätter haben, schiebt man die Erde aus der Rinne direkt in eine vorgegrabene Furche im Freilandbeet und deckt sie mit einem Folientunnel ab.

Reihen Sie die Samenkörner vor dem Setzen auf, damit sie nicht den Überblick verlieren und sie zu nah in die Erde stecken.

Sobald sich die ersten Blätter entwickelt haben, lässt man die Reihe einfach in eine Furche gleiten.

PFLANZEN SIE SCHALOTTEN

Bereiten Sie den Boden vor, indem sie reichlich organisches Material einarbeiten und einen Naturdünger dazugeben. Anschließend wird der Boden feinkrümelig geharkt. Pflanzen Sie die Schalottenzwiebeln in 15–20 cm Abstand. Die Zwiebelspitze muss knapp unterhalb der Oberfläche stehen.

MINZE EINTOPFEN

1 Pfefferminze wird nach einer Weile oft langbeinig und unansehnlich. Graben Sie eine Hand voll aus und trennen Sie die kräftigsten, gesündesten Triebe ab.

2 Schütteln oder waschen Sie die Erde vom unterirdischen Wuchs und schneiden Sie von den dicken, fleischigen Wurzeln 3–5 cm lange Stücke.

3 Stecken Sie ein paar Schnittlinge in Erde, stellen Sie sie ins Fenster und gießen Sie regelmäßig. Die Minze wird bald neu austreiben.

Ein paar Schnittlinge werden austreiben und schon in wenigen Monaten die ersten duftenden Minzeblätter liefern.

MINZE EINTOPFEN

Minze ist ein ausgezeichnetes Gewürz für die ersten Frühkartoffeln frisch aus dem eigenen Garten. Wenn Sie jetzt ein paar Wurzeln ausgraben und eintopfen, können Sie die ersten Zweige rechtzeitig ernten. Überhaupt ist es ratsam, Minze in Gefäßen zu ziehen, denn das Kraut kann ganze Gartenbereiche in Beschlag nehmen. Sie können den Topf auf die Terrasse stellen oder im Boden versenken. Der Rand sollte dabei 5–10 cm über den Boden hinausragen – das verhindert meist, dass die Minze auf die Umgebung übergreift.

MULCHEN SIE OBSTBÄUME

Mulchen Sie Obstgehölze mit gut verrottetem Stallmist oder Gartenkompost. Die Mulchdecke hält nicht nur Unkräuter fern, sie speichert auch die Bodenfeuchtigkeit. So müssen Sie im Sommer weniger gießen und können besseres Obst ernten. Sollte der Boden im Februar wider Erwarten trocken sein, wässern Sie ihn vor dem Mulchen gründlich. Sie können darüber hinaus Sprüh- bzw. Sickerschläuche unter dem Mulch verlegen. Derartige Bewässerungssysteme erleichtern im Sommer das Gießen.

SCHNEIDEN SIE ZWEIMAL TRAGENDE HIMBEEREN

Einmal und zweimal tragende Himbeersträucher werden zu unterschiedlichen Zeiten gestutzt. Schneidet man zur falschen Zeit, fruchtet der Strauch ein Jahr lang nicht. Wenn zweimal tragende Exemplare ihren Schnitt jetzt bekommen, reifen ihre Beeren einmal im Sommer und dann noch einmal ab August oder September an diesjährigen Ruten heran. Einmal tragende Himbeeren hingegen fruchten im Sommer an letztjährigen Stängeln. Die Ruten, die in diesem Sommer wachsen, können also erst ein Jahr später abgeerntet werden.

Zweimal tragende Himbeeren müssen bis zum Boden zurückge-

Schneiden Sie die Ruten zweimal tragender Himbeeren alle direkt über dem Boden ab.

HIMBEEREN PFLANZEN

Heben Sie einen Graben aus und arbeiten Sie reichlich organische Substanz ein. Das ermöglicht den Himbeeren einen guten Start.

Bauen Sie eine Stütze, indem Sie einen Pfosten an jedes Ende der Reihe setzen und drei Drähte dazwischen spannen.

Sobald sich neue Ruten gebildet haben, kann man die ursprünglich gesetzten bis zum Boden zurückschneiden.

schnitten werden. Streuen Sie um die Pflanze einen mit Kali angereicherten organischen Dünger, dann bekommt sie kräftige Triebe mit vielen Beeren daran.

PFLANZEN SIE BEEREN-STRÄUCHER

Im Februar ist es an der Zeit, Himbeeren, Brombeeren und Loganbeeren zu pflanzen. Spätestens Ende des Monats sollten die Ruten gesetzt werden. Sie sind im Handel meist in Bündeln erhältlich. Bereiten Sie den Untergrund gut vor, indem Sie eine Grube ausheben und reichlich organische Substanz einarbeiten.

Mit Ausnahme zweimal tragender Himbeeren brauchen alle Sträucher eine Stütze. Man schlägt an beiden Enden der Reihe ein paar Pfosten in die Erde und spannt mindestens drei Drähte waagrecht dazwischen. Zwischen mehreren Reihen sollten mindestens 1,5 m Abstand bleiben.

Wenn Sie Brombeeren und Loganbeeren vor eine Mauer pflanzen (nicht Himbeeren, da diese einen offenen Standort brauchen), können Sie die Drähte an einigen in die Wand geschraubten Haken befestigen. Setzen Sie Himbeeren in Abständen von etwa 50 cm. Brombeeren und Loganbeeren brauchen mindestens 1,5 m Abstand, manche starkwüchsigen Sorten sogar noch mehr.

Schneiden Sie neu gepflanzte Ruten 20–25 cm über dem Boden ab. Das fördert den Austrieb kräftiger, Beeren tragender Ruten aus der Basis. Im Sommer wird dann der Haupttrieb vollständig abgeschnitten. Binden Sie die wachsenden Ruten an Drähte, ernten Sie aber im ersten Jahr noch kein Obst. Natürlich können Sie einzelne Beeren abpflücken, aber entfernen Sie Blüten, falls sich zu viele bilden. Dann dürfen Sie sich im nächsten Jahr auf eine reiche Ernte freuen.

FEBRUAR-PROJEKT

ZITRONENBÄUMCHEN

Eigene Zitrusfrüchte ziehen macht viel Spaß. Natürlich gibt es im Gartenhandel überall fertige Bäumchen, aber Kinder mögen es, wenn sie sich ein solches Schmuckstück selbst aus einem Kern heranziehen dürfen *(siehe gegenüber)*. Es dauert zwar Jahre, bis aus einem Sämling ein Baum geworden ist, der Früchte trägt, doch eine hübsche Zierpflanze gibt er schon bald ab. Und trägt er erst Blüten, wartet er auch noch mit einem herrlichen Duft auf. Die Pflanzen blühen und fruchten die meiste Zeit.

Zitrusbäume brauchen im Winter zwar nicht viel Wärme, vertragen aber auch keinen Frost, weshalb man sie in ein kühles Zimmer oder Gewächshaus stellt. Während der warmen Jahreszeit sind sie mit einer sonnigen Ecke im Freien zufrieden. Im Frühjahr und Sommer müssen sie reichlich gegossen werden.

1 Zitrone aufschneiden, Kerne entfernen und trocknen. Mehrere Kerne 1 cm tief in einen Topf mit Anzuchterde stecken. Gut gießen und den Topf an einen warmen Platz stellen. Regelmäßig gießen.

2 Sämlinge umtopfen, sobald sie gut eingewachsen sind. Vorsichtig aus der Erde nehmen, ohne die Wurzeln zu verletzen. Jedes Pflänzchen in einen eigenen Topf mit tonhaltigem Substrat setzen.

3 Töpfe in die Sonne stellen und gut gießen. Im Winter in einem kühlen Zimmer aufstellen. Sobald keine Spätfröste mehr drohen, immer länger draußen lassen, bis sie akklimatisiert sind.

ALTERNATIVEN

Zitronen sind am beliebtesten, doch kann man sich auch an Mandarinen, Grapefruits, Kumquats oder Limetten versuchen. Sie haben alle dieselben Ansprüche.

KORNELLKIRSCHE 1

Cornus mas Ausladender, mäßig wüchsiger, sommergrüner Strauch oder kleiner Baum. Zwischen Februar und April zeigen sich an den noch kahlen Zweigen kleine, aber zahlreiche gelbe Blütendolden. Die dunkelgrünen Blätter färben sich im Herbst purpurrot. Gelegentlich entwickeln sich im Herbst kleine, leuchtend rote Früchte.

↕5 m ↔ 5 m

KULTUR In fruchtbaren, gut durchlässigen, auch kreidehaltigen Boden pflanzen. Optimal ist ein offener, sonniger Standort, doch wird auch Streuschatten toleriert. Möglichst wenig schneiden.

KAMELIE 2

***Camellia* × *williamsii* 'Anticipation'**

🏆 Mäßig wuchskräftiger, schmal aufrechter, immergrüner Strauch. Ausnehmend schöne, päonienartige Blüten in tiefem Karminrot zeigen sich das ganze Frühjahr hindurch. Das dunkelgrüne, glänzende Laub ist ganzjährig hübsch anzusehen.

↕4 m ↔ 2 m

KULTUR Gedeiht in Sonne oder Streuschatten, braucht aber Schutz vor früher Morgensonne, die die Blüten bei Kälte schädigen kann. In humosen, kalkfreien (sauren) Boden bzw. Topferde mit einem pH-Wert unter 6,5 pflanzen. Nach der Blüte ggf. leichten Formschnitt vornehmen.

ELFENKROKUS 3

Crocus tommasinianus ♀ Robuste Knollenpflanze. Im Februar und März zeigen sich schlanke, kelchförmige Blüten in Weiß, Flieder oder Rotviolett, die oft silbrig überlaufen sind.
↕ 10 cm ↔ 2,5 cm

KULTUR Entwickelt sich am besten in voller Sonne, verträgt aber auch Streuschatten. Die Knöllchen im Herbst 8–10 cm tief in fruchtbaren, gut durchlässigen Boden pflanzen.

2

3

SPINDELSTRAUCH 1

***Euonymus fortunei* 'Silver Queen'** Winterharter, wuchskräftiger, immergrüner Strauch; buschig und kompakt. Glänzend grüne Blätter mit weißem, oft rosa überhauchtem Rand. Ganzjährig guter Bodendecker. Winzige, grünliche Blüten im Sommer, gefolgt von rosa Früchten. ↕2,5 m ↔ 1,5 m

KULTUR Entwickelt in voller Sonne die schönste Laubfärbung, wächst aber in gut drainiertem Boden auch im Streuschatten. Im Frühjahr schneiden; Triebe mit einfarbigem Laub gleich entfernen.

LAURUSTINUS 2

Viburnum tinus Dichter, wuchskräftiger, immergrüner Strauch mit dunkelgrünem Laub und schwarzen Beeren. Duftende, weiße, rosa getönte Blüten in runden Trugdolden, die sich je nach Klima noch im Winter aus rosa Knospen entfalten. Nur in sehr klimamilden Gegenden winterhart. ↕bis 3 m ↔ bis 3 m

KULTUR Braucht viel Sonne, verträgt jedoch auch Teilschatten. In nährstoffreiche, durchlässige Böden setzen. Nach der Blüte alle Zweige entfernen, die die Silhouette beeinträchtigen.

1

2

FRÜHLINGS-SCHNEEROSE

3

Helleborus orientalis Wuchskräftige, aufrechte, immergrüne Staude. Von Februar bis April zeigen sich an kräftigen Stängeln weiße bis gelblich grüne, später rosa überhauchte Blüten. Ganzjährig ledrige, fächerartig gefingerte, sattgrüne Basalblätter.

↕45 cm ↔45 cm

KULTUR Wächst am schönsten in absonnigen Lagen, verträgt aber in feuchten Böden auch Sonne. In gute Gartenerde pflanzen. Alte Blätter entfernen, damit die Blüten gut zur Geltung kommen.

3

ENGLISCHE HEIDE 1

***Erica* × *darleyensis* 'Jenny Porter'** 🏆
Wuchskräftiger, dichter und buschiger, immergrüner Strauch. Im Spätwinter und Frühjahr öffnen sich lange, dichte Trauben mit weißrosa Blüten. Die beblätterten Triebe mit cremefarbenem Austrieb bedecken zuverlässig den Boden.
↕30 cm ↔ 60 cm

KULTUR Ein offener, sonniger Standort mit gut wasserdurchlässigem, saurem Boden ist optimal, doch wird auch ein leicht basisches Milieu toleriert. Nach der Blüte zurückschneiden (bis auf den Ansatz der Blütenstände) und mit Laubhumus oder Gartenkompost versorgen.

BALEAREN-WALDREBE 2

Clematis cirrhosa* var. *balearica
Immergrüne, früh blühende Schlingpflanze mit schalenförmigen, duftenden, hell cremegelben, rotbraun gesprenkelten Blüten, die im März und April einzeln oder in Büscheln erscheinen. Das Laub ist unterseits bronzebraun gefärbt. Im Sommer seidige Samenstände.
↕3 m ↔ 1,5 m

KULTUR Gedeiht in voller Sonne oder Streuschatten auf nährstoffreichem, humosem, durchlässigem Boden. Wurzelraum beschatten und Pflanze vor kalten Winden schützen. Nach der Blüte tote oder beschädigte Triebe entfernen, ansonsten nach Bedarf zurückschneiden.

2

ZIERQUITTE

3

***Chaenomeles* × *superba* 'Nicoline'** 🏆
Dicht verzweigter, dorniger, sommergrüner Strauch mit rundlichem Wuchs. Vom Frühjahr bis in den Sommer sprießen große, hochrote Blüten mit goldgelben Staubblättern.
↕ 1,5 m ↔ 2 m

KULTUR Gedeiht in jedem gepflegten, gut durchlässigen Boden in sonniger oder halbschattiger Lage. Nach der Blüte Triebe auf eine kräftige Knospe zurückschneiden. Bei ausgewachsenen Pflanzen ein Fünftel der alten Triebe auslichten.

3

ALPENVEILCHEN

1

***Cyclamen coum* Pewter-Gruppe** 🏆 Niedrige, horstbildende Winterblüher mit hübschem silbrig und dunkelgrün marmoriertem Laub. Grazile rosarote Blüten. Sät sich bereitwillig selbst aus und bildet mit der Zeit große Kolonien.
↕8 cm ↔ 10 cm

KULTUR In mäßig nährstoffreichem, durchlässigem Boden ziehen. Ideal ist ein Platz unter dem Laubdach von Gehölzen, das während der sommerlichen Ruhephase Schutz vor starken Regenfällen gewährt. Beim Abwelken des Laubes großzügig mit trockenem Laubkompost mulchen.

NETZIRIS

2

***Iris* 'Harmony'** Gedrungene, mehrjährige Zwiebelpflanze. Im Februar und März öffnen sich zwischen schmalen, aufrechten Blättern königsblaue Blüten mit gelber Zeichnung.
↕10–15 cm ↔ 5 cm

KULTUR Bevorzugt pralle Sonne. Zwiebeln im Spätsommer oder Frühherbst in gut durchlässigen Boden setzen. Die Pflanztiefe sollte der zweifachen Zwiebelhöhe entsprechen. Schwere Lehmböden mit grobem Sand durchlässiger machen.

1

ALPENVEILCHEN-NARZISSE 3

Narcissus cyclamineus 🏆 Wuchskräftige, mehrjährige Zwiebelpflanze. Die nickenden, goldgelben Büten mit weit zurückgeschlagenen Kronblättern gehören zu den ersten Frühjahrsboten.
↕ 15–20 cm ↔ 2,5 cm

KULTUR Zwiebeln im Herbst an einem sonnigen oder absonnigen Platz in mäßig nährstoffreiche, durchlässige Erde setzen. Die Pflanztiefe sollte der zweifachen Zwiebelhöhe entsprechen.

2

3

WAS ZU TUN IST … MÄRZ

DAS WETTER

Die Zeitumstellung Ende März schenkt dem Gärtner die willkommene zusätzliche Stunde Tageslicht – schließlich gibt es einiges zu tun. Reichlich Ansporn zu anfallenden Gartenarbeiten liefert dabei die bunte Farbenpracht der erblühenden Gehölze und Stauden.

WECHSELHAFTES WETTER

Wechselhaftes Wetter mit Kälteeinbrüchen und Schneefall prägt das erste Märzdrittel. Das Thermometer kann noch bis auf –15 °C sinken (»Märzwinter«). Schönwetterlagen bescheren etwa ab dem 13. März vorfrühlingshafte Temperaturen, in der zweiten Monatshälfte bahnt sich dann vermehrt der Frühling an. Die Tageshöchstwerte erreichen 15–20 °C. Zum Ende des Monats setzt erneut wechselhafte Witterung ein.

KALTER WIND

Typisch für die Wetterlage im März drängt eisige Luft und damit kalter Wind aus dem Osten nach Mitteleuropa. In durchschnittlich 20 Märznächten gibt es im Bergland noch Frost. Auch der Föhn aus dem Süden wird stärker und beschleunigt die Schneeschmelze. In der Regel folgt auf einen sehr windigen März ein sonniger Mai: »Wenn im März viel Winde weh'n, wird's im Maien warm und schön.«

VERMEHRT SONNE

Im März werden die Tage immer länger, im Mittel scheint die Sonne diesen Monat in Deutschland für 111 Stunden. Nachdem in den Wintermonaten die Berge aufgrund von Inversionswetterlagen bevorzugt in den Genuss von Sonne kamen, erhalten nun auch die Niederungen verstärkt Sonnenschein. Märznebel tritt an vier bis fünf Tagen auf.

NIEDERSCHLÄGE

Normalerweise fallen im März durchschnittlich 57 mm Niederschlag, verteilt auf 15 Tage. An fünf Tagen geht der Niederschlag noch als Schnee nieder. Bei Tiefdrucklagen wechseln sich sonnige Abschnitte mit Regen ab. Oberhalb 1000 m schneit es zum Teil ergiebig, im Flachland hält sich jedoch keine geschlossene Schneedecke mehr.

VIEL SCHNEE

An Nordlagen herrschen in Süddeutschland noch winterliche Temperaturen. Orte oberhalb 700 m müssen an mindestens 15 Tagen mit einer Schneedecke rechnen. Den höchsten Schneefall meldete die Zugspitze am 24. März 2004. Innerhalb von 24 Stunden fielen 150 cm Neuschnee.

ALLGEMEINE GARTENARBEITEN

MULCHEN SIE NACKTE ERDE

Zuvor sollten Sie die Fläche aber noch gründlich jäten und säubern. Besonders geeignet sind verrotteter Stallmist oder Rindenmulch. Auch Pilzkompost ist nützlich, wird aber wegen seines Kalkgehalts von Pflanzen nicht vertragen, die ein saures Bodenmilieu bevorzugen, wie z.B. Rhododendron. Unbewachsene Erde verliert bei trockener Witterung sehr schnell Wasser. Wenn man sie mit einer dicken Schicht organischer Substanz abdeckt, vermindert man die Verdunstung und damit den Feuchtigkeitsbedarf.

Vor allem frisch gesetzte Jungbäume, -sträucher und -stauden brauchen viel Wasser. Mulch unterdrückt außerdem Unkräuter und sieht obendrein noch gut aus. Wenn der Untergrund bereits trocken ist, sollte vor dem Mulchen noch einmal gegossen werden.

Tragen Sie reichlich Mulch auf. Die Schicht sollte mindestens 5 cm dick sein.

BEREITEN SIE TEICHE FÜR DAS FRÜHJAHR VOR

Entfernen Sie das Netz über Ihrem Teich. Wenn Sie im Herbst keines gespannt haben, beseitigen Sie das

Es wird Zeit, Teichpumpen aus dem Keller zu holen und sie wieder anzuwerfen.

Laub und all den Unrat, der sich den Winter über im Wasser angesammelt hat, sonst ersticken die faulenden Blätter alles Leben im Teich. Schneiden Sie überdies altes Laub von Ufer- und Wasserpflanzen ab. Auch Teichheizgeräte, die ein Zufrieren des Wassers verhindern, sollten herausgenommen werden.

Pumpensysteme und Unterwasserbeleuchtung können nun wieder installiert werden. Durch den Wasserumlauf reichert sich das Wasser mit Sauerstoff an, was für Fische und andere Teichbewohner wichtig ist. Zudem wirkt das Plätschern des Wassers überaus beruhigend. Wenn etwas nicht funktioniert, rufen Sie den Elektriker – mit Stromgeräten ist nicht zu spaßen.

Fische im Teich können nun wieder gefüttert werden. Wenig und oft – lautet im Frühjahr die Devise. Zu viel übrig gelassenes Futter fördert Algenwuchs.

BEPFLANZEN SIE GEFÄSSE MIT WINTERHARTEN GEWÄCHSEN

Viele Pflanzen eignen sich für Gefäße: kleine Bäume, Sträucher, Kletterer, Stauden, Sommerblumen, Alpingewächse und Bodendecker. Zu beachten gibt es nicht viel. Man muss die Topfpflanzen lediglich gut pflegen, d.h. stets ausreichend gießen, regelmäßig düngen und welke Blüten sogleich entfernen. Verwenden Sie am besten einen Langzeitdünger. Sorgen

Sie dafür, dass Ihre Lieblinge auch dann genug Wasser bekommen, wenn Sie einmal längere Zeit verreist sind.

Vor allem Bodendeckerrosen, Miniaturrosen und Stammrosen machen sich in Töpfen auf Terrassen ausgezeichnet. Man setzt sie in Gefäße mit Topferde auf Lehmbasis, die sich für Sträucher in Containern viel besser eignet als lehmloses Substrat wie Blumenerde mit viel Torf, da sie Nährstoffe und Wasser gut speichert.

Bei großer Hitze sollte man eingetopfte Patio-Rosen in den Schatten verfrachten, damit die Sonne sie nicht versengt

Nach dem Pflanzen schneidet man die Rosen kräftig zurück, um ihren Wuchs zu fördern. Nach einigen Monaten beginnt man regelmäßig mit Kali zu düngen – die Rosen danken es mit wochenlanger reicher Blüte. Bei Trockenheit brauchen sie allerdings einmal, wenn nicht gar zweimal täglich Wasser. Sie tun ihnen auch etwas Gutes, wenn Sie die Töpfe bei Hitze in den Schatten stellen.

BEGINNEN SIE MIT DEM RASENMÄHEN

Mähen Sie regelmäßig, sobald der Rasen zu wachsen anfängt. In warmen Gegenden sprießt das Gras manchmal schon Ende März. Schneidet man es von Anfang an, bleibt es den ganzen Sommer über in gutem Zustand. Zudem entwickelt sich der Rasen viel gesünder und sieht grüner aus, wenn man ihn oft mäht, aber jedes Mal nur wenig wegschneidet. Selbst wenn man den Schnitt im Sommer liegen lässt, sollte man jetzt noch mit Fangkasten mähen, damit Luft,

Regen und Dünger die Sode durchdringen können. Stellen Sie die Messer beim ersten Schnitt auf die höchste Stufe ein.

REPARIEREN SIE RASENKANTEN

Sie können im Lauf eines Sommers beschädigt werden oder abbröckeln. Man erneuert Teilstücke, indem man ein Rechteck ausschneidet und dreht (siehe unten). Die nun innen liegende, schadhafte Stelle wird mit Erde gefüllt, neu angesät und gegossen.

Nackte Stellen im Rasen kann man den ganzen Sommer über neu ansäen. Man vertikutiert die Lücke, um die Oberfläche aufzurauen, und streut eine Mischung aus gleichen Teilen Topferde und Grassamen darauf.

RASENKANTEN AUSBESSERN

1 Schneiden Sie ein Stück Rasensode mit der beschädigten Kante aus, heben Sie es mit dem Spaten auf und drehen Sie es um 180 °.

2 Die »gute« Seite der Sode bildet eine makellose neue Kante. Nun füllt man die schadhafte Stelle mit Erde und sät sie an.

BÄUME, STRÄUCHER & KLETTERER

PFLANZEN SIE WURZELNACKTE GEHÖLZE

Im März ist die letzte Gelegenheit, wurzelnackte Bäume und Sträucher zu pflanzen. Während und nach dem Laubaustrieb können Gehölze nur noch schwer einwurzeln, da sie über die Blätter viel Wasser verlieren. Gefäßpflanzen kann man zwar problemlos ganzjährig setzen, aber selbst für sie sind das Frühjahr und der Herbst die beste Pflanzzeit.

Auch wurzelnackte Heckengehölze sollten nun schleunigst in die Erde kommen. Bis zum Herbst sind in der Regel nur noch Kübelpflanzen erhältlich. Der Einkauf solcher Exemplare für eine längere Hecke kann aber ganz schön ins Geld gehen.

SETZEN SIE IMMERGRÜNE STRÄUCHER UM

Setzen Sie immergrüne Sträucher um – jetzt ist die beste Zeit dafür. Verpflanzt man die Gehölze mitten im Winter, können sie den durch Frost bzw. Wind verursachten Flüssigkeitsverlust nicht ausgleichen. Gewächse beginnen erst ab einer Temperatur von 4–5 °C Wasser aus dem Boden aufzunehmen. Gegen Ende März hat sich der Untergrund in der Regel etwas aufgewärmt und das Wachstum setzt nun allmählich ein. Die Sträucher verlieren deshalb weniger Wasser und können gut einwurzeln. Nehmen Sie beim Umsetzen so viel wie möglich vom Wurzelballen heraus. Für ausladendere Exemplare sollte man auf jeden Fall einen Helfer haben. Schützen Sie die Neulinge anfangs vor kalten Winden und gießen Sie sie gut.

STRÄUCHER VERSETZEN

1 Heben Sie direkt außerhalb der von der Strauchkrone bedeckten Fläche einen ringförmigen Graben aus.

2 Arbeiten Sie sich nach innen und schütteln Sie die Erde zwischen den Wurzeln mit der Gabel heraus, um das Gewicht zu verringern.

3 Stechen Sie mit dem Spaten von allen Seiten unter den Wurzelballen, bis der Strauch ganz frei liegt.

4 Rollen Sie Sackleinen oder eine Plane halb aus und schieben Sie die eingerollte Hälfte unter den Ballen.

5 Neigen Sie den Strauch, rollen Sie den Rest der Plane aus und schlagen Sie sie nach oben.

SCHNEIDEN SIE ROSEN

Schneiden Sie Busch- und Strauchrosen jetzt, wenn Sie im letzten Monat nicht dazu gekommen sind. Kletterrosen hingegen werden für gewöhnlich im Herbst gekürzt, damit man sie hochziehen und befestigen kann, bevor das Winterwetter sie beutelt. Sofern die Kletterer keine grundlegende Sanierung benötigen, schneidet man sie aber niemals im Frühjahr, sonst blühen sie nicht.

Rosen werden vor allem eingekürzt, damit sie eine gesunde Struktur mit vielen Blüten aufbauen. Das Ausdünnen zu dicht stehender Triebe lässt Licht und Luft ins Innere der Pflanze und vermindert nicht nur die Gefahr eines Befalls durch Schädlinge oder Krankheiten, sondern fördert auch den Austrieb kräftigen und gesunden Wuchses. Die Schnitte müssen glatt und sauber erfolgen; legen Sie sich also eine gute,

BUSCHROSEN SCHNEIDEN

Buschrosen sind reichblühende Rosen mit buschigem Wuchs und aufrechten Trieben. Ihre großen, meist gefüllten Blüten stehen entweder einzeln oder in Dreierbüscheln. Sie blühen vom Sommer bis zum Herbst an ein- oder zweijährigem Holz. Man pflanzt sie in formale Beete und gemischte Rabatten oder als Schnittblumenlieferanten.

- *Entfernen Sie tote und kranke Stängel sowie überkreuzte Triebe in der Buschmitte.*
- *Schneiden Sie schwache Zweige heraus.*
- *Kürzen Sie die letztjährigen Triebe bis auf 5–8 cm vor dem älteren Wuchs zurück (siehe links).*

scharfe Gartenschere oder sogar eine Astschere zu.

Als Erstes holt man totes bzw. krankes Holz heraus, das eine ideale Eintrittspforte für Krankheitserreger ist. Dann entfernt man überkreuzte oder aneinander scheuernde Triebe. Nun kann das blühende Holz geschnitten werden – wie, das hängt vom Rosentyp ab (siehe unten). Schneiden Sie stets auf Knospen zurück, die nach außen zeigen. Als Faustregel gilt außerdem: Je stärker man stutzt, desto kräftiger fällt der nächste Neuaustrieb aus.

Entfernen Sie den Rosenabfall fein säuberlich, sonst verletzen Sie sich später daran. Man sollte ihn entsorgen oder verbrennen, nicht häckseln, denn dadurch können Krankheiten verbreitet werden. Anschließend mulcht man um die Rosen – am besten mit verrottetem Stallmist oder einem Fertigprodukt wie Rindenmulch.

STRAUCHROSEN SCHNEIDEN

Strauchrosen entwickeln viele Triebe mit buschigem oder halb kriechendem Wuchs. Die ungefüllten bis gefüllten, duftenden Blüten öffnen sich den ganzen Sommer hindurch. Strauchrosen müssen nur geringfügig geschnitten werden.

- *Holen Sie totes, verletztes oder krankes Holz heraus, indem Sie bis auf eine Gabelung oder eine gesunde Knospe zurückschneiden.*
- *Bei zu dichtem Wuchs nimmt man dünne Zweige aus der Mitte heraus und kürzt einige Haupttriebe bis zur Basis zurück.*
- *Welke Blüten oder Früchte vom Vorjahr nimmt man ebenfalls weg (siehe links).*

Eukalyptus dankt einen jährlichen radikalen Rückschnitt mit dem Austrieb attraktiver runder Blätter.

SCHNEIDEN SIE HARTRIEGEL UND WEIDEN

Schneiden Sie Hartriegel (*Cornus*) und strauchige Weiden (*Salix*). Man zieht sie vor allem wegen ihrer farbenfrohen Zweige, die im Winter Leben in den Garten bringen. Die schönste Färbung entwickeln einjährige Triebe, weshalb man die Sträucher im Frühjahr schneidet. Auch die weißen Stängel der Zierhimbeeren (*Rubus*) werden nun gestutzt. Diese Sträucher vertragen alle einen kräftigen Rückschnitt.

SCHNEIDEN SIE STRAUCHIG WACHSENDE EUKALYPTUS

In Mitteleuropa ist zwar nur eine Art halbwegs winterhart, als Kübelpflanze jedoch bereichert das exotische, schnell wachsende Gehölz jeden Garten. Es dankt einen kräftigen Rückschnitt mit dem Austrieb attraktiver runder Jungblätter.

*Im Frühjahr kürzt man die dekorativen Triebe von Hartriegel (*Cornus*), Weiden (*Salix*) und Himbeeren (*Rubus*) kräftig ein (ganz rechts).*

Kletterer, die etwas zu stark wuchern, kann man im März radikal zurückschneiden, um sie zu verjüngen.

VERJÜNGEN SIE IHRE KLETTERPFLANZEN

Weisen Sie zu groß gewordene Kletterer in die Schranken, bevor sie austreiben. Abgestorbenen Wuchs erkennt man an fehlenden Knospen. Efeu, Kletterrosen, Geißblatt und Winterjasmin vertragen einen kräftigen Rückschnitt.

PFLANZEN SIE KLETTERER

Wenn Sie neue Kletterer nicht schon im Februar gepflanzt haben, dann wird es jetzt allerhöchste Zeit. Zuvor aber sollten Sie Drähte spannen und Klettergerüste befestigen. Die Drähte werden bald vom Grün überwuchert werden. Besonders gut als Halterung eignen sich Ösenschrauben. Drehen Sie die Ösen nach dem Spannen noch ein paarmal, um sicherzugehen, dass die Drähte fest gespannt sind.

Die einfachste und gebräuchlichste Kletterhilfe ist ein zwischen Ösen oder Haken gespannter Draht.

EINEN HARTEN RÜCKSCHNITT BRAUCHEN:

Hedera helix 'Dragon Claw'

Jasminum nudiflorum

Lonicera periclymenum

Rosa 'American Pillar'

BLÜTENPFLANZEN

PFLANZEN UND TEILEN SIE STAUDEN

Winterharte Stauden treiben ab Ende März relativ rasch aus. Sie sollten nach dem Pflanzen gut gedüngt sowie gemulcht werden und solange reichlich Wasser bekommen, bis sie gut eingewurzelt sind.

Zu groß gewordene Horste sommerblühender krautiger Stauden werden jetzt aufgenommen und geteilt. Selbst wenn sie bereits zu treiben begonnen haben, ist

STAUDEN TEILEN

1 Lockern Sie den Horst rundherum mit einer Gabel, damit Sie den Ballen aus der Erde heben können.

2 Ein älterer Horst lässt sich nur schwer teilen. Mit einem Spaten oder einem Gartenmesser bekommt man ihn entzwei.

das kein Problem. Die Teile sollten allerdings nicht allzu klein ausfallen, sonst blühen sie später nicht richtig.

Aber welche Stauden müssen denn nun geteilt werden? Man erkennt das in der Regel daran, dass die Horste schon stark nach außen drängen, sich neuer Wuchs vorwiegend am Rand bildet und die Mitte abstirbt. Jetzt ist es höchste Zeit für eine Verjüngung.

Nehmen Sie den Horst mit einer Gabel aus der Erde und teilen Sie ihn. Düngen Sie den Boden und setzen Sie die Teile je nach Platzangebot in Gruppen zu drei, vier oder mehr Pflanzen. Ist der Untergrund recht trocken, muss kräftig gegossen werden.

3 Pflanzen Sie nur die kräftigsten Exemplare. Oft findet man die besten Stücke an der Außenseite des Horsts.

4 Vor dem Pflanzen gräbt man den Boden um und gießt ihn. Die frisch gesetzten Stauden brauchen die erste Zeit viel Wasser.

TEILEN SIE PRIMELN NACH DER BLÜTE

Teilen Sie Polyanthus-Primeln nach dem Verblühen Ende des Monats. Nehmen Sie dazu die Horste mit einer Gabel auf. Bei sehr großen Wurzelstöcken stößt man zwei Gabeln Rücken an Rücken in die Mitte der Pflanze und zieht die beiden Griffe auseinander. Schneiden Sie altes Laub ab und lassen Sie nur etwa 5 cm übrig. Damit verjüngt man die Pflanze und reduziert den Wasserverlust. Nach dem Teilen kommen die Pflanzen wieder an ihren ursprünglichen Standort, den man zuvor mit Gartenkompost oder Stallmist angereichert hat. Man kann sie über den Sommer auch in einer Ecke des Gemüsegartens ziehen. Im Herbst setzt man sie in ihre angestammte Rabatte.

Primeln wie 'Miss Indigo' *(rechts) oder Vertreter der* Gold-Laced-*Gruppe (oben rechts) erfüllen den Garten im Frühjahr mit Farbe, wenn sie jetzt geteilt werden.*

STÜTZEN SIE KRAUTIGE STAUDEN

Die Pflanzen werden bald reichlich Laub ansetzen – und dann bei einem kräftigen Regenguss oder Windstoß flachliegen! Deshalb brauchen sie jetzt Unterstützung. Man kann heute aus einer Vielzahl von Stützen wählen. Die billigste Lösung sind dünne Ruten, die man um die Horste in den Boden steckt. Sehr gut eignen sich z.B. Zweige des Schmetterlingsstrauchs (*Buddleja*). Sie sind etwas unansehnlich, doch die Stauden überwuchern sie in kurzer Zeit vollständig. Im Handel gibt es Bambusstäbe oder Kunststoffstangen, die man miteinander verbinden kann, und runde, zum Teil höhenverstellbare Drahtkäfige. Wichtig ist nur, dass Sie die Stütze früh genug aufstellen. Warten Sie nicht, bis die Stängel bereits umfallen oder vom Wind gebeutelt werden – das Abstützen von Trieben, die in alle möglichen Richtungen wachsen, sieht nie gut aus.

SCHNEIDEN SIE ALTEN WUCHS AB

Selbst wenn Samenstände und Stängel noch immer halbwegs schön aussehen, wird es doch Zeit, sie loszuwerden. Bringen Sie nach dieser Aufräumaktion Dünger aus, sofern Sie das nicht schon im Februar erledigt haben, damit der Boden gemulcht werden kann.

Sorgen Sie frühzeitig für Stützen, damit die Staude sie unbeengt überwuchern kann.

SÄEN SIE WINTERHARTE EINJÄHRIGE

In milden Regionen kann man winterharte Einjährige bzw. Sommerblumen jetzt schon ins Freiland säen. Wo es nachts noch sehr kalt werden kann, wartet man damit lieber bis Ende April. Sommerblumen kommen am besten in naturnahen Gruppen zur Geltung. Sie sollten den Boden gründlich vorbereiten, ohne aber Stallmist oder Gartenkompost unterzuarbeiten. Bei zu nährstoffreicher Erde entwickeln die Pflanzen viel weichen, grünen Wuchs und wenig Blüten. Es genügt, etwas Allzweckdünger zu streuen.

Nun kommt der angenehme Teil: die einzelnen Blumengruppen markieren und ansäen. Als Faustregel gilt: Große Pflanzen wie Rittersporn (*Consolida*) oder Kos-

Wer Samen von Limnanthes douglasii *jetzt aussät, kann sich im Sommer und Herbst über zahllose Blüten freuen.*

mee kommen nach hinten, während ihren kleineren Nachbarn, etwa Hainblume (*Nemophila*) oder Steinrich (*Lobularia*), der vordere Teil der Rabatten gehört. Sie können auch fantasievolle Farbkombinationen erarbeiten oder Rabatten in einer einzigen Farbe planen. Im Grunde sollen Sommerblumen aber vor allem Leben in den Garten bringen – machen Sie sich also nicht zu viel Kopfzerbrechen um ausgefeilte Zusammenstellungen.

Wenn man Samen in Rillen sät, statt sie großflächig zu verteilen, kann man die Sämlinge leichter von Unkräutern unterscheiden. Sind sie einmal größer geworden, erkennt man nicht mehr, dass sie anfangs in Reihen gestanden haben. Um auf Nummer Sicher zu gehen, können Sie die Rillen aber auch kreuz und quer ziehen. Sobald sich die Pflänzchen gefahrlos aus der Erde nehmen lassen, dünnt man sie aus.

EINJÄHRIGE AUSSÄEN

1 Gießen Sie etwas Sand in eine Flasche und zeichnen Sie damit unregelmäßige Formen auf das Erdreich.

2 Ziehen Sie Rillen und säen Sie Samen darin aus. Auf den Päckchen steht meist, wie groß die Abstände sein sollen.

3 Decken Sie die Samen etwas ab, gießen Sie und markieren Sie die einzelnen Bereiche mit den Samenpäckchen

KÜCHENGARTEN

BEREITEN SIE BEETE FÜR DIE AUSSAAT VOR

Selbst nackte Erde sollte nun etwas getrocknet sein und sich leichter bearbeiten lassen. Der Boden darf weder staunass noch so trocken sein, dass er sich nur mühsam aufbrechen lässt. Meist bekommt der Gärtner aber Unterstützung durch das Wetter, das die hartnäckigsten Klumpen auflöst. Wenn sich das Vorbereiten der Beete trotz durchnässter Erde nicht mehr aufschieben lässt, legen Sie Bretter darüber, die das Gewicht verteilen und eine Verdichtung des Untergrunds verhindern.

Nachdem Sie große Erdbrocken zerkrümelt haben, können Sie den Boden mit der Harke einebnen.

Große Klumpen bricht man mit einer Grabgabel und harkt sie anschließend mit einem Rechen feinkrümelig. Dabei zieht man die Zinken immer wieder 2–3 cm tief durch die Erde. Treten Sie den Boden anschließend fest. Rund zwei Wochen vor der Aussaat streut man einen organischen Dünger, z.B. ein Seetangextrakt, und harkt ihn ein.

BEGINNEN SIE MIT DER FREILANDAUSSAAT

Beginnen Sie in klimamilden Gegenden mit regelmäßiger Freilandaussaat. In kühleren Regionen wartet man damit besser noch bis April. Die Aussaat von Kopfsalat, Pflücksalat, Rettich, Radieschen, Weißer Rübe, Dicker Bohne, Löwenzahn und Spinat kann jetzt

FREILANDAUSSAAT

Schmale Rillen eignen sich für feines Saatgut. Man zieht sie am besten mit einem Stock entlang einer gespannten Schnur.

Breite Furchen legt man für Erbsen und Bohnen an, die zu beiden Seiten einer Stütze wachsen sollen.

Samenlöcher Große Samenkörner kommen in Löcher. Zum Eindrücken der Vertiefungen eignet sich z.B. ein abgebrochener Spaten- oder Grabgabelgriff.

erfolgen. Säen Sie in 10-Tages-Abständen eine kurze Reihe nach der anderen – so sichern Sie sich den Sommer und Herbst hindurch eine lange Gemüseernte.

Samen werden oft in kleinen vakuumverpackten Plastiktütchen verkauft. Man lagert das Saatgut an einem kühlen, trockenen Platz – am besten im Kühlschrank. Auch nicht luftdicht verschlossene Samen sind dort gut aufgehoben. Die Kälte hält sie länger keimfähig.

Feinkörniges Saatgut wird in flache Rillen gestreut, die man mit einem Stock zieht. Wässern Sie das Beet vorher, falls der Boden trocken ist. Die Samen werden dünn ausgesät und leicht mit trockener Erde bedeckt. Sobald die Keimlinge groß genug sind, dünnt man sie aus.

Etwas anders verläuft die Aussaat von Erbsen und Dicken Bohnen. Man hebt einen 2–3 cm tiefen Graben aus, sät darin Erbsensamen in 2–3 cm und Dicke-Bohne-Samen in 15 cm Abstand aus und bedeckt die Körner mit Erde. Beide Gemüsearten brauchen ein Netz oder Gärtnervlies als Schutz, sonst machen sich Mäuse und Tauben über die Körner her.

SÄEN SIE PASTINAKEN

Bei der Aussaat von Pastinaken ins Freiland müssen ein paar Dinge beachtet werden, denn das Wurzelgemüse ist sehr launisch und keimt nicht immer. Man hebt wie oben beschrieben eine schmale Furche aus, sät die Körner darin aber zu dritt oder viert mit jeweils 15 cm Abstand zwischen den Grüppchen. Dadurch vermeiden Sie Lücken in der Reihe, wenn Samen einmal nicht aufgehen. Da Pastinaken langsam und unzuverlässig keimen, sät man zwischen den einzelnen Gruppen schnell reifendes Gemüse wie Radieschen. Auf diese Weise weiß man immer, wo die Pastinaken platziert sind.

SETZEN SIE FRÜHKARTOFFELN

Nicht vorgekeimte Exemplare werden je nach Klima von Ende März bis Ende April ins Freie gepflanzt, sofern sich der Boden ausreichend erwärmt hat und die größte Frostgefahr vorüber ist. Man »legt« Frühkartoffeln mit 30 cm Abstand in 1,2 m breite Flachbeete so tief, wie die Knollen dick sind. Gute Ernte verspricht auch das Pflanzen in Erdwällen, die man in Abständen von 60 cm anhäufelt.

STECKZWIEBELN KOMMEN INS FREILAND

Man bereitet den Boden wie bei der Aussaat anderer Gemüsearten vor – lediglich die Oberfläche muss nicht so fein geharkt werden – und bringt organischen Dünger aus. Stecken Sie die Zwiebeln mit 10–15 cm Abstand in genauso weit auseinander liegende Reihen. Man

KARTOFFELN SETZEN

Durch Einarbeiten von organischem Material in die Furchen bereiten Sie den Boden vor dem Setzen von Kartoffeln vor.

Beim Setzen von Frühkartoffeln muss die Seite mit den meisten Keimen nach oben zeigen.

drückt sie aber nicht einfach in die Erde, sondern gräbt Löcher, sonst schieben die wachsenden Wurzeln die Zwiebeln wieder nach oben. Schneiden Sie ferner die trockene, spitz zulaufende Schale am Blattansatz ab, da Vögel die Knollen daran gern aus der Erde ziehen.

Zieht man Zwiebeln aus Steckzwiebeln statt durch Aussaat, fällt die Ernte kleiner aus, dafür ist das Gemüse viel früher reif.

In Hochbeeten setzt man Zwiebeln in etwa 8 cm Abstand. Man erntet dann zwar etwas kleinere Exemplare, hat aber insgesamt einen höheren Ertrag.

SÄEN SIE KRÄUTER

Die Freilandaussaat robuster Arten wie Kerbel, Schnittlauch, Fenchel, Majoran, Koriander, Kresse und Petersilie steht nun an. In ungewöhnlich kalten Nächten schützt man sie allerdings am besten noch mit einer Folie. Man sät sie wie Gemüse in Rillen und pflanzt sie an ihren endgültigen Standort, sobald die Samen gefahrlos aus der Erde genommen werden können. Arten, deren Anzucht aus Saatgut etwas schwieriger ist, kauft man am besten als Jungpflänzchen in Gartencentern oder bestellt sie bei Versandfirmen. Dazu zählen Meerrettich, Liebstöckel, Pimpinelle, Pfefferminze und Russischer Estragon. Deutscher Estragon ist zwar feiner im Geschmack als Russischer Estragon, allerdings auch empfindlicher.

Pflanzt man Koriander (links) und Schnittlauch (unten links) im März, kann man sie im Sommer ernten.

Ein gepflegtes Kräuterbeet ist das Schmuckstück eines jeden Küchengartens. Viele Kräuter machen sich aber auch ausgezeichnet neben anderen Gewächsen in Rabatten. Wenn kein Platz für einen eigenen Kräuterbereich ist, kann man die Gewürzpflanzen auch zwischen Schmuckgrün kultivieren oder in Töpfen ziehen.

TEILEN SIE SCHNITTLAUCH

Er beginnt jetzt auszutreiben. Nehmen Sie ihn mit einer Grabgabel auf und teilen Sie die Büschel. Dabei brauchen Sie nicht allzu zartfühlend vorzugehen – die Pflanzen sind robuste Genossen. Kleinere Horste setzt man in Böden, die mit organischer Substanz aufbereitet wurden. Gießen Sie Schnittlauch nach dem Umpflanzen gut. Das Kraut macht sich auch gut als Beeteinfassung.

MÄRZ-PROJEKT

BLUMENWIESE

Wiesen gehören zu den großen Wundern der Natur. Sie sind nicht nur schön anzusehen, sondern auch pflegeleicht und obendrein ein idealer Lebensraum für allerlei Tiere. Wiesenblumen und Gräser gedeihen in mageren Böden an sonnigen Standorten und müssen nur einmal jährlich im Herbst nach dem Samenansatz gemäht werden.

Besondere Wirkung entfalten sie auf einer großen Fläche, doch muss man kein weitläufiges Areal besitzen, um ein solches Paradies anzulegen. Säen Sie einfach eine Wiesenblumenmischung mit winterharten Einjährigen wie Mohn, Acker-Hundskamille, Margerite und Kornblume auf ein sonniges Fleckchen. Gut passt ein solches Farbenmeer in frisch angelegte Gärten, doch locken Miniwiesen auch Nützlinge an und tragen zur Erhaltung der Artenvielfalt bei.

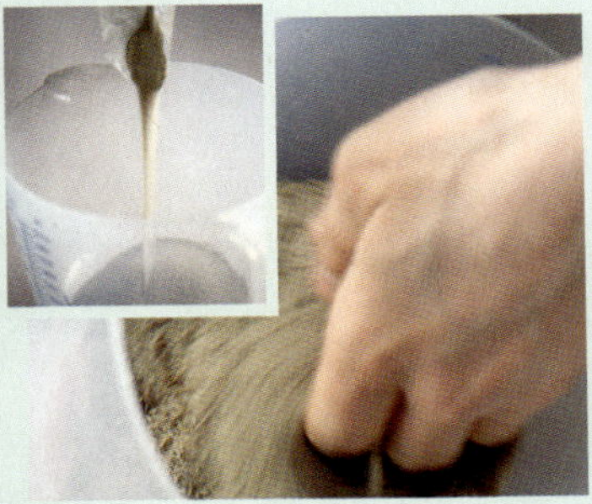

1 Wiesenblumensamen mit Sand mischen, damit die Samen gleichmäßig verteilt werden. 3 g Samen pro m^2 sind ideal, aber erst abwiegen, dann Sand dazugeben. Etwas Schneckenkorn hinzufügen.

2 Unkraut und Steine entfernen. Oberfläche anschließend einebnen und feinkrümelig harken. Das Unterteilen des Areals mit Ruten in quadratmetergroße Felder erleichtert die Aussaat.

3 Erde nach der Aussaat mit dem Rücken des Rechens sanft andrücken, damit die Samenkörner fest auf dem Boden aufliegen – sie keimen dann besser und sind für Vögel nicht so leicht zu erkennen.

4 Damit Vögel sich nicht über die Samen hermachen, einige Schnüre mit CDs über das besäte Areal spannen oder ein Netz verwenden. Nach dem Keimen das Netz entfernen.

STRAHLENANEMONE 1

***Anemone blanda* 'Violet Star'** Mäßig wuchskräftige, sich stark ausbreitende Staude mit knolligen Wurzeln. Im Frühjahr sprießen strahlend violettblaue, unterseits weiße Blüten. Die dunkelgrünen Blätter wirken sehr hübsch, verwelken aber während der Ruhephase im Sommer.

↕ 15 cm ↔ 15 cm

KULTUR Die Knollen im Herbst 5–8 cm tief in humosen, durchlässigen Boden in sonniger bis halbschattiger Lage pflanzen.

SUMPFDOTTERBLUME 2

Caltha palustris 🏆 Wüchsige Staude mit kriechenden Rhizomen. Glänzend sattgelbe, schalenförmige Blüten im Frühjahr, später folgt oft eine zweite Blüte. Die nierenförmigen Blätter sind fast ganzjährig attraktiv.

↕ 40 cm ↔ 45 cm

KULTUR Optimal ist volle Sonne, aber auch Streuschatten wird toleriert. In sumpfigen, niemals austrocknenden Boden am Rand eines Gewässers, in Pflanzkübel oder in seichtes Wasser bis 23 cm tief pflanzen.

STERNHYAZINTHE 3

***Chionodoxa forbesii* 'Pink Giant'**

Mäßig wuchskräftige Zwiebelpflanze. Im April zeigen sich Trauben aus sternförmigen, zartrosa Blüten mit weißem Auge. Die Pflanze zieht nach der Blüte ein.
↕ 10–20 cm ↔ 3 cm

KULTUR Im Herbst legt man die Zwiebeln an sonnigen oder absonnigen Standorten 8 cm in gut durchlässigen Boden. Nach 4–5 Jahren stark verdichtete Horste ausgraben und die Zwiebeln vereinzeln.

2

3

SEIDELBAST 1

Daphne mezereum Aufrechter, sommergrüner Strauch. Alle Teile sind hochgiftig. Von Februar bis April sprießen an den noch kahlen Zweigen rosa bis purpurrosa Blüten, die in dichten Büscheln stehen.
↕ 1,2 m ↔ 1 m

KULTUR In Sonne oder Halbschatten und möglichst in schwach basischem, humusreichem, feuchtem, aber gut durchlässigem Boden ziehen. Mulchen, um die Wurzeln kühl zu halten. Schnittmaßnahmen auf das Entfernen toter oder beschädigter Triebe nach der Blüte beschränken.

GELBE SCHEINKALLA 2

Lysichiton americanus 🏆 Wüchsige, ausladende, krautige Staude. Noch vor dem Blattaustrieb im April sprießen winzige grüne Blüten in kolbenförmigen, von einem großen, glänzend gelben Hochblatt umgebenen Blütenständen. Die großen, länglich eiförmigen, ledrigen Blätter verlängern sich nach der Blüte.
↕ 1 m ↔ 1,2 m

KULTUR Bevorzugt volle Sonne oder Streuschatten. In feuchte, humose Erde pflanzen. Die Blätter brauchen viel Platz. zum Ausbreiten

1

2

FRÜHLINGSKROKUS 3

***Crocus vernus* 'Pickwick'** Robuste Knollenpflanze. Von März bis Mai entwickeln sich weiße Blüten mit blass- und dunkellila Streifen sowie tiefpurpurnem Ansatz.

↕ 12 cm ↔ 5 cm

KULTUR Die Knöllchen im Herbst an sonnigen bis absonnigen Standorten 8–10 cm tief in nährstoffreichen, durchlässigen Boden setzen.

3

1

KORKENZIEHERHASEL 1

***Corylus avellana* 'Contorta'**
Wüchsiger, sommergrüner Strauch mit korkenzieherartig gewundenen Trieben, die im Winter, vor allem nach Schneefällen, sehr dekorativ wirken. Im Februar und März entwickeln sich an noch kahlen Zweigen gelbe, hängende Kätzchen. Die herzförmigen, gekräuselten Blätter sind ebenfalls gedreht.
↕5 m ↔ 5 m

KULTUR Gedeiht in jeder guten Gartenerde in Sonne oder Halbschatten. Im zeitigen Frühjahr aus der Basis treibende Schösslinge und unschön wachsende Triebe entfernen.

KAISERKRONE 2

Fritillaria imperialis Robuste, straff aufrechte Zwiebelpflanze. Von April bis Mai entwickelt sich am oberen Ende des kräftigen Schafts ein Kranz aus großen, nickenden Blüten in Gelb, Orange, oder Rot, der von einem Schopf grüner Hochblätter gekrönt ist.
↕bis 1,5 m ↔ 25–30 cm

KULTUR Im Herbst die Zwiebeln an vollsonnigen Standorten in fruchtbare, gut durchlässige Erde pflanzen – die Tiefe soll der vierfachen Zwiebelhöhe entsprechen. Um Fäulnis zu verhindern, setzt man sie bei feuchten Böden auf eine Drainage-Schicht aus Sand.

ARMENISCHE TRAUBENHYAZINTHE 3

Muscari armeniacum 🏆 Wuchskräftige, mehrjährige Zwiebelpflanze. Zwischen März und Mai zeigen sich dichte Trauben aus röhrenförmigen, leuchtend blauen Blüten mit weißem Schlund.
↕20 cm ↔ 5 cm

KULTUR In voller Sonne in gut durchlässige, mäßig nährstoffreiche Erde setzen. Zwiebeln im Herbst etwa 10 cm tief legen. Verdichtete Horste im Sommer teilen.

2

3

1

FORSYTHIE, GOLDLÖCKCHEN 1

***Forsythia* × *intermedia* 'Lynwood'** 🏆
Wüchsiger, straff aufrechter, sommergrüner Strauch. Entlang der kahlen Zweige öffnen sich von März bis Mai goldgelbe Blüten. Gute Kletterhilfe für Clematis.
↕ 1,5 m ↔ 1,5 m

KULTUR Gedeiht in jedem nährstoffreichen Boden in sonnigen oder absonnigen Lagen. Abgeblühte Triebe nach der Blüte auf kräftige Knospen zurückschneiden, um den Neuaustrieb aus der Basis anzuregen; bei eingewöhnten Sträuchern ein Viertel der alten Triebe auslichten.

BLAUSTERNCHEN 2

***Scilla siberica* 'Spring Beauty'**
Mehrjährige schlanke Zwiebelpflanze. Von März bis April zeigen sich tiefblaue Glocken in lockeren Trauben über linealischen, glänzenden Blättern.
↕ 20 cm ↔ 5 cm

KULTUR An voll- bis absonnigen Standorten in nährstoffreicher Humuserde. Im Herbst stecken; die Pflanztiefe sollte das Zwei- bis Dreifache der Zwiebelhöhe betragen.

2

NARZISSE

3

***Narcissus* 'Cheerfulness'** 🏆 Robuste, mehrjährige Zwiebelpflanze. Im zeitigen Frühjahr öffnen sich an jedem Stängel mehrere süß duftende, gefüllte weiße Blüten mit rahmweißer Nebenkrone. ↕40 cm ↔ 8 cm

KULTUR An sonnigen bis absonnigen Standorten. Zwiebeln im Herbst setzen. Pflanztiefe: 2-fache Zwiebelhöhe. Lässt die Blühfreudigkeit nach und stehen die Zwiebeln zu dicht, versetzt man sie nach dem Einziehen des Laubs.

3

AKAZIE [1]

Acacia dealbata 🏆 Aus Australien und Tasmanien stammt der wüchsige, immergrüne, ausladende Baum, der auch als Strauch gezogen werden kann. Das nur bedingt winterharte Gehölz trägt dekoratives farnartiges, blaugrünes Laub und im Spätwinter rundliche, duftende, leuchtend gelbe Blütenstände.
↕15 m ↔ 10 m

KULTUR Bevorzugt gute, nährstoffreiche, neutrale bis saure Böden an einem geschützten, sonnigen Standort. Nach der Blüte alle Triebe herausnehmen, die die Silhouette der Pflanze beeinträchtigen.

SCHMALBLÄTTRIGES LUNGENKRAUT [2]

***Pulmonaria angustifolia* 'Azurea'** Wüchsige, ausbreitungsfreudige Staude mit trichterförmigen, leuchtend blauen, in der Knospe rot getönten Blüten. Sie blüht von März bis Mai. Durch die glatten, ungefleckten, glänzenden dunklen Blätter ein guter Bodendecker.
↕25 cm ↔ 45 cm

KULTUR An schattigen bis halbschattigen, beständig feuchten Stellen in humusreicher Erde. Nach der Blüte zurückschneiden, um das Laub zu erneuern. Alle paar Jahre zur Erhaltung der Wuchskraft teilen.

2

SCHEINQUITTE 3

***Chaenomeles* × *superba* 'Pink Lady'** 🏆
Bedornter, breitwüchsiger Strauch mit glänzenden, mittelgrünen Blättern. Vom Frühjahr bis in den Sommer öffnen sich rosarote, schalenförmige Blüten.
Im Spätherbst reifen gelbe Scheinquitten.
↕1,5 m ↔2 m

KULTUR Gedeiht in jedem fruchtbaren, gut durchlässigen Boden in sonniger oder halbschattiger Lage. Nach der Blüte Triebe auf eine kräftige Knospe zurückschneiden. Bei ausgewachsenen Pflanzen ein Fünftel der alten Triebe auslichten.

3

SCHARLACHKIRSCHE 1

Prunus sargentii 🏆 Wuchskräftiger, sommergrüner Baum mit breit ausladender Krone. Im April oder Mai öffnen sich hängende Trugdolden aus großen, einfachen, schalenförmigen Blüten in zartem Blassrosa. Borke glänzend kastanienbraun. Die elliptischen Blätter mit lang zulaufender Spitze sind beim Austrieb rot bis bronzefarben. Kleine, karminrote Kirschen, die Vögel anlocken. Strahlendes Herbstlaub in Sattorange bis Rot.
↕ bis 20 m ↔ 15 m

KULTUR In feuchten, durchlässigen Böden. Die Scharlachkirsche kommt so gut wie ohne Schnitt aus. Man entfernt im Winter lediglich störende Äste. An Bleiglanz erkrankte Teile werden im Hochsommer herausgenommen.

TULPE 2

Tulipa tarda 🏆 Wuchskräftige, mehrjährige Zwiebelpflanze. Im Frühjahr öffnen sich sternförmige, grünlich weiße, innen gelbe Blüten. Lanzettliche, glänzende, leuchtend grüne Blätter.
↕ bis 15 cm ↔ 5 cm

KULTUR Am besten an vollsonnigen Stellen, verträgt jedoch auch absonnige Standorte. Man zieht sie in magerer bis mäßig nährstoffreicher Erde. Schwere Böden mit etwas Kies auflockern. Die Zwiebeln kommen doppelt so tief in die Erde, wie sie hoch sind.

ETAGENPRIMEL 3

Primula **'Inverewe'** 🏆 Robuste, halbimmergrüne Staude. Sie treibt im Sommer mehrere Triebe mit etagenförmig abgestuften Büscheln aus bis zu 15 leuchtend roten Blüten aus.
↕75 cm ↔ 60 cm

KULTUR Im Halbschatten in leicht saurer, mit gut verrotteter organischer Substanz angereicherter Erde. Verträgt auch sonnige Standorte, sofern die Böden nicht austrocknen. Pflanzen zwischen Herbst und zeitigem Frühjahr teilen.

2

3

SALWEIDE 1

***Salix caprea* 'Kilmarnock'** Hochstämmig veredelter Baum mit steifen, überhängenden Zweigen. Graue Kätzchen mit gelben Staubgefäßen an noch kahlen Zweigen im Frühjahr. Bildet einen dichten Schirm aus kräftigen, gelbbraunen Zweigen und schmalem dunkelgrünem, unterseits graugrünem Laub.
↕1,5–2 m ↔ 2 m

KULTUR Geeignet für vollsonnige bis absonnige Standorte in feuchter und zugleich durchlässiger Erde. Jährlicher Rückschnitt von Dezember bis März zur Auslichtung dichten Wuchses.

HYAZINTHE 2

***Hyacinthus orientalis* 'City of Haarlem'** 🏆 Wuchskräftige, aufrechte Zwiebelpflanze. Im späten Frühjahr erscheinen an kurzen Schäften dichte Blütenkerzen aus stark duftenden Sternblüten in sanftem Primelgelb.
↕20–30 cm ↔ 8 cm

KULTUR Hyazinthen sind sonnenliebend. Zwiebeln im Herbst 10 cm tief in nährstoffreichen, durchlässigen Boden setzen. Für die Zimmerkultur vorgetriebene Zwiebeln können im Winter zur Blüte gebracht werden. In Schalen setzen und zunächst 6 Wochen kühl und dunkel stehen lassen. Wenn die Triebe etwa 2,5 cm hoch sind, Licht und Temperatur nach und nach erhöhen.

2

PRIMEL

3

***Primula* 'Miss Indigo'** Wuchsfreudige, immergrüne oder halbimmergrüne Staude. Büschel aus gefüllten, dunkel indigoblauen Blüten mit rahmweißer Spitze, die von März bis Juni geöffnet sind. Fast ganzjährig Rosetten aus runzligen, hellgrünen Blättern.
↕ 20 cm ↔ 35 cm

KULTUR Absonnige Plätze in gut feuchter, humushaltiger Erde. Teilen nach der Blüte erhält die Wuchskraft.

3

WAS ZU TUN IST APRIL

DAS WETTER

Jetzt ist der Frühling wirklich da! Alles grünt und blüht und die wärmeren längeren Tage lassen jedes Gärtnerherz höher schlagen. Nun kann man Stauden teilen und früh blühende Sträucher schneiden. Man muss aber auch regelmäßig jäten und ausputzen.

UNBESTÄNDIG

Im Frühjahr erwärmt sich die Luft über Südeuropa und Afrika aufgrund der unterschiedlich intensiven Sonnenstrahlung schneller als über Nordeuropa und dem Nordatlantik. Dadurch entsteht ein großes Temperaturgefälle zwischen Nord und Süd. Da der Unterschied anfangs sehr groß ist und die Lufttemperatur bestrebt ist, sich auszugleichen, kommt es an der Grenze, die sich im April gerade über Mitteleuropa befindet, zu einem ständigen Wetterwechsel. Mit ruhigem Hochdruckwetter ist noch am ehesten zwischen dem 16. und 20. April zu rechnen, davor und danach ist es häufig kalt. Gegen Ende des Monats regnet

es erfahrungsgemäß viel, wenn Schlechtwettergebiete von der Adria aus nordwärts ziehen. Die durchschnittlichen Tageshöchstwerte liegen im April bei 13 °C. Mindestens einmal im Monat steigt das Thermometer auf 25 °C, selten auch schon über 30 °C. Normalerweise herrscht am 10. April letztmals Frost.

WECHSELHAFT

Kräftige Winde, kurze Schauer mit Regen, Graupel oder Schnee und Sonne in raschem Wechsel kennzeichnen das typische Aprilwetter.

VERMEHRT SONNE

Durchschnittlich fünf Sonnenscheinstunden zählt der April pro Tag, der ganze Monat bringt es auf 160–180 Stunden. An vier Tagen im April scheint die Sonne gar nicht. Dafür gibt es weniger Nebel als im Vormonat.

VERMEHRT REGEN

Die Schauerneigung nimmt im April merklich zu, dabei regnet es im Gebirge wesentlich stärker als im Flachland.

KAUM NOCH SCHNEE

Oberhalb von 1500 m muss mit Neuschnee gerechnet werden. In den Niederungen schneit es höchstens noch zwei- bis dreimal und selbst geschlossene Schneedecken sind nicht mehr von langer Dauer.

ALLGEMEINE GARTENARBEITEN

SCHÜTZEN SIE IHRE PFLANZEN

Schützen Sie Ihre Pflanzen vor Schnecken. Sie vermehren sich infolge der wärmeren, regenreichen Witterung schlagartig und können enorme Fraßschäden anrichten. Zur konventionellen Bekämpfung streuen Sie zwischen den gefährdeten Pflanzen Schneckenkorn aus, das schon in geringen Dosen wirkt. Wer ohne Chemie auskommen will, kann Fadenwürmer (Nematoden) ins Gießwasser geben. Auch Bierfallen verfehlen ihre Wirkung nicht. Man versenkt ein Glas bis beinahe zum Rand in der Erde und füllt es mit dem Gerstensaft, der die Schleimer unwiderstehlich anzieht. Machen Sie Igeln, Fröschen, Kröten und Drosseln den Aufenthalt in Ihrem Garten schmackhaft, denn sie unterstützen Sie in Ihrem Kampf. Wenn Sie einen großen, flachen Stein in eine Rabatte legen, können Sie bald beobachten, wie Drosseln ihn als »Amboss« zum Zertrümmern der Schneckengehäuse verwenden.

Auch andere Schädlinge kommen mit zunehmender Wärme

Ein Kupferband um den Rand eines Topfs schützt die Pflanze vor gefräßigen Schnecken.

zum Vorschein. Bekämpfen Sie sie bei den ersten Anzeichen eines Befalls, dann werden Sie der Plage in neun von zehn Fällen Herr.

DÜNGEN SIE IHRE GEWÄCHSE

Eine Portion Kunstdünger hilft Ihren Pflanzen jetzt auf die Sprünge, sofern Sie sie nicht schon im Februar mit einem organischen Mittel gestärkt haben. Bevor Sie das Präparat ausbringen, entfernen Sie etwaiges Mulchmaterial und lockern die Erde leicht mit dem Rechen auf. Anschließend wird wieder gemulcht.

Wenn Sie Dünger um eine Pflanze streuen, darf nichts davon mit Trieben und Blättern in Berührung kommen.

Genau wie Menschen und Tiere brauchen auch Pflanzen Nährstoffe, um zu gedeihen, allerdings muss nicht alles regelmäßig gedüngt werden. Bäume und Sträucher beispielsweise entwickeln sich zufriedenstellend, wenn man sie in gut aufbereiteten Boden pflanzt und 2–3 Jahre später leicht düngt. Danach kommen sie ohne weitere Unterstützung zurecht, sofern keine offensichtliche Mangelerscheinung erkennbar wird. Sie müssen lediglich während der Eingewöhnungszeit bei Trockenheit gut gewässert werden.

Auf jährliche Düngergaben angewiesen sind dagegen Gemüse- und Obstpflanzen, Einjährige und in Gefäßen gezogene Gewächse. Je mehr Nährstoffe dem Boden entzogen werden, desto wichtiger ist es, die Reserven wieder zu ergänzen.

BRINGEN SIE IHRE RABATTEN AUF VORDERMANN

Nehmen Sie sich ein paar Stunden Zeit für eine Beetinspektion, bei der Sie all die Kleinigkeiten erledigen, die das Gesamtbild des Gartens verschönern. Harken Sie den Boden und zupfen Sie Unkräuter aus. Pflanzen, die sich zu stark ausbreiten und ihre Nachbarn bedrängen, können leicht in Form geschnitten werden. Gehen Sie jedoch mit Bedacht vor, sonst entfernen Sie möglicherweise zu viele Bütenanlagen. Um später nicht unnötig oft die Beete zu betreten, bringen Sie gleich auch die nötigen Stützen an.

MÄHEN UND JÄTEN SIE REGELMÄSSIG

Lässt man das Gras erst zu lang wachsen und unterzieht es dann einem Radikalschnitt, färbt es sich nicht nur unattraktiv gelb, sondern wird auch geschwächt. Daher ist das Mähen – im Sommer einmal oder, wenn Sie ein Perfektionist sind, sogar zweimal pro Woche – erste Gärtnerpflicht. Beginnen Sie gegen Ende April mit der maximalen Schnitthöhe, die Sie dann jedes Mal etwas verringern.

Mulden müssen aufgefüllt und Buckel abgetragen werden, denn an ihnen wird das Gras beim Mähen förmlich abrasiert, wodurch Unkraut und Moos freie Bahn haben. Unkräuter werden laufend gezielt entfernt. Grobe Gräser, die sehr wuchskräftig sind und einen feinen Rasen verunzieren, merzen Sie aus, indem Sie die Büschel mit einem alten Messer kreuz und quer einschneiden und anschließend herausziehen.

Gegen Moos bietet der Fachhandel inzwischen Spezialprodukte an. Allerdings bekämpfen diese nur die Symptome und nicht die eigentlichen Ursachen,

In unkrautarmem Rasen jätet man unerwünschtes Grün, statt ihm gleich mit der chemischen Keule zu Leibe zu rücken. Von oben links im Uhrzeigersinn: Breitwegerich, Braunelle, Soleirolia *und Löwenzahn.*

nämlich unzureichende Drainage, schwachen Graswuchs und verdichteten Boden. Am besten behebt man diese Probleme durch jährliches Lüften mit Hilfe einer Maschine oder Grabgabel sowie durch Entfernen des Filzes, jener Mischung aus abgestorbenem Gras und Moos, die sich an der Bodenoberfläche ansammelt.

DÜNGEN SIE ÄLTERE RASENFLÄCHEN

Dabei sollten Sie die vom Hersteller angegebene Menge strikt beachten, denn eine Überdosis kann vom Gras gar nicht aufgenommen werden und belastet nur das Grundwasser. Sofern Sie die Düngung von Hand vornehmen, unterteilen Sie die Fläche mit Stöcken und Schnüren in quadratmetergroße Abschnitte. Ziehen Sie Handschuhe an, wiegen oder messen Sie die pro Abschnitt benötigte Düngermenge ab und streuen Sie sie gleichmäßig aus. Bei größeren Flächen empfiehlt sich der Einsatz eines Streuwagens.

SÄUBERN SIE IHREN GARTENTEICH

Das muss nicht jedes Jahr geschehen, sondern nur, wenn die Pflanzen stark verdichtet sind – in der Regel steht die Generalüberholung eines Teiches nach etwa 5–6 Jahren an. Achten Sie darauf, dass eine

FOLIENTEICHE SÄUBERN

1 Erst hebt man die Pflanzen in ihren Körben heraus und legt sie in flache Gefäße mit Wasser. Dann werden die Fische mit einem Netz herausgeholt und in einen Behälter mit Teichwasser umgesiedelt.

etwaige Folienauskleidung bei den Arbeiten nicht beschädigt wird. Die Fische werden vorübergehend in einen Behälter umgesiedelt, der mit Teich- und nicht etwa mit Leitungswasser gefüllt wurde.

Jetzt können Sie das Gewässer leeren, die Pflanzen teilen und wieder einsetzen. Größere Büschel von Seerosen werden genauso geteilt wie Stauden und andere Wasserpflanzen. Eventuell färbt sich das frisch eingelassene Wasser eine Zeit lang grün, es klärt sich aber bald von selbst, nachdem sich die Pflanzen etabliert haben.

2 Man pumpt oder schöpft das Wasser heraus und nimmt mit Plastikgefäßen, die die Folie nicht verletzen, den Schlamm vom Grund auf.

3 Die Folie wird abgespült und mit einem weichen Besen oder einer Bürste abgewischt. Zum Schluss leert man das Schmutzwasser aus dem Teich.

4 Die Pflanzen werden geschnitten, geteilt und in den neu gefüllten Teich eingesetzt, dann setzt man die Fische mitsamt ihrem Wasser wieder zurück.

SEEROSEN TEILEN

1 Waschen Sie die Erde behutsam von den Rhizomen.

2 Schneiden Sie die Rhizome mit einem scharfen Messer in Stücke mit je einer Triebspitze. Alte Partien werden entfernt, die übrigen pflanzen Sie in frische Teicherde.

SETZEN SIE NEUE WASSERPFLANZEN EIN

Setzen Sie neue Pflanzen in Ihren Teich ein. Nachdem sich das Wasser langsam erwärmt, sind die Bedingungen für die Eingewöhnung optimal. Sollte sich das Einpflanzen nach dem Kauf etwas verzögern, sorgen Sie dafür, dass die Neuerwerbungen nicht austrocknen.

In den meisten Gartencentern sind spezielle Pflanzkörbe für Wasserpflanzen erhältlich. Heutzutage bestehen sie aus feinem Kunststoffgitter, das die früher übliche Auskleidung mit Sackleinen überflüssig macht. Verwenden Sie Garten- oder spezielle Teicherde, jedoch kein gewöhnliches Topfsubstrat, da dessen Düngerzusätze den Algenwuchs fördern. Setzen Sie die Pflanze in den Korb und füllen Sie diesen bis 3 cm unter dem Rand mit Substrat auf. Eine abschließende Schicht aus grobem Sand verhindert ein Ausschwemmen der Erde.

Beziehen Sie unbedingt auch einige Sauerstoffproduzenten in Ihre Planung ein. Je kleiner der Teich,

Im April gepflanzte Seerosen sollten im Sommer bereits blühen.

desto größer das Risiko, dass sich das Wasser grün verfärbt. Denn die meisten Algen vermehren sich bei niedrigen Sauerstoffwerten besonders stark; umgekehrt werden sie durch Sauerstoff bildende Pflanzen unterdrückt.

Grundsätzlich stellen Algen in kleinen, flachen Teichen, die sich bei milder Witterung schnell erwärmen, eher ein Problem dar als in größeren Gewässern. Die Installation eines Springbrunnens oder einer Kaskade trägt zur Erhöhung des Sauerstoffanteils im Wasser bei.

Als letzte, wenngleich ziemlich aufwändige Lösung bleibt noch, den Teich auszuräumen und zu vertiefen, um die Wassertemperatur zu senken.

BÄUME, STRÄUCHER & KLETTERER

PFLANZEN SIE IMMERGRÜNE HECKEN

Für die Pflanzung von Koniferen sind die Bedingungen inzwischen so günstig wie für Laubgehölze. Die meisten vertragen einen Formschnitt, können aber auch weitgehend sich selbst überlassen werden und werden nur noch gestutzt, wenn sie über ihren angestammten Platz hinauswachsen.

Eisige Temperaturen bilden jetzt nur noch ein geringes Risiko, trotzdem brauchen doe Gehölze einen gewissen Schutz, denn starke Winde entziehen den Blättern die Feuchtigkeit mitunter schneller, als die Pflanzen sie aus der Erde aufnehmen können – vor allem im Sommer, wenn der Boden recht trocken ist.

Falls Ihre Gehölze immer wieder Gefahr laufen zu vertrocknen, sorgen Sie in Ihrem Garten für Windschutz oder weichen Sie auf Arten und Sorten aus, die Wind und Zugluft verkraften.

Ist die Hecke erst einmal gepflanzt, wässert man sie gut und verwöhnt sie mit einer dicken Schicht aus Mulch, Dung, Humus oder Rindenschnipseln.

EMPFEHLENSWERTE IMMERGRÜNE HECKEN

Ilex aquifolium 'Handsworth New Silver'

Buxus sempervirens 'Suffruticosa'

Garrya elliptica

Escallonia rubra 'Woodside'

AUSPFLANZEN EINES GEHÖLZES

1 Stellen Sie den Topf ein, zwei Stunden lang in einen Eimer Wasser. Markieren Sie den auszuhebenden Bereich, tragen Sie die Rasensode ab und graben Sie das Loch eineinhalbmal so tief, wie der Ballen hoch ist.

2 Lösen Sie mit einer Gabel etwas Erde vom Rand. Mischen Sie den Aushub anschließend mit gut verrotteter organischer Substanz bzw. Humus.

3 Schlagen Sie neben der Mitte auf der dem Wind zugewandten Seite einen Pfosten in das Loch. Geben Sie etwas von der Erd-Humus-Mischung ins Loch.

4 Legen Sie den Baum um und ziehen Sie ihn aus dem Topf. Lockern Sie die Wurzeln und entfernen Sie Unkräuter, ohne den Wurzelballen komplett aufzubrechen.

5 Stellen Sie den Baum neben den Pfosten. Füllen Sie das Loch mit der Erd-Humus-Mischung. Erde festtreten, Oberfläche lockern und wässern.

6 *Befestigen Sie den Baum mit einem Band am Pfosten. Schneiden Sie beschädigte Zweige und überlange Seitentriebe ab und mulchen Sie den Wurzelraum.*

PFLANZEN SIE BÄUME UND STRÄUCHER

Das Frühjahr und der Herbst sind die beste Zeit zum Pflanzen von Bäumen und Sträuchern, die Sie als Kübelgewächse gekauft haben. Gefäßpflanzen sind noch in großer Auswahl erhältlich, während man wurzelnackte Gehölze jetzt nicht mehr bekommt.

Wässern Sie das auszupflanzende Gehölz 1–2 Stunden vor dem Pflanzen gründlich und lösen Sie dann den Ballen aus dem Topf. Heben Sie ein Loch aus, das etwa drei- bis viermal so breit sein sollte wie der Wurzelballen. Mischen Sie den Aushub nun mit etwas gut verrotteter Substanz oder mit Humus. Schlagen Sie einen Pfosten in die Erde und setzen Sie das Gehölz in das Loch – sein oberer Rand muss sich auf Bodenniveau befinden. Füllen Sie das Loch mit dem Aushub. Wässern Sie die Pflanze erneut reichlich und mulchen Sie ringsum, um die wertvolle Feuchtigkeit im Boden zu halten.

FORSYTHIEN UND ZIERQUITTEN SCHNEIDEN

Diese Sträucher begeistern im Frühling mit ihrem herrlichen Flor, der sich an den im letzten Sommer gewachsenen Trieben entwickelt. Damit sich das Schauspiel im nächsten Frühjahr wiederholt, werden jetzt beide auf die gleiche Weise zurückgeschnitten. Kürzen Sie die abgeblühten Triebe bis auf 2–3 Knospen über dem Ansatz. Bei gut eingewöhnten Exemplaren nehmen Sie etwa ein Drittel der älteren Zweige bis zur Basis heraus, um dort den Neuaustrieb anzuregen.

Auch an Mauern oder Zäunen gezogen, wirken diese Sträucher sehr attraktiv, werden dann aber etwas anders behandelt. Nachdem Sie die Zweige angebunden haben, die etwaige Lücken schließen sollen, kürzen Sie alle abgeblühten Triebe auf 1–2 Knospen über dem Ansatz ein. Nach demselben Prinzip können Sie auch im Sommer Zierquitten und Feuerdorne bei begrenztem Raum niedrig halten.

Schneiden Sie abgeblühte Triebe von Forsythien auf kräftige neue, belaubte Seitentriebe zurück, die nach oben und außen zeigen.

Das Einkürzen der Seitentriebe von Zierquitten auf 1–2 Knospen regt die Blütenbildung an. Links ein nicht geschnittener Trieb.

STUTZEN SIE SILBRIG BELAUBTE STRÄUCHER

Ein Schnitt wird in der Regel durchgeführt, wenn die Pflanzen die erwünschte Größe erreicht haben. Lässt man beispielsweise Lavendel ungehindert wuchern, wird er vor allem in der Mitte allmählich licht und verliert dadurch an Attraktivität. Zudem verübelt er einen Schnitt bis ins ältere Holz. Um einen buschigen, kompakten Wuchs zu gewährleisten, stutzt man ihn daher am besten jedes Frühjahr. Weitere Sträucher mit silbrigem Laub, die genauso behandelt werden, sind *Helichrysum serotinum* und das Heiligenkraut (*Santolina*).

Das Kappen der Spitzen von Lavendel (oben) und Helichrysum serotinum *(ganz oben rechts) fördert einen buschigen Wuchs.*

Kürzen Sie sämtliche Triebe um 3–5 cm ein – bei einer größeren Zahl von Pflanzen ruhig auch mit einer Heckenschere.

Stutzen Sie jetzt außerdem winterblühende Heidekrautgewächse mit der Schere, sofern Sie dies nicht bereits erledigt haben. Die ungepflegt wirkenden, abgeblühten Triebe werden entfernt, um dem Neuaustrieb zu mehr Platz und Geltung zu verhelfen.

Bei Sambucus *(oben links) und* Cotinus *(oben rechts) entwickeln neue Triebe die schönste Herbstfärbung, weshalb man sie am besten im Frühjahr schneidet.*

STRÄUCHER MIT DEKORATIVER HERBSTFÄRBUNG SCHNEIDEN

Sträucher wie Holunder (*Sambucus*) oder Perückenstrauch (*Cotinus*) werden vor allem wegen ihrer Herbstfärbung gezogen. Da sich das Laub an diesjährigem Wuchs besonders intensiv färbt, werden die Sträucher jetzt kräftig zurückgeschnitten. Sollen sie zugleich auch größer werden, lässt man einige Zweige ungestört wachsen. Wie nach jedem Schnitt geben Sie auch in diesem Fall einen Universaldünger und wässern.

BINDEN SIE DIE TRIEBE VON KLETTERERN FEST

Kletternde Rosen sollten so angebunden werden, dass die Triebe möglichst waagrecht wachsen. Da der Saft dann nicht ungehindert aufsteigen kann, entwickeln sich über die ganze Länge der Haupttriebe mehr Seitensprosse und mithin mehr Blüten. Bei senkrechter Ausrichtung bilden sich hingegen die meisten Blüten an den Triebspitzen.

Der April ist auch der beste Monat, um Ranker wie *Clematis* festzubinden, die jetzt besonders rasch wachsen. Haben sie dann erst einmal Halt gefunden, kommen sie schon allein zurande. Lediglich wenn sie andere Pflanzen bedrängen, müssen sie in ihre Schranken gewiesen werden.

Waagrecht angebunden entwickeln die Triebe von Kletterrosen mehr blühende Seitenzweige.

Rosen, die an einem Pfosten wachsen, werden spiralförmig um ihn herumgeleitet, was den Saftfluss einschränkt.

BLÜTENPFLANZEN

PFLANZEN UND TEILEN SIE STAUDEN

Pflanzen Sie weiter neue Stauden. Wenn sie bis Ende April in der Erde sind, profitieren sie von der schon milden, aber noch feuchten Witterung und bauen sich schön auf. Wässern Sie neu gepflanzte oder geteilte Stauden regelmäßig, denn der Frühjahrswind kann Boden und Pflanzen stark austrocknen. Außerdem sollte man vor dem Neupflanzen den Boden jedesmal mit gut verrottetem Dung oder Gartenkompost verbessern.

Das Teilen sommer- und herbstblühender Stauden und Zwiebeln wie dieser Nerine fördert deren Blüte.

ZWIEBELN TEILEN

1 Büschel aufnehmen und Erde abschütteln. Zwiebeln so trennen, dass möglichst viele Wurzeln erhalten bleiben.

2 Vor dem erneuten Pflanzen die Zwiebeln säubern und die braune Schale entfernen, ohne die weiße Haut zu verletzen.

Zwicken Sie welke Narzissenblüten am Stängel gleich unter der Schote ab.

ENTFERNEN SIE WELKE NARZISSENBLÜTEN

Durch Abknipsen gleich unterhalb des Fruchtknotens bewirken Sie, dass die Energie nicht in die Samenreife fließt, sondern in die Entwicklung der Blütenanlage für das folgende Jahr. Damit diese gewährleistet ist, darf das Laub nicht gleich gekappt werden.

Früher mussten die Blätter nach gängiger Lehrmeinung bis zum völligen Vergilben erhalten bleiben. Neuere Forschungen haben jedoch erbracht, dass man sie durchaus schon sechs Wochen nach der Welke der Blüten abschneiden kann. Binden Sie sie aber nicht mit Bast oder Ähnlichem auf. Am besten lässt sich das einziehende Laub kaschieren, indem man Narzissen zwischen Funkien oder anderen Pflanzen mit markanten Blättern kultiviert.

PFLANZEN SIE SOMMERZWIEBELN

Damit Sie sich über einen langen Zeitraum hinweg an reicher Blütenpracht freuen können, sollten Sie im Sommer blühende Zwiebeln wie Dahlien und Gladiolen bis spätestens Ende des Monats pflanzen. Sie bevorzugen einen sonnigen Standort in durchlässiger Erde.

Empfindliche Arten wie Gladiolen können jetzt selbst in rauerem Klima schon gepflanzt werden. Damit sie sich in Rabatten von ihrer besten Seite zeigen, fasst man sie zu Gruppen von mindestens fünf Exemplaren zusammen. Sie sollten 7–10 cm tief und mit

Wenn man Eucomis comosa *jetzt pflanzt, trägt sie im Spätsommer weiße Blüten.*

10–15 cm Abstand gesteckt werden. Je tiefer man sie pflanzt, desto leichter kommen sie später ohne Stütze aus. Falls Ihr Garten einen schweren Lehmboden aufweist, sollten Sie in die Pflanzlöcher eine Drainage-Schicht aus grobem Sand geben, auf die Sie die Zwiebeln legen.

Tigerblumen (*Tigridia*) werden 5–8 cm tief in Abständen von 10–15 cm gepflanzt. *Galtonia* sollten 10–15 cm tief in den Boden kommen und 20–30 cm weit auseinanderstehen, während Schopflilien (*Eucomis*) 15 cm tief ins Erdreich gesteckt werden und 15–22 cm Abstand zum Nachbarn brauchen.

Weitere Zwiebelpflanzen, die jetzt ins Freiland gesetzt werden können, sind Lilien und De-Caen-Anemonen. Lilien eignen sich bestens für gemischte Rabatten mit gut vorbereiteter Erde. Man

Gladiolen werden in Reihen als Schnittblumen, in Kästen oder zu Gruppen zusammengefasst in Rabatten gezogen.

setzt die Zwiebeln dreimal so tief, wie sie hoch sind, und lässt einen Abstand von 7–10 cm zwischen ihnen. Vorsicht: Lilienzwiebeln vertragen keinen feuchten Boden, sodass man in Tonböden für gute Drainage sorgen muss, indem man die Zwiebeln mit einer Schicht Kies unterlegt. De-Caen-Anemonen sollten 2–3 cm tief in die Erde kommen und 10–15 cm weit auseinanderstehen.

Alle Zwiebeln sollten bis zum Monatsende im Boden sein, damit sie noch rechtzeitig zum Sommer blühen.

LICHTEN SIE STAUDEN AUS

Zu dicht stehende Triebe bringen nicht die optimale Blühleistung. Ausgelichtet werden sollten etwa Rittersporn und Lupine, aber auch Phlox entwickelt anschließend einen prächtigeren Flor. Je nach Verdichtungsgrad entfernen Sie etwa ein Viertel bis ein Drittel der Triebe.

SÄEN SIE WINTERHARTE SOMMERBLUMEN

In kälteren Regionen beginnt man am besten erst im April mit dem Aussäen winterharter Einjähriger. Bis jetzt hat sich der Boden noch mehr erwärmt, was bei schwerer Erde übrigens länger dauert als bei leichten sandigen Böden.

Manche Stauden blühen schöner, wenn man die Triebe an der Basis ausdünnt.

SÄEN UND PFLANZEN SIE DUFTWICKEN

Im April sollte dies allerdings nur in klimamilden Gegenden geschehen. Am besten sät man sie gleich an ihren endgültigen Standort, wo sie später auch blühen sollen. Duftwicken lassen sich auf verschiedene Art und Weise ziehen und im Garten einsetzen. Am besten kultiviert man wohlriechende Sorten, denn Duftwicken ohne Duft sind wie Rosen ohne Blüten. Stellen Sie eine Stütze auf – z.B. in Form eines Stangenzelts – oder lassen Sie die Blüher an Sträuchern hochranken.

Man erleichtert Duftwicken die Keimung, wenn man sie über Nacht in Wasser legt, damit die Schale weicher wird. Dann pflanzt man zwei Samen im Abstand von 30 cm und in 1 cm Tiefe. Gleich nach dem Austreiben entfernt man den schwächeren der beiden Triebe oder versetzt ihn an einen anderen Standort. Jungpflanzen müssen anfangs gegebenenfalls an ihre Stütze gebunden werden.

DUFTWICKEN AN STANGENZELTEN

1 Formen Sie aus 2 langen Stangen einen Wigwam und stecken Sie neben jede Stange ein Samenkorn in die Erde.

2 Für Bauerngärten sind mehrfarbige Mischungen ideal. Entfernen Sie welken Flor regelmäßig, um die Blüte anzuregen.

SÄEN SIE KLETTERNDE EINJÄHRIGE

Säen Sie kletternde Einjährige aus. Kletterpflanzen können ganz nach Bedarf einer Rabatte Höhe verleihen oder auch Unansehnliches verdecken, etwa einen Komposthaufen. Ausdauernde Kletterer wie Rosen und *Clematis* sind erstens teuer und brauchen zweitens oft eine Weile, bis sie sich eingewöhnt und eine Fläche bewachsen haben. Preiswerter und schneller sind einjährige Kletterer. Übrigens kann man sie auch gut durch immergrüne Gehölze ranken lassen.

Duftwicken und natürlich die Große Kapuzinerkresse (*Tropaeolum majus*) können Sie jetzt direkt aussäen. Andere, eher ungewöhnliche Arten werden zunächst in Töpfen gezogen und kommen erst im Juni nach draußen. Hierzu

Wenn Sie Eccremocarpus scaber *(links),* Ipomoea tricolor *(oben links) und* Rhodochiton atrosanguineus *(oben rechts) jetzt aussäen, blühen sie zwischen Juni und September um die Wette.*

gehören viele frostempfindliche Stauden, die bei uns einjährig kultiviert werden.

Einen Versuch wert sind die Prunkwinde (*Ipomoea*) mit großen blauen oder rosa Blüten, die Glockenrebe (*Cobaea scandens*), die Kanarenglocke (*Canarina canariensis*), die Schönranke (*Eccremocarpus scaber*) mit röhrenförmigen Blüten in Rot und Gelb, der purpurn blühende Rosenkelch (*Rhodochiton*), die Schwarzäugige Susanne (*Thunbergia alata*), *Tropaeolum peregrinum* sowie das Felsen-Löwenmaul (*Asarina procumbens*) für Steingärten.

Die dünn ausgestreuten Samen werden nur leicht mit Vermiculit bedeckt, da einige zum Keimen Licht benötigen. Die Keimtemperatur liegt bei 18 °C. Sie sparen sich die Heizkosten, wenn Sie gleich Sämlinge kaufen, die lediglich Temperaturen über 0 °C verlangen, bis sie nach Abklingen der Frostgefahr, also meist Anfang Juni, ausgepflanzt werden können.

SÄEN SIE EINJÄHRIGE GRÄSER

Mit ihrem zarten Laub und den dekorativen Blütenständen bilden sie einen aparten Kontrast zu breitblättrigen Rabattengewächsen. Zudem bieten sie eine preiswerte Möglichkeit, den neuen Trend zu naturnahen Mischpflanzungem mit Stauden und Gräsern auszuprobieren. Sie können jetzt direkt ins Freie ausgesät werden, entweder gleich an Ort und Stelle als natürlich wirkende Gruppen oder auf einem ungenutzten Rabattenbereich, von wo man sie an ihren endgültigen Standort umsiedelt, sobald sie groß genug sind. Um sie im Keimlingsstadium von unerwünschten Gräsern unterscheiden zu können, säen Sie sie in flache Rillen, die Sie zuvor wässern. Bedecken Sie die Samen dünn mit Erde. Sobald sich die Sämlinge handhaben lassen, werden sie ausgedünnt und bei Bedarf umgepflanzt.

*Halten Sie im Handel Ausschau nach den Samen der Mähnengerste (*Hordeum jubatum, *oben links), des Hasenschwanzgrases (*Lagurus ovatus, *oben rechts) und des Größten Zittergrases (*Briza maxima, *ganz rechts). Sie zeigen sich im Sommer von ihrer besten Seite.*

KÜCHENGARTEN

DÜNNEN SIE GEMÜSEPFLÄNZCHEN AUS

Dünnen Sie Gemüsepflänzchen aus, die Sie in den letzten Wochen aus Samen gezogen haben. Lässt man Sämlinge zu dicht stehen, entwickeln sie sich nicht kräftig genug und erbringen magere Erträge. Die je nach Art und Sorte unterschiedlichen Abstände sind auf den Packungen angegeben.

Die in den Reihen verbleibenden Sämlinge dürfen beim Ausdünnen nicht verletzt werden.

Außer bei Wurzelgemüse wie Möhre, Rote Bete und Weißer Rübe können die ausgesonderten Sämlinge wieder an einer anderen Stelle eingepflanzt werden. Infolge der Störung gelangen sie allerdings etwas später zur Reife als der Rest, wodurch Sie praktischerweise gleich die Erntezeit verlängern. Vor und nach dem Ausdünnen müssen die standorttreuen wie auch die umgesetzten Sämlinge bei Trockenheit behutsam, aber reichlich gegossen werden.

SÄEN SIE LAUCH

Lauch kann jetzt direkt in ein Anzuchtbeet gesät werden. Ziehen Sie schmale, nicht zu lange Rillen, wässern Sie bei Bodentrockenheit und streuen Sie die Samen dünn aus. Sie werden mit trockener Erde bedeckt und erhalten zuletzt das obligate Etikett. Wenn die Sämlinge etwa 10 cm hoch sind, können sie umgepflanzt werden.

SÄEN SIE KNOLLEN-FENCHEL

Säen Sie Knollenfenchel in Rillen aus; der Reihenabstand sollte etwa 60 cm betragen. Sobald man die Sämlinge gut fassen kann, werden sie auf 35–40 cm Abstand ausgedünnt.

Angebaut werden die 1–2 m hohen Pflanzen wegen ihrer oberirdischen Knollen oder genauer gesagt Zwiebeln, die im Geschmack etwas an Anis erinnern. Mit ihrem fedrigen Laub sind sie allerdings auch recht dekorative Gewächse.

Knollenfenchel lässt sich vielseitig zubereiten; seine Blätter ergeben eine hübsche Garnierung.

Legen Sie Samen in die Hand und klopfen Sie mit der anderen leicht daran, sodass die Körnchen gleichmäßig in die Furche rieseln.

SÄEN SIE WEITER KONTINUIERLICH GEMÜSE

Indem Sie öfter kleine Mengen aussäen, z.B. von Roter Bete, Erbsen, Dicken Bohnen, Lauchzwiebeln, Weißen Rüben, Salat und Radieschen, verhindern Sie, dass Sie irgendwann unter Gemüselawinen ersticken. Ziehen Sie mit einem Stock flache Rillen, die Sie bei trockenem Boden erst wässern, bevor Sie die Samen dünn hineinstreuen und mit Erde bedecken. Vergessen Sie nicht die Etiketten.

Hängende Buschtomaten sind ein ebenso origineller wie dekorativer Ampelschmuck.

Die Sämlinge werden ausgedünnt, sobald man sie gut fassen kann.

SÄEN SIE TOMATEN

Säen Sie Tomaten die Anfang Juni ins Freie sollen, jetzt unter Glas aus. Es hat wenig Sinn, sie länger als 6–8 Wochen vor dem Umsiedeln zu säen. Häufen Sie Anzuchterde in Saatschalen oder kleine Töpfe, die Sie einmal kräftig auf die Arbeitsfläche klopfen, damit sich das Substrat setzt. Den Überschuss streift man ab, drückt den Rest behutsam

Viele Tomatensorten müssen mit einem Stab gestützt werden.

zusammen und wässert. Die Samen werden dünn ausgestreut und fein mit Vermiculit abgedeckt. Für welche der zahlreichen Tomatensorten Sie sich entscheiden, ist eine Frage des Geschmacks und der Platzverhältnisse. Das Angebot reicht von kleinen Cocktail- bis zu großen Fleischtomaten.

Für die Kordonerziehung gezüchtete Sorten entwickeln einen langen, aber schwachen Haupttrieb, der gestützt werden muss. Daneben gibt es Buschformen, die relativ kälteunempfindlich sind, nicht geleitet werden müssen und sich insbesondere in Terrassenkübeln sehr dekorativ machen.

SÄEN UND PFLANZEN SIE KRÄUTER

Die meisten Arten können jetzt bedenkenlos ins Freie ausgesät werden. Und auch bereits gezogene Sämlinge dürfen nach der Abhärtung im kalten Kasten gegen Ende April ihren endgültigen Platz einnehmen.

SÄEN SIE ZUCKERMAIS UND ZUCCHINI

Zuckermais, Zucchini, Garten- und Riesenkürbis sowie Squash werden erst gegen Ende April gesät. Bei einem früheren Aussaattermin würden sie sich nicht gut aufbauen und wären verkümmert, bis sie Anfang Juni risikolos ausgepflanzt werden können. Geben Sie in 8 cm große Töpfe je zwei Samen, die Sie in Randnähe in die Erde drücken. Anders als bei Tomaten genügen zum Keimen schon 16 °C. Entfernen Sie den schwächeren der Sämlinge und topfen Sie den verbliebenen bis zur Auspflanzung im Juni bei Bedarf um.

Stecken Sie zwei Zucchini-Samen in die Erde und decken Sie sie mit etwas Substrat ab.

STÜTZEN SIE ERBSEN

Andernfalls geht ein Teil der Ernte verloren, weil die rankenden Pflanzen ohne Halt einfach umkippen. Als Stütze können Sie Maschendraht verwenden, aber auch ausreichend stabile und halbwegs gerade Reiser eignen sich. Ideal sind beispielsweise die langen Blütentriebe des Schmetterlingsstrauchs (*Buddleja*). Wenn Sie beim Frühjahrsschnitt der Sträucher einige Zweige beiseite gelegt und vielleicht die etwas unansehnlichen Spitzen mit den alten Blüten entfernt haben, steht dem Aufstieg Ihrer Erbsen nichts mehr im Wege.

PFLANZEN SIE KARTOFFELN FÜR DIE HAUPTERNTE

Es ist jetzt allerhöchste Zeit dafür, sofern Sie noch eine anständige

Um Erbsen zu stützen, verwendet man am besten Schnittabfall vom Frühjahr.

Ausbeute erzielen wollen. Wie im März detailliert beschrieben, heben Sie in Abständen von 60 cm spatentiefe Furchen aus, wobei Sie die Erde auf einer Seite aufhäufen. Falls der Boden nicht bereits gedüngt wurde, geben Sie etwas gut verrotteten Stallmist oder Gartenkompost in die Furchen. Legen Sie in Abständen von etwa 40 cm die Knollen hinein und streuen Sie in die Zwischenräume Dünger. Schließen Sie die Furchen wieder – die Erde soll über den Knollen einen leichten Hügel bilden.

Heben Sie einen Graben aus, legen Sie die Kartoffeln mit den Keimen nach oben hinein und füllen Sie ihn wieder mit Erde.

SCHÜTZEN SIE FRÜHKARTOFFELN VOR FROST

Häufelt man über die ersten Kartoffeltriebe etwas Erde auf, schützt man sie nicht nur wirkungsvoll vor Spätfrösten, sondern fördert auch die Entwicklung von Wurzeln entlang der Triebe, was wiederum die Erntemenge erhöht. Warten Sie damit aber nicht zu lange, denn das Anhäufeln ist am einfachsten, wenn sich gerade die ersten Spitzen zeigen.

DÜNGEN SIE BEERENOBST

Eine nährende Stickstoffgabe tut Schwarzen Johannisbeeren, Brombeeren und ihren Hybriden jetzt besonders gut, denn diese Pflanzen produzieren im Verlauf der Saison viel Wuchs. Beachten Sie jedoch stets die auf der Packung empfohlene Dosierung – ein Überangebot an Nährstoffen hat immer auch die Bildung weicher Triebe zur Folge, die ausgesprochen anfällig für Schädlings- oder Krankheitsbefall sind.

PFLANZEN SIE IN GEFÄSSEN GEZOGENE OBSTBÄUME

Für die Pflanzung wurzelnackter Obstgehölze ist es jetzt zu spät, doch bietet der Handel eine stattliche Auswahl an Gefäßpflanzen an. Ihr Vorteil besteht darin, dass sie jederzeit gesetzt werden können, weil das Wurzelsystem nicht gestört wird. Selbst wenn sie bereits blühen, kann man sie noch pflanzen und darf sich schon im ersten Jahr über ein paar Früchte freuen. Ernten Sie jedoch nicht alles gnadenlos ab. Bekommen die Pflanzen jetzt Gelegenheit, sich wirklich gut einzugewöhnen, lohnen sie Ihnen Ihre Zurückhaltung in späteren Jahren mit einer reichen Ernte. Verlegen Sie zwischen den neu gesetzten Obstgehölzen Sickerschläuche und verteilen Sie darüber Mulch, damit der Boden optimal durchfeuchtet wird.

Äpfel, Birnen, Pflaumen, Rote und Weiße Johannisbeeren sowie Stachelbeeren eignen sich für verschiedene Erziehungssysteme. Sie haben die Wahl zwischen dem Spalier (waagrecht gezogenen Trieben), dem Platz sparenden Kordon (einem Haupttrieb, der schräg wächst) sowie dem Fächer (mit strahlenförmig wachsenden Trieben).

Pflanzen Sie den Baum so tief wie im Kübel. Legen Sie dazu einen Stab über das Loch: Die Oberkante der dunklen Markierung muss auf der Höhe des Stabs stehen.

Besonders Apfel- und Birnbäume (ganz oben) eignen sich als Spaliergehölze. Empfindliche Gehölze wie Kirschen (rechts) kann man fächerförmig an Mauern oder Zäunen ziehen.

APRIL-PROJEKT

ERDBEEREN EINTOPFEN

Selbst gezogene Erdbeeren schmecken viel besser als solche aus dem Supermarkt – schon allein ihr Duft lässt einem das Wasser im Mund zusammenlaufen. Zudem kann man im eigenen Garten die köstlichsten Sorten auswählen, während im gewerblichen Anbau Wohlgeschmack nicht unbedingt Priorität hat.

Sie brauchen in Ihren Beeten nicht einmal Platz für Erdbeeren schaffen – man kann die herrlichen Früchte auch in Töpfen ziehen. Das hat gleich mehrere Vorteile: Sie werden nicht durch Erde verschmutzt und lassen sich besser vor Schnecken bewahren. Unter Glas sind sie vor schlechter Witterung geschützt. Obendrein kann man sie in Gefäßen unter Glas satzweise pflanzen, die Ernte beginnt früher als im Freiland.

1 Erdbeerpflänzchen am besten von einem Spezialhändler kaufen, um sicherzugehen, dass sie auch wirklich virusfrei sind. Pflänzchen vor dem Umsetzen in größere Töpfe gut gießen.

2 12- oder 20-cm-Töpfe mit Universalerde füllen und Erdbeerpflänzchen eintopfen. In die kleinen Gefäße je ein Exemplar, in die größeren jeweils drei gut verteilt den Rand entlang setzen.

3 Der Wurzelhals der Erdbeerpflanzen (die Stelle, an der Triebe und Wurzeln entspringen) muss sich auf der Höhe der Erdoberfläche befinden. Pflänzchen gut gießen und Substrat festdrücken.

4 Entfernt man im ersten Jahr alle Blüten, fruchten die Pflanzen im darauffolgenden Jahr besser. Es kann sich also durchaus lohnen, der Versuchung zu widerstehen und noch ein Jahr zu warten.

MAIGLÖCKCHEN 1

Convallaria majalis 🏆 Aufrechte, Ausläufer bildende Staude mit unterirdischen Rhizomen. An bogig aufstrebenden Stängeln stehen kleine, nickende, wachsweiße Blüten, die stark duften. Die dekorativen Blätter bilden einen dichten Bodendecker.
↕25 cm ↔ 30 cm

KULTUR Wächst in halbschattigen oder auch schattigen Lagen in feuchter Lauberde. Im Herbst mit Blattmulch abdecken. Für duftenden Zimmerschmuck einige Rhizome im Herbst ausgraben, eintopfen und unter Glas ziehen.

SCHATTENGLÖCKCHEN 2

***Pieris japonica* 'Flamingo'** Dichter, buschiger, mäßig wüchsiger immergrüner Strauch. Vasenförmige, dunkel lachsrosa Blüten in hängenden Rispen, die sich aus dunkelroten Knospen öffnen. Die glänzend grünen Blätter sind ganzjährig dekorativ.
↕bis 4 m ↔ 3 m

KULTUR Mit Blatthumus angereicherter, feuchter, doch gut durchlässiger, saurer (kalkfreier) Boden in der Sonne oder im Streuschatten. Vor kalten Winden schützen. So wenig wie möglich schneiden.

TRÄNENDES HERZ 3

Dicentra spectabilis 🏆 Wüchsige, horstbildende Staude. Von April bis Juni sprießen in waagerechten bis überhängenden Trauben herzförmige, rosarote Blüten mit tropfenförmigen inneren Kronblättern in Weiß. Gefiederte, blassgrüne Blätter.
↕1,2 m ↔45 cm

KULTUR Liebt Halbschatten, toleriert bei feuchtem Boden aber auch einen absonnigen Standort. In nährstoffreicher, neutraler bis leicht basischer Erde pflanzen. Alle 3–4 Jahre teilen.

2

3

STERNMAGNOLIE 1

Magnolia stellata 🏆 Kompakter, buschiger, sommergrüner Strauch, der nur langsam wächst. Von März bis Mai entfalten sich die seidig behaarten Knospen zu sternförmigen, weißen Blüten. Ausgewogener Wuchs und dekorative Sommerbelaubung.

↕3 m ↔ 4 m

KULTUR Benötigt feuchten, aber durchlässigen, nährstoffreichen, mit Humus angereicherten Boden und Sonne oder Streuschatten. Verträgt sowohl leicht sauren als auch leicht basischen Untergrund. Die Blüten sind spätfrostgefährdet. Ein regelmäßiger Schnitt ist nicht erforderlich.

BLAUKISSEN 2

***Aubrieta* 'J.S. Baker'** Mäßig wuchskräftige, mattenbildende Staude. Im Frühjahr sprießen zahlreiche ungefüllte, purpurne Blüten mit weißem Auge. Die graugrünen Blätter sind ein hervorragender Bodendecker.

↕5 cm ↔ 60 cm

KULTUR Gedeiht in durchlässigem, möglichst neutralem bis basischem und mit Humus angereichertem Boden. Für kompakten Wuchs nach der Blüte kräftig zurückschneiden.

WOLFSMILCH

3

Euphorbia polychroma 🏆 Aufrechte, mäßig wüchsige Staude. Zwischen Frühjahr und Sommer entwickeln sich lang gestreckte Trugdolden aus gelblich grünen Blüten mit dunkelroten Nektardrüsen. Rot überlaufene Triebe und schmale, grüne, im Austrieb oft purpurn getönte Blätter.
↕ 40 cm ↔ 60 cm

KULTUR Möglichst in voller Sonne, ggf. auch im Streuschatten in leichte, gut durchlässige, mit Humus angereicherte Erde pflanzen. In Lehmböden etwas Kies einarbeiten.

BLUTJOHANNISBEERE 1

Ribes sanguineum **'Brocklebankii'**
Wüchsiger, sommergrüner Strauch. Hängende Trauben aus winzigen, tief rosaroten Blüten öffnen sich im April und Mai. Dichtes, aromatisch duftendes, dunkelgrünes Laub während der gesamten Saison. Die Blüten werden von kleinen, blauschwarzen Beeren abgelöst.
↕1,2 m ↔ 1,2 m

KULTUR An vollsonnigen oder absonnigen Standorten in nährstoffreicher Erde. Verblühte Ruten schneidet man bis auf ein kräftiges Auge zurück. Auch Triebe, die im unteren Teil entspringen, können herausgenommen werden, um den Strauch kompakt und buschig zu halten.

ELFENBEINGINSTER 2

Cytisus* × *praecox **'Warminster'** 🏆
Mäßig wüchsiger, dicht verzweigter, sommergrüner Strauch. Von April bis Mai sind die Zweige von cremegelben Schmetterlingsblüten überzogen. Winzige, dunkelgrüne Blätter an überhängenden Trieben.
↕1,2 m ↔ 1,5 m

KULTUR In voller Sonne in mäßig nährstoffreichem, gut durchlässigem Boden ziehen. Verträgt auch karge, saure Böden sowie tiefgründige Erde mit kreidigem Unterboden. Abgeblühte Triebe auf niedrige Knospen, jedoch keinesfalls bis ins alte Holz zurückschneiden.

2

BERGENIA 3

***Bergenia* 'Sunningdale'** Horstbildende Staude mit rot gestielten Blüten in sattem Lila: Blütezeit April und Mai. Die kräftigen, dunkelgrün glänzenden Blätter färben sich im Winter kupferrot.
↕ bis 40 cm ↔ bis 60 cm

KULTUR Ideal sind ein sonniger Standort und gut durchlässiger, großzügig mit Humus angereicherter Boden, doch werden auch Halbschatten und karge Böden toleriert. Zur Erhaltung der Wuchskraft alle 3–5 Jahre ausgraben und teilen.

3

DARWIN-BERBERITZE 1

Berberis darwinii 🏆 Wuchskräftiger, immergrüner, dorniger Strauch mit dichten, überhängenden Trieben. Tief goldgelbe Blüten entfalten sich in hängenden Trauben von April bis Mai. Im Herbst entwickeln sich kleine, blauschwarze Beeren; die dunkelgrün glänzenden, mit Stachelzähnen bewehrten Blätter bilden einen ganzjährigen Schmuck.
↕ 1,5 m ↔ 1,5 m

KULTUR Wächst verlässlich an einem sonnigen bis halbschattigen Standort in fruchtbarem, gut durchlässigem Boden. Nach der Blüte Hecken oder Einzelsträucher leicht in Form schneiden.

KÜCHENSCHELLE 2

Pulsatilla vulgaris 🏆 Horstbildende, nicht sehr wüchsige Staude. Nickende, glockenförmige, seidig behaarte Blüten in Violett oder Weiß, die sich im Frühling öffnen. Das fein gefiederte, behaarte Laub wächst nach der Blüte noch etwas. Den Blüten folgen seidige, silbrige Samenstände.
↕ 10–20 cm ↔ 20 cm

KULTUR Braucht nährstoffreiche, kiesige, stark durchlässige Böden in der Sonne. Gedeiht besonders gut auf kreidigem Untergrund. Im Winter vor allzu viel Nässe schützen. Die Pflänzchen verübeln Störungen, man sollte sie deshalb möglichst nicht umsetzen.

1

2

KAHLE SCHEINHASEL 3

Corylopsis glabrescens Mäßig wuchsfreudiger, sommergrüner Strauch, licht und ausladend. Im April erscheinen duftende, blassgelbe Blüten in hängenden Ähren. Eiförmige, dunkelgrüne, unterseits blaugrüne Blätter.
↕ bis 5 m ↔ bis 5 m

KULTUR Im Teil- oder Halbschatten in durchlässigen, humosen, sauren Böden. Verträgt unter tiefgründiger Erde auch kreidigen Unterboden. Unschön wachsende Zweige nach der Blüte entfernen.

3

WALDREBE 1

***Clematis* 'Frances Rivis'** 🏆
Wuchskräftige, sommergrüne Kletterpflanze. Von April bis Juni entwickeln sich nickende, blaue Blüten mit leicht gedrehten Kronblättern. Das Laub sieht den ganzen Sommer über attraktiv aus, hinzu kommen im Spätsommer und Herbst dekorative fedrige Fruchtstände.
↕2–3 m ↔ 1,5 m

KULTUR Toleriert Sonne oder Streuschatten, doch müssen die Wurzeln beschattet werden. In fruchtbaren, durchlässigen, mit reichlich Humus aufgebesserten Boden pflanzen. Nach der Blüte tote oder beschädigte Triebe entfernen und übermäßigen Wuchs bändigen.

PRIMELJASMIN 2

Jasminum mesnyi 🏆 Wuchskräftiger, hängender, frostempfindlicher immergrüner oder halbimmergrüner Strauch. Im März und April entfalten sich duftende, leuchtend gelbe Blüten. Dreizählige, glänzend dunkelgrüne Blätter.
↕2,5 m ↔ 3 m

KULTUR Braucht viel Sonne und fruchtbaren, gut durchlässigen Boden oder Blumenerde. Triebe an einer Stütze hochziehen. Nach der Blüte alte Triebe entfernen und übrigen Wuchs auf kräftige Knospen zurückschneiden.

2

ROTE AKELEI

3

Aquilegia canadensis 🏆 Hübsche, lockere Staude mit farnartigem, lebhaft grünem Laub. Von der Frühjahrsmitte bis zum Frühsommer erscheinen an schlanken Trieben Trauben aus bis zu 20 nickenden, korallenroten und gelben Blüten mit auffälligen Spornen.
↕ 60–90 cm ↔ 30 cm

KULTUR In nährstoffreichen, feuchten, aber durchlässigen Böden in voller Sonne oder im Halbschatten. Aussaat der Samen gleich nach der Reife in Gefäße oder im Frühjahr ins Freiland.

3

SOCKENBLUME 1

Epimedium* × *warleyense Wuchskräftige, horstbildende Staude. Lockere Trauben aus nickenden, gelben und orangeroten Blüten erscheinen im April und Mai. Die Blätter sind im Frühjahr und Herbst rot überlaufen und geben einen guten Bodendecker ab.
↕50 cm ↔ 75 cm

KULTUR Gedeiht vorzüglich im Halbschatten, verträgt aber bei feuchtem Boden etwas Sonne. In fruchtbarer, feuchter und gut durchlässiger Erde ziehen und vor kalten Winden schützen. Für eine schöne Blüte alte Blätter im Winter abknipsen.

JUDDS SCHNEEBALL 2

Viburnum* × *juddii 🏆 Rundlicher, sommergrüner Strauch. Die runden Doldenrispen aus duftenden, rosa überlaufenen, weißen Blüten öffnen sich im April und Mai aus rosa Knospen. Im Herbst färben sich die dunkelgrünen Blätter dunkelrot.
↕1,2 m ↔ 1,2 m

KULTUR Gedeiht am besten in voller Sonne, kommt jedoch auch mit absonnigen Standorten zurecht. Nach der Blüte schneidet man Zweige zurück, die den Gesamteindruck stören.

HUNDSZAHN 3

***Erythronium* 'Pagoda'** 🏆 Aufrechte, wüchsige, horstbildende mehrjährige Zwiebelpflanze. Im Frühjahr öffnen sich nickende, schwefelgelbe Blüten mit brauner Zeichnung. Die bronzerot gefleckten Blätter ziehen im Sommer ein.
↕ 15–35 cm ↔ 10 cm

KULTUR Im Halbschatten in nährstoffreicher, zuverlässig feuchter, humusreicher Erde. Zwiebeln im Herbst 10 cm tief legen. Nie austrocknen lassen.

2

3

RHODODENDRON 1

Rhododendron yakushimanum Winterharter, wüchsiger, immergrüner Strauch. Trägt im Frühjahr rundliche Stutzen aus trichterförmigen Blüten, die sich aus tiefrosa Knospen öffnen und zu Weiß verblassen. Die glänzenden, dunkelgrünen Blätter sind nach dem Austrieb zunächst dicht filzig behaart.
↕ bis 2 m ↔ bis 2 m

KULTUR Auf saurem, d.h. kalkfreiem, feuchtem, aber durchlässigem, mit Laubhumus angereichertem Untergrund an absonnigen bis vollsonnigen Standorten. Vor kalten, trockenen Winden schützen. Zweige, die das Gesamtbild stören, herausnehmen. Welke Blüten entfernen.

SCHACHBRETTBLUME 2

Fritillaria meleagris Aufrechte, schlanke Zwiebelpflanze. Im April und Mai entfalten sich hängende, glockenförmige Blüten mit zierlichem Schachbrettmuster in rosa, purpurnen und weißen Nuancen. Zu anderen Zeiten unauffällig.
↕ 30 cm ↔ 5–8 cm

KULTUR Zwiebeln im Herbst in nährstoffreichen, humosen, feuchtigkeitsspeichernden Boden setzen. Pflanztiefe und -abstände entsprechen der zwei- bis dreifachen Zwiebelhöhe. Grasflächen erst wieder mähen, nachdem das Laub vergilbt ist.

2

KUPFERFELSENBIRNE 3

Amelanchier lamarckii 🏆 Kleiner sommergrüner Baum mit aufrechten, verzweigten Ästen. Von April bis Mai öffnen sich an den Zweigen weiße, sternförmige Blüten in hängenden Trauben. Sie entwickeln sich zu kleinen, purpurschwarzen Früchten. Das im Austrieb bronzefarbene Laub färbt sich später grün und im Herbst leuchtend rot bis orange.

↕ 10 m ↔ 12 m

KULTUR In kalkfreien, feuchten, dabei durchlässigen und humosen Boden pflanzen. Störende Zweige im Winter herausnehmen.

3

PRUNUS

Wuchskräftige, reich blühende, sommergrüne Bäume, die im Frühjahr ein Meer duftender Blüten öffnen. Die meisten Züchtungen erfreuen auch mit schöner Herbstfärbung. Alle empfohlenen Sorten sind vorzügliche Solitäre.

KULTUR In feuchten, gut durchlässigen Böden. Ein Schnitt ist in der Regel nicht notwendig. Man nimmt lediglich störende Äste im Winter heraus. An Bleiglanz erkrankte Teile müssen im Hochsommer entfernt werden.

OBERE REIHE VON LINKS NACH RECHTS

- *P. avium* 'Plena' 🏆
  ↕12 m ↔ 12 m
- *P.* 'Kiku-shidare-zakura' 🏆
  ↕3 m ↔ 3 m
- *P.* 'Ukon' 🏆
  ↕8 m ↔ 10 m

UNTERE REIHE VON LINKS NACH RECHTS

- *P.* 'Kanzan' 🏆
  ↕10 m ↔ 10 m
- *P.* 'Shirotae' 🏆
  ↕6 m ↔ 8 m
- *P.* 'Spire' 🏆
  ↕10 m ↔ 6 m

MALUS

Diese sommergrünen, meist wuchskräftigen kleinen Bäume sind in Einzelstellung eine Augenweide in Kleingärten. Im Frühjahr schmücken sie sich mit einem üppigen Blütenflor, dessen Farbpalette von Weiß über Rosa bis Purpurrot reicht. Im Herbst leuchten die Früchte von Gelb bis Rot, während sich die Blätter feurig gelb und orange verfärben.

KULTUR Zieräpfel gedeihen an einem sonnigen bis absonnigen Platz in jedem nährstoffreichen, gut durchlässigen Boden. Die schönste Laubfärbung erreichen sie jedoch in der Sonne. Im Winter schneidet man alle Äste zurück, die ins Innere der Krone wachsen, und nimmt totes oder beschädigtes Holz heraus.

OBERE REIHE VON LINKS NACH RECHTS

- *M.* 'Katherine'
  ↕6 m ↔ 6 m
- *M. x moerlandsii* 'Liset'
  ↕6 m ↔ 6 m
- *M. transitoria* 🏆
  ↕8 m ↔ 10 m

UNTERE REIHE VON LINKS NACH RECHTS

- *M. toringo*
  ↕2,5 m ↔ 3 m
- *M.* 'Royalty'
  ↕8 m ↔ 8 m
- *M.* 'Evereste' 🏆
  ↕7 m ↔ 6 m

WAS ZU TUN IST MAI

DAS WETTER

Nutzen Sie das milde Maiwetter für Sommervorbereitungen. Der Garten sollte jetzt mit hübschen Sommerblumen und sattgrünen Bäumen in Hochform sein. Lassen Sie sich doch auf den zahlreichen Gartenausstellungen für die kommenden Monate inspirieren.

SPÄTE FRÖSTE

Im Mai erreicht die mittlere Tagestemperatur 18 °C, das Tagesminimum liegt bei 8 °C. In Norddeutschland rechnet man mit den Eisheiligen vom 11. bis 13. Mai, in Süddeutschland, der Schweiz und Österreich vom 12. bis 15. Mai (Sophie). Allerdings erlauben meteorologische Untersuchungen keine eindeutige Zuordnung der Kälterückfälle, die Klimaveränderung verschiebt die Termine nach vorne. Statistisch gesehen steigt zur Zeit der Eisheiligen, nach vorangegangenen ersten Wärmeperioden, die Wahrscheinlichkeit für Kaltlufteinbrüche aus Nordosteuropa und damit für Nachtfröste: »Vor Nachtfrost bist du sicher nicht, bevor Sophie vorüber ist.« Im letzten Maidrittel beschert häufig eine Hochdruckbrücke zwischen Osteuropa und dem Atlantik Mitteleuropa eine länger anhaltende Schönwetterperiode. Der wärmste Frühling seit Beginn der Wetteraufzeichnungen vor 100 Jahren wurde 2007 gemessen. Die Durchschnittstemperatur betrug 10, 6 °C, der Spitzenwert von hochsommerlichen 33 °C wurde am 25. Mai 2007 in Jena erreicht.

NORDWIND

Die für die Eisheiligen typische Nordlage bringt trockene und kalte Polarluft.

SONNENSCHEIN

Im Schnitt scheint die Sonne im Mai 6,3 Stunden täglich. Auf den ganzen Monat umgerechnet ergibt das eine Sonnenscheindauer von 196 Stunden. Mit über 300 Stunden weisen die Inseln von Nord- und Ostsee die höchsten Sonnenscheinwerte auf. Die niedrigsten Werte verzeichnete Neuhaus am Rennweg im Thüringer Wald. Lange musste man dort 1996 auf Sonnenlicht verzichten, denn vom 7. bis einschließlich 17. Mai verschwand der Ort im Nebel.

NIEDERSCHLAGSMENGE

Die Niederschlagsmenge kann im Mai sehr stark variieren. So sinkt sie in besonders trockenen Monaten bis auf 10 mm und steigt in sehr nassen Monaten auf 200 mm. An vier bis sechs Maitagen kommen Gewitter auf.

SELTEN SCHNEEFALL

Überwiegt bei Tiefdrucklagen kalte Meeresluft, fällt oberhalb von 2000 m Neuschnee.

ALLGEMEINE GARTENARBEITEN

VORSICHT VOR NACHTFRÖSTEN

Sie treten trotz der meist milden Witterung im Mai häufig auf. Besonders an klaren Tagen sollten Sie Vlies oder einen Packen alter Zeitungen bereithalten, um frostempfindliche Pflanzen abdecken zu können, falls eine nächtliche Temperaturabsenkung bevorsteht.

HALTEN SIE AUSSCHAU NACH SCHÄDLINGEN UND KRANKHEITEN

Schädlinge und Krankheiten verlangen, wenn die Temperaturen allmählich steigen, stetige Wachsamkeit. Bei schwerem Befall kommen Sie um die chemische Keule nicht herum. Manchmal allerdings verschlimmert der Einsatz synthetischer Pflanzenschutzmittel die Probleme sogar noch. Denn die Chemikalien vernichten nicht nur Schadinsekten, sondern auch deren natürliche Feinde wie etwa Marienkäfer oder Schwebfliegen. Sollte eine Spritzaktion unumgänglich sein, führen Sie diese an einem kühlen, windstillen Tag und möglichst am Abend

Während Trockenperioden müssen frisch gesetzte Pflanzen gut gegossen werden, da sie sonst anfälliger für Krankheiten sind.

durch, wenn weniger Nützlinge unterwegs sind.

Ordnung ist bekanntlich das halbe Leben – auch im Garten. Jetzt ist es an der Zeit, welke Frühjahrsblüher von den Beeten zu räumen und Unkräuter zu bekämpfen, die Krankheiten und Schädlingen als Wirte dienen. Die umweltfreundlichste Art der Schädlingsbekämpfung ist die von Hand, kostet aber etwas Überwindung.

Seien Sie auf der Hut vor dem Gefurchten Dickmaulrüssler. Er schleicht sich gern mit gekauften Pflanzen in Kübel und Kästen ein, wo er sich rasant vermehrt und mitunter verheerende Schäden anrichtet. Die erwachsenen Käfer sind nachtaktiv und fressen Blätter bogenförmig an. Gefährlicher sind die Larven, die Fraßschäden an den Wurzeln verursachen. Lösen Sie daher Pflanzen aus den Töpfen und untersuchen Sie die Ballen gründlich.

Inzwischen sind diverse Produkte auf dem Markt, die Abhilfe gegen diesen Schädling versprechen. Das effizienteste biologische Gegenmittel sind Nematoden (Fadenwürmer), die man über den Versandhandel beziehen kann und mit dem Gießwasser ausbringt.

Die Larven des Dickmaulrüsslers fressen an Wurzeln, sodass die Pflanzen eingehen.

MÄHEN UND DÜNGEN SIE RASENFLÄCHEN

Mähen Sie ältere Rasenflächen von nun an einmal pro Woche. Reduzieren Sie dabei die Schnitthöhe jedes Mal um eine Stufe, wobei Sie jedoch nicht zu weit gehen dürfen. Zu kurz geschnittener Rasen wird gelb. Das sieht nicht nur hässlich aus, sondern hat auch die Bildung von Kahlstellen zur Folge.

Ältere Rasenflächen erhalten eine Düngung, sofern dies nicht bereits geschehen ist. Bei der Dosierung sollten Sie sich an die Angaben auf der Packung halten. Falls Sie es zu gut meinen, kommt das nur dem Hersteller zugute und nicht dem Rasen. Durch allzu konzentrierte Gaben kann er förmlich verbrennen.

HACKEN SIE BEETE

Hacken Sie freie Beetflächen, um Unkräuter von vornherein in Schach zu halten. Jetzt lassen sie sich leichter ausmerzen als später, wenn sie größer sind und sich zu allem Überfluss vielleicht durch ihre Samen noch im gesamten Garten ausbreiten. Durch Aufbringen einer Mulchschicht aus organischer Substanz lässt sich dem Wachstum neuer Unkräuter wirksam vorbeugen. Allerdings sollte trockener Boden dabei zuvor gewässert werden. Alternativ füllen Sie die Lücken mit einigen farbenfrohen Sommerblumen.

Jäten Sie an einem trockenen Tag und lassen Sie die Unkräuter liegen, damit sie vertrocknen, bevor sie auf den Kompost wandern.

GIESSEN UND DÜNGEN SIE IHRE PFLANZEN

Gießen und düngen Sie regelmäßig alle Gefäßpflanzen. Wenn die Temperaturen steigen, müssen sie unter Umständen täglich oder sogar zweimal am Tag gegossen werden. Vor allem Blumenampeln trocknen schnell aus, da sie Sonne und Wind noch stärker ausgesetzt sind. Wertvolle Zeit können Sie

Trocknet eine Topfpflanze aus, schrumpft der Ballen, sodass das Wasser seitlich nach unten läuft. Daher stellt man sie in Wasser, damit sich der Ballen vollsaugen kann.

sich gerade bei größeren Beständen an Pflanzgefäßen sparen, wenn Sie eine Düngerlösung auf Vorrat ansetzen.

Füllen Sie eine Kunststofftonne oder einen anderen geeigneten Behälter mit Wasser und geben Sie den Dünger in der vom Hersteller empfohlenen Dosierung hinzu. Kalireiche Produkte sorgen für einen üppigen und anhaltenden Flor, während Dünger mit hohem Stickstoffgehalt die Blattbildung fördern, was zu Lasten der Blüten geht.

Regelmäßiges Gießen ist gerade bei neu gesetzten Bäumen und Sträuchern unerlässlich. Denn sobald einige Tage lang die Sonne scheint und dazu vielleicht ein stärkerer Wind weht, dörrt der Boden aus. Neue Gehölze sind auf reichliche Wassergaben angewiesen, bis ihre Wurzeln ausreichend entwickelt sind, um in tieferen Bodenschichten Feuchtigkeit aufzunehmen.

Organische Substanz wie verrotteter Stallmist oder Gartenkompost verbessert untergegraben oder als Mulchschicht die Fähigkeit des Bodens, Feuchtigkeit zu speichern, was wiederum die Wurzelbildung fördert. Auch Rasenschnitt, der 5–8 cm hoch um die Pflanze, jedoch nicht bis direkt an den Stamm verteilt wird, trägt dazu bei, die Feuchtigkeit im Boden zu halten. Gießen Sie möglichst am Abend, wenn die Verdunstung durch die niedrigeren Temperaturen geringer ist.

TEICHE UNKRAUT-FREI HALTEN

Bis sich Schwimmblattpflanzen entfalten, breitet sich Entengrütze rasant aus. Man sammelt sie mit einem Holzstück ab.

Watte- oder Jochalgen können andere Wasserpflanzen ersticken. Mit einem Stock wickelt man sie heraus.

SÄUBERN SIE TEICHE

Säubern Sie den Teich von Wasserlinsen und Faden- oder Netzalgen. Die auf der Oberfläche schwimmenden Wasserlinsen wird man kaum wieder los, wenn sie sich einmal richtig breitgemacht haben. Mit einem Kescher oder einem ausgedienten, mit einem Stiel versehenen Nudelsieb lassen sie sich abfischen. Die schleimigen, wattigen Matten von Watte- oder Jochalgen hebt man hingegen mit einem Stock aus dem Wasser – ein hübsches Vergnügen für den Sonntagmorgen.

Ein probates Mittel gegen beide sind Seerosen und andere Schwimmblattpflanzen, die sich auf der Wasseroberfläche ausbreiten. Sobald sie sich im Sommer voll entfaltet haben, gehen Wasserlinsen und Algen wie von selbst zurück. Zudem kann man einer Algenplage durch Erhöhung des Sauerstoffgehalts im Wasser begegnen. Dazu tragen bestimmte Pflanzen ebenso bei wie eine kleine Kaskade oder ein Springbrunnen.

PFLEGEN SIE WASSERPFLANZEN

Düngen Sie Wasserpflanzen mit einem Spezialpräparat – der Einsatz eines normalen Gartendüngers hätte eine explosionsartige Algenvermehrung zur Folge. Geben Sie den Dünger direkt in die Pflanzkörbe. Auch das Ausdünnen zu dichten Wuchses sollte man nicht vernachlässigen. Ältere Gewächse, die allmählich verwuchert sind, werden spätestens jetzt aufgenommen und geteilt. Dabei trübt sich das Wasser, klärt sich aber nach einigen Tagen wieder von selbst.

FISCHE FÜTTERN

Fische brauchen regelmäßig Futter, sobald sie mit den steigenden Temperaturen aktiver werden. Geben Sie ihnen jedoch nur so viel, wie sie in wenigen Minuten fressen können, sonst faulen die Reste im Wasser. Eine Futtergabe täglich genügt, wobei Sie ruhig auch einmal ein, zwei Tage überspringen können.

Wenn Ihr Teich zu stark zuwächst, kann das Sonnenlicht nicht mehr in untere Schichten dringen, sodass einige Wasserpflanzen kümmern und womöglich absterben.

BÄUME, STRÄUCHER & KLETTERER

Schneiden Sie Feuerdorn regelmäßig, dann können Sie sich im Herbst über besonders viele dekorative Beeren freuen.

SCHNEIDEN SIE FEUERDORN

Feuerdorn (*Pyracantha*) an Mauern oder Zäunen braucht jetzt ebenfalls einen Schnitt. Entfernen Sie Triebe, die zur Mauer oder nach außen wachsen. Alle übrigen Zweige werden auf etwa 8 cm eingekürzt, um die Bildung kurzer Triebe anzuregen, an denen sich die Blütenknospen und im Herbst die attraktiven Früchte entwickeln.

STUTZEN UND PFLANZEN SIE FORMHECKEN

Formhecken, z.B. aus Gewöhnlichem Buchsbaum (*Buxus sempervirens*), werden auch dann schon leicht gestutzt, wenn sie noch nicht die angestrebte Größe erreicht haben. Da Buchshecken keinen kräftigen Rückschnitt mögen, sollte man sie früh in Form bringen. Am besten führt man den Schnitt mit einer Gartenschere aus, denn motorbetriebene Geräte schneiden die Blätter nicht sauber, woraufhin sie sich braun verfärben.

Stecklinge kann man von allen Trieben gewinnen. Man schneidet sie etwa 8 cm lang unmittelbar unterhalb einer Blattachsel ab, steckt sie in Töpfe mit Anzuchterde, verpasst ihnen eine Plastiktüte als Haube und stellt sie in eine schattige Ecke des Gartens, wo sie innerhalb weniger Wochen Wurzeln bilden. Jetzt können sie entweder in separate Töpfe oder an einer freien Stelle im Garten gepflanzt werden. Im Herbst oder nächsten Frühjahr kommen sie an ihren endgültigen Standort.

SCHNEIDEN SIE FRÜHBLÜHENDE STRÄUCHER

Auch frühblühende Sträucher wie die Kerrie (*Kerria japonica*) und der Spierstrauch *Spiraea* 'Arguta', am vorjährigen Holz geblüht haben, werden geschnitten. Bei der Kerrie kürzen Sie alle abgeblühten Triebe bis auf junge Seitensprosse im unteren Bereich ein. Unterirdische Ausläufer, die Nachbarpflanzen in Bedrängnis bringen, kann man bei dieser Gelegenheit auch gleich entfernen.

Auch bei *Spiraea* 'Arguta' schneidet man abgeblühtes Holz bis auf niedrigere Knospen oder Triebe zurück. Bei nicht mehr jungen Exemplaren wird zusätzlich etwa ein Drittel der älteren Triebe bis zum Boden zurückgeschnitten. Das regt den Neuaustrieb an der Basis an und fördert die Gesundheit und Kraft der Pflanze.

BINDEN SIE KLETTERER AN

Kräftige Kletterer wie Clematis, Rosen und Reben (*Vitis*) müssen

Spiraea *'Arguta' regt man zum Neuaustrieb von der Basis aus an, indem man alte Triebe bis zum Boden zurückschneidet.*

Damit die Triebe sich nicht direkt an der Stütze aufscheuern, legen Sie Schleifen in Form einer Acht.

regelmäßig angebunden werden, um ihre Umgebung nicht zu ersticken. Wartet man damit zu lange, hat man umso länger damit zu tun, ihre Triebe von den Nachbarpflanzen zu lösen. Weitmaschiges Drahtgeflecht lässt sich ohne größeren Aufwand an Mauern und Zäunen als Stütze anbringen. Ein dekoratives Spalier empfiehlt sich bei weniger starkwüchsigen Kletterern, die den Hintergrund nicht völlig überwuchern.

SCHNEIDEN SIE *CLEMATIS MONTANA*

Der Schnitt von Bergwaldreben erfolgt nach der Blüte – wie stark, das hängt vom Standort ab. Da es sich um eine sehr wuchskräftige *Clematis* handelt, lässt man sie gern an Bäumen, stattlichen Sträuchern, großen Zäunen oder Mauern emporwachsen. In diesen Fällen wird der Wuchs lediglich in die ihm zugedachten Grenzen verwiesen. Steht dagegen weniger Raum zur Verfügung, muss der Schnitt rigoroser ausfallen. Das eigentliche Stutzen ist ein Kinderspiel, schwieriger gestaltet sich manchmal das Entwirren. Nehmen Sie abgestorbene oder kranke Triebe heraus und kürzen Sie die übrigen nach Bedarf ein.

Clematis montana *ist ein wüchsiger Kletterer. Lassen Sie ihn an Bäumen, Sträuchern, Zäunen oder Mauern hochranken.*

BLÜTENPFLANZEN

STÜTZEN SIE STAUDEN

Hohe Stauden wie Rittersporn (*Delphinium*) werden weiterhin gestützt und angebunden. Entweder stecken Sie um die Pflanzen mehrere Bambusstäbe in die Erde, um die Sie eine Gartenschnur herumführen, oder Sie geben jedem Stängel eine eigene Stütze.

Hohe Pflanzen wie Rittersporn brauchen hohe Stützen. Man steckt einen Korken auf die Spitze, damit man sich nicht verletzt.

Biegsame Stöcke sind in naturnahen Gärten ein dezenter Halt.

DÜNNEN SIE EINJÄHRIGE AUS

Dünnen Sie winterharte Einjährige aus. Unterbleibt dieser Schritt, werden die Pflanzen staksig und blühen nicht gut. Der Abstand sollte mindestens 15 cm, bei höheren Pflanzen auch mehr betragen – genauere Angaben finden Sie auf den Samentütchen.

Am besten klappt das Ausdünnen, indem Sie rechts und links einer Pflanze, die Sie behalten möchten, einen Finger auf die Erde drücken und die umgebenden Sämlinge auszupfen oder abknipsen. So dünnen Sie das ganze Beet aus.

Die meisten winterharten Einjährigen verübeln einen Standortwechsel, wenn sie eine gewisse Größe erreicht haben. Indem Sie sie auslichten, sobald sich die Sämlinge gerade eben handhaben lassen, können Sie sie noch zum Füllen etwaiger Lücken in den Reihen oder auch zum Beleben anderer Gartenbereiche verwenden. Manche besonders hohen Einjährigen wie *Cleome* erhalten einen biegsamen Stock als Stütze, damit sie nicht umknicken.

STÜTZEN SIE HORSTBILDENDE STAUDEN

Horstbildende, frühlingsblühende Stauden wie Gämswurz (*Doronicum*) und Lungenkraut (*Pulmonaria*) werden zurückgeschnitten und geteilt. Während man bei der Gämswurz nur die abgeblühten Stängel herausnimmt, entfernt man beim Lungenkraut den gesamten alten Wuchs bis zur Basis. Darüber hinaus werden zu dichte Horste ausgegraben, geteilt und neu gepflanzt. Ein organischer Dünger, bei trockenem Boden eingeschwemmt, macht die Kur komplett.

Schneiden Sie Lungenkraut zurück. Bald werden neue Blätter austreiben und die Blüten des nächsten Jahres ergänzen.

BEFREIEN SIE ZWIEBELN VON WELKEN BLÜTEN

Befreien Sie Zwiebelgewächse weiterhin regelmäßig von welken Blüten. Bei Tulpen knipsen Sie die Blüten ab, lassen das Laub aber noch mindestens sechs Wochen stehen, bis es vergilbt. Wachsen die Tulpen z.B. in Gesellschaft von Goldlack und Vergissmeinnicht auf einem Beet, das komplett abgeräumt werden soll, können Sie sie vorübergehend im Gemüsegarten oder einem ungenutzten Rabattenbereich einschlagen. Heben Sie am einstweiligen Ruheplatz einen flachen Graben aus, nehmen Sie die Zwiebeln mit einer Gabel auf und legen Sie sie so in die Erde, dass das Laub herausragt. Jetzt können sie in aller Ruhe einziehen.

Tulpen nimmt man vorsichtig auf und lässt sie anderswo einziehen.

Düngen Sie die Zwiebeln von Frühjahrsblühern, ob noch an Ort und Stelle oder bereits eingeschlagen, um ihr Energiereservoir für die nächste Saison aufzutanken. Ideal ist ein organischer Universaldünger, der nach Anweisung des Herstellers rings um die Zwiebeln aufgebracht wird. Bei Trockenheit muss gewässert werden.

ERZIEHEN SIE DUFTWICKEN

Duftwicken (*Lathyrus odoratus*), die bereits früher ausgepflanzt wurden, sprießen gegen Ende Mai kräftig und müssen dann sanft in die richtigen Bahnen gelenkt werden. Sofern sie sich natürlich entfalten dürfen, genügt es, sie am Anfang an die Stützen zu binden. Danach

Ein Rückschnitt im Mai regt das Blaukissen zu besonders reicher Blüte im nächsten Jahr an.

ranken sie sich selbstständig an allem hoch, was ihnen in die Quere kommt.

ALYSSUM, ARABIS UND AUBRIETA SCHNEIDEN

Niederliegende und Teppiche oder Matten bildende Stauden wie Steinkraut (*Alyssum*), Gänsekresse (*Arabis*) und Blaukissen (*Aubrieta*) erscheinen nach der Blüte vor allem in der Mitte oft kahl und sparrig. Durch rigoroses Zurückschneiden werden sie zum Neuaustrieb angeregt und erfreuen im nächsten Jahr mit einem kompakten, gesunden Wuchs und üppigen Flor. Andernfalls treiben die Pflanzen mit zunehmendem Alter nach einem starken Schnitt weniger bereitwillig aus der Basis aus. Verabreichen Sie anschließend einen organischen Dünger und verteilen Sie um Pflanzen in einem Steingarten eine Schicht Kies oder groben Sand.

RÄUMEN SIE FRÜHJAHRSBEETE FREI

Frühjahrsblüher wie Goldlack (*Erysimum cheiri*) und Vergissmeinnicht (*Myosotis*) sowie winterblühende Stiefmütterchen (*Viola* x *wittrockiana*) gelangen jetzt sichtlich ans Ende ihrer Kräfte. Sie räumen das Feld und wandern auf den Komposthaufen.

Lockern Sie den Boden mit einer Hacke leicht auf und entfernen Sie alles Unkraut. Bringen Sie etwas organischen Dünger auf, der seine Nährstoffe langsam an den Boden abgibt, sodass sie zur Verfügung stehen, wenn die nächsten Pflanzen gesetzt werden.

Sommerblumen entwickeln keine tiefen Wurzeln. Man kann sie leicht herausharken.

Damit diese jedoch nicht ins Kraut schießen und kaum Blüten bilden, sollte der Dünger nur sparsam ausgestreut und nicht etwa, wie im Herbst üblich, in den Untergrund eingearbeitet werden. Das Gros der bei uns gängigen einjährigen Sommerblüher stammt aus wärmeren Klimazonen. Dort herrschen eher trockene, karge Böden vor, sodass die Pflanzen ein reiches Nährstoffangebot gar nicht gewöhnt sind.

SÄEN SIE STAUDEN INS FREILAND

Die Anzucht von Stauden durch Aussaat ist billig und macht Spaß – insbesondere, wenn man die Samen auch noch selbst im eigenen Garten gesammelt hat. Für die Freilandaussaat eignen sich die meisten Stauden, vor allem Garben (*Achillea*) und winterharte Geranien.

Ziehen Sie in die feinkrümelig geharkte Erde flache Rillen. Trockener Boden wird gegossen. Dann säen Sie die Samen dünn aus und decken sie leicht mit trockener Erde ab. Jede Reihe erhält ein Etikett mit Pflanzennamen und Datum. Wenn man die Sämlinge nach einigen Wochen gut handhaben kann, kommen sie in ein Anzuchtbeet.

Wer Stauden aus Samen zieht, dem winkt ein Erfolgserlebnis. Probieren Sie's mit der lange blühenden Geranium maculatum.

SÄEN SIE ZWEIJÄHRIGE INS FREILAND

Säen Sie frühjahrsblühende Zweijährige aus. Goldlack (*Erysimum cheiri*), Gänseblümchen (*Bellis perennis*), Vergissmeinnicht (*Myosotis*), Bartnelke (*Dianthus barbatus*) und winterblühende Stiefmütterchen (*Viola*) wurden soeben ausgemustert, um auf den Beeten Platz für die nachrückenden Sommerblüher zu schaffen. Dies ist der beste Zeitpunkt, den Grundstein für die neue farbige Gartenkulisse im nächsten Frühjahr zu legen. Bei der Wahl einer geeigneten Fläche zur Aussaat ist zu berücksichtigen, dass Goldlack möglichst nicht Jahr für Jahr an derselben Stelle gezogen werden sollte. Wie die Kohlarten und andere Vertreter der Kreuzblütler ist er nämlich anfällig für Krankheiten wie die Kohlhernie, deren Erreger viele Jahre in der Erde überdauern können.

Säen Sie Vergissmeinnicht, wenn die alten Blüten welken. Der Lohn für Ihre Voraussicht: eine reiche Blüte im nächsten Frühjahr.

Der Boden wird feinkrümelig geharkt und eingeebnet. Ziehen Sie mit einem Stock gerade, flache Rillen in Abständen von etwa 15 cm und wässern Sie bei trockenem Boden das Beet gründlich. Säen Sie die Samen nun dünn in die Rillen aus und bedecken Sie sie leicht mit trockener Erde. Damit Sie nach einigen Wochen noch wissen, welche Pflanzen wo stehen, versehen Sie die einzelnen Reihen mit Etiketten.

Dünnen Sie Sämlinge aus, sobald sie sich gegenseitig den Platz streitig machen. Beim Umsetzen belässt man Erde an den Wurzeln.

KÜCHENGARTEN

SÄEN SIE MANGOLD

Stiel- oder Rippenmangold bildet große Blätter an weißen Stielen. Beide werden in der Küche verwendet, wobei man das Laub ähnlich wie Spinat zubereitet. Es gibt auch Formen mit tiefroten oder mehrfarbigen Stielen und Rippen, die sich hübsch auf Zierbeeten machen. Blatt- oder Schnittmangold ist eine adäquate Alternative zu Spinat, und zwar aus kulinarischer wie auch aus gärtnerischer Sicht: Er neigt nicht so stark zum Schossen wie Spinat, der oft schon einige Wochen nach der Keimung Blüten und Samen bildet. Die Samen sät man in Rillen, die bei Bodentrockenheit zuvor gewässert wurden. Dünnen Sie die Sämlinge aus, sobald sie sich gut fassen lassen, und vergessen Sie reichliches Wässern nicht.

Laubgemüse wie dieser Mangold liefert nicht nur gesunde Leckerbissen, sondern ist auch ein dekorativer Sommerschmuck.

SÄEN SIE BOHNEN

Garten- und Feuerbohnen sowie Zuckermais werden direkt ins Freiland ausgesät. Obwohl es sich um empfindliche Arten handelt, keimen sie nach den Eisheiligen in fast allen Gegenden zuverlässig. Samen von Feuerbohnen legt man am Fuß der vorgesehenen Stützen jeweils paarweise. Dadurch ist

Diese Kletterbohnen haben sich an einem Stangenzelt aus Weidenruten und Schnüren unermüdlich nach oben gekämpft.

weitgehend sichergestellt, dass man pro Stütze eine Pflanze erhält. Falls beide Samen keimen, wird der schwächere Sämling entfernt.

Die Sämlinge all dieser Arten werden von Schnecken bedroht. Abhilfe schaffen Plastikflaschen. Schneiden Sie die Böden heraus, stülpen Sie die Flaschen über die Samen und drücken Sie sie in die Erde. Bei kletternden Arten schlitzt man die Flaschen längs auf und legt sie um die Stützen. Diese Minigewächshäuser dienen nicht nur als Schutz, sie beschleunigen auch die Keimung.

PFLANZEN SIE LAUCH

Pflanzen Sie bereits gesäten Lauch jetzt aus, sofern nicht schon im April geschehen. Wie gepflanzt wird, hängt davon ab, wie ausgesät wurde. In jedem Fall aber wird einige Tage zuvor am endgültigen Standort ein organischer Universaldünger ausgebracht.

Falls Sie in Saatschalen ausgesät haben und die Sämlinge dort inzwischen zu einer Höhe von etwa 1 cm herangewachsen sind, bereiten Sie mit einem Pflanzholz 15 cm tiefe Löcher in Reihen vor, in die Sie jeweils ein Pflänzchen setzen. Der Abstand zwischen den Löchern und den Reihen beträgt

LAUCH PFLANZEN

In Multitöpfen gezogene Sämlinge werden jeweils en bloc gepflanzt. Dadurch bleiben die zarten Wurzeln ungestört.

Für Einzelpflanzen bereiten Sie mit einem Pflanzholz Löcher vor. Erde nicht andrücken, sondern nur wässern.

etwa 30 cm. Drücken Sie den Boden nicht an, sondern wässern Sie ihn, dadurch wird genügend Erde in die Löcher zu den Wurzeln geschwemmt.

Wurden die Samen dagegen jeweils zu mehreren in Multitöpfe gesät, setzen Sie den ganzen Ballen mit 5–6 Pflänzchen in Abständen von 15–20 cm. Bei dieser Methode liegt der Ertrag pro Quadratmeter höher als bei der herkömmlichen Reihenpflanzung.

PFLANZEN SIE ZUCCHINI UND KÜRBISSE

Pflanzen Sie Zucchini und Gartenkürbisse erst am Ende des Monats aus, denn beide sind frostanfällig. Da sie während der Wachstumsperiode reichlich Wasser benötigen, wird der Boden zunächst ordentlich mit organischer Substanz angereichert. Zudem nehmen sie viel Raum ein und brauchen daher Abstände von 90 cm in jede Richtung.

Wässern Sie den ganzen Sommer über reichlich. Falls der Platz im Gemüsegarten nicht für die großen Früchte reicht, müssen Sie trotzdem nicht auf sie verzichten. Ziehen Sie doch ein paar der Pflanzen auf den Schmuckrabatten, wo sie mit ihren großen, markanten Blättern einen reizvollen Kontrast erzeugen. Kletternde Formen, die an Bambusstäben, Bohnenstangen oder Ähnlichem gezogen werden, verleihen Zierbeeten Struktur – und sparen obendrein Platz.

PFLANZEN SIE ZUCKERMAIS

Zuckermais sät man besser nicht in Reihen, sondern in Blöcken und in Abständen von 30 cm. Da er vom Wind bestäubt wird, steigt dadurch die Chance einer erfolgreichen Bestäubung.

Die männlichen Blüten erscheinen in ährenartigen Rispen an den Triebspitzen und lassen die Pollen auf die weiblichen Teile weiter unten an der Pflanze fallen.

BESTÄUBUNG VON MAIS

Mit einer markierten Latte als Maßstab werden die Maispflänzchen in Blöcken gepflanzt.

Der Wind verteilt die Pollen zwischen den einzelnen Maispflanzen.

PFLANZEN SIE KOHL

Rosenkohl und andere bereits ausgesäte Winterkohlarten können jetzt ihren endgültigen Standort beziehen. Im Lauf der Zeit benötigen sie ziemlich viel Raum. Bis dahin können andere, schnell erntereife Gemüse wie Kopfsalat, Radieschen und Weiße Rübe zwischen den Kohlpflanzen gezogen werden. Durch diese Mischkultur wird der vorhandene Platz optimal genutzt.

Alle Kohlarten werden vor dem Auspflanzen gründlich gewässert, da sie vor allem bei warmem Wetter sehr schnell welken. Blumenkohl reagiert schon auf die geringste Irritation und entwickelt sich in der Folge nicht mehr gut. Sobald die Sämlinge zwei oder drei echte Blättchen aufweisen, ist der optimale Zeitpunkt zum Auspflanzen gekommen. Der Abstand sollte in jede Richtung mindestens 60 cm betragen.

Sofern Sie nicht durch eine Schlitzfolie oder ein anderes flächig ausgelegtes Material pflanzen, legen Sie zuletzt um jede Pflanze eine eng sitzende Manschette. Sie verhindert, dass die Kohlfliege ihre Eier am Stängelgrund ablegt. Man bekommt solche Manschetten fertig im Fachhandel, doch erfüllen 15 cm große Quadrate aus alten Teppichresten den gleichen Zweck.

KOHLPFLANZEN SCHÜTZEN

Mit Folien oder ähnlichem Material (hier eine Mulchfolie aus Papier) schützt man die Pflänzchen vor der Kohlfliege.

SCHÜTZEN SIE KOHLGEWÄCHSE

Vögel machen sich über junge Kohlpflänzchen her, sobald sie ausgepflanzt sind. Manchmal scheinen sie schon richtig darauf zu warten, dass man mit dem Setzen fertig wird, um sich auf die Leckerbissen stürzen zu können. Es gibt auf dem Markt allerlei Geräte, um die gefiederten Mitesser zu vertreiben – früher oder später aber merken sie, dass davon keine Gefahr ausgeht. Der einzig wirksame Schutz ist eine feste Barriere.

Mit Käfigen oder feinem Maschendraht, der zwischen Drähte an Pfosten gespannt wurde, hält man Vögel fern. Allerdings sollte man darauf achten, dass sich die Tiere darin nicht verfangen können. Das Befreien verhedderter Piepmätze ist keine sonderlich angenehme Beschäftigung.

Auch selbstgebastelte oder gekaufte Kohlkragen, die um den Ansatz gelegt werden, versehen ihren Dienst.

Spannen Sie Netze oder Maschendraht so hoch über die Kohlköpfe, dass die Vögel nicht durch sie hindurchpicken können

ENTSPITZEN SIE DICKE BOHNEN

Man zwickt die Triebspitzen Dicker Bohnen ab, sobald die Pflanzen einige Blüten gebildet haben. Blattläuse lieben die jungen, saftigen Spitzen. Sie einfach abzuzwicken genügt oft schon, um den Schädling fern zu halten. Bei höherwüchsigen Sorten, die leicht umkippen, wenn die Schoten wachsen, steckt man beidseits der Reihen Stangen in den Boden, zwischen denen man Schnüre spannt.

Knipsen Sie die Triebspitzen Dicker Bohnen ab, denn Blattläuse setzen sich bevorzugt an ihnen fest.

SCHÜTZEN SIE MÖHREN

Schützen Sie Möhren gegen die Möhrenfliege. Die Weibchen dieses Schädlings fliegen dicht über dem Boden, bis sie eine Möhre riechen, an deren Blattbasis sie dann ihre Eier ablegen. Die kleinen Larven fressen sich in die Rübe und hinterlassen dabei Löcher, in denen sich Fäulniserreger ansiedeln. Das sieht nicht nur unappetitlich aus, sondern macht die Möhren außerdem ungeeignet zur Einlagerung für den Winter. Auch Pastinaken und Petersilie sind durch die Möhrenfliege bedroht. Am einfachsten lassen sich die Pflanzen mit Gärtnervlies schützen, das man dauerhaft über sie breitet, da im August die zweite Schädlingsgeneration auftritt. Bewährt hat sich auch eine Rundumabschirmung aus Gärtnervlies, Fliegengitter oder transparenter Plastikplane, die man an senkrecht in den Boden getriebenen Stäben befestigt.

Um die Möhrenfliege gar nicht erst anzulocken, streuen Sie die

Ein zwischen Stäbe gespanntes Fliegengitter hält die Möhrenfliege fern.

Samen dünn aus. Dadurch müssen die Sämlinge kaum ausgedünnt werden. Lassen Sie die ausgesonderten Pflänzchen aber keinesfalls länger herumliegen, da der Geruch der zerdrückten Blätter die Schädlinge sofort anlockt.

Einer anderen Strategie zufolge wechselt man Möhren- mit Zwiebelreihen ab, deren beißender Geruch alles überlagert. Bestimmte Sorten wie 'Flyaway' und 'Sytan' sind außerdem generell weniger anfällig für Attacken durch die Möhrenfliege.

JÄTEN SIE REGELMÄSSIG

Jäten Sie Beete regelmäßig, sonst werden Sie den Unkräutern später nicht mehr Herr. An warmen, sonnigen Tagen können Sie die ausgezupften Sämlinge auf der Erde liegen lassen, wo sie verdorren. Regelmäßiges Hacken verhindert nicht nur die Ausbreitung von Unkraut, sondern führt auch zu einer feinkrümeligen Erdoberfläche, die mit dazu beiträgt, Feuchtigkeit im Boden zu halten.

MULCHEN SIE OBSTGEWÄCHSE

Geeignet ist jedwede organische Substanz wie Stallmist, Gartenkompost oder auch Pilzsubstrat. Wässern Sie trockenen Boden zunächst gründlich, denn eine Mulchschicht funktioniert in beiden Richtungen: Sie hält die Feuchtigkeit nicht nur im Boden, sondern auch von ihm ab. Falls Sie glücklicher Besitzer eines Sprinklers sind, lassen Sie ihn vor dem Mulchen mindestens zwei Stunden laufen. So wird die Erde richtig durchfeuchtet. Tägliche kleine Wassergaben sind zwecklos und nur Verschwendung. Statt dessen wässert man einen Bereich nach dem anderen gründlich.

SCHNEIDEN SIE HIMBEEREN

Belässt man zu viele neue Ruten an einem Strauch, fließt weit mehr Kraft in ihre Entwicklung als in die der Früchte. Das ist allerdings längst nicht der einzige Nachteil. Stark verdichtete Bestände sind schwierig zu pflegen. Auch bekommen die Früchte weniger Sonne ab und reifen folglich nicht zufriedenstellend.

Außerdem kann die Luft schlecht zirkulieren, weshalb die Früchte leichter von Pilzen, beispielsweise Botrytis, befallen werden, sich braun verfärben und faulen. Je besser die Pflanzen belüftet sind, desto geringer ist ihre Anfälligkeit für Krankheiten. Zudem entwickeln sich die verbleibenden Ruten deutlich kräftiger, da sie mehr Licht abbekommen und Raum zur Entfaltung haben.

ENTFERNEN SIE ERDBEERAUSLÄUFER

Sie kriechen über den Boden und bilden an vielen Stellen Jungpflanzen. Dafür verbrauchen die Erdbeeren viel Kraft, die dann für die Entwicklung der Früchte nicht mehr zur Verfügung steht. Das Resultat: eine magere Ernte und ein Pflanzengewirr auf dem Beet, das sich kaum noch jäten

ERDBEEREN SCHÜTZEN

Schieben Sie etwas Stroh unter die Pflanzen, damit die Früchte nicht durch Erde verschmutzt werden.

lässt. Auch ist es so schier unmöglich, die Pflanzen zum Schutz der Früchte mit Stroh oder Matten zu unterlegen.

UNTERLEGEN SIE ERDBEEREN MIT STROH

So verhindern Sie, dass die empfindlichen Früchte auf dem feuchten Boden faulen. Zudem werden sie durch diese Maßnahme bei Regen nicht durch aufspritzende Erde verschmutzt und sind vor gefräßigen Schnecken sicher.

Kaum etwas ist allerdings für Stadtgärtner ärgerlicher als Empfehlungen, die sich fernab ländlicher Gegenden nicht umsetzen lassen. Gartencenter bieten Stroh, aber auch spezielle Unterlegmatten für Erdbeeren an.

Sobald die Früchte zu reifen beginnen, spannen Sie Netze über die Pflanzen, um naschhafte Vögel abzuhalten. Falls Sie Bedenken haben, dass diese sich in den Netzen verfangen könnten, weichen Sie auf Gärtnervlies aus.

Matten oder Folien erfüllen den gleichen Zweck. Man bekommt Sie in Gartencentern oder Spezialgärtnereien.

Netze schützen die Beeren vor Vögeln Achten Sie aber darauf, dass die Tiere nicht darin hängen bleiben können.

MAI-PROJEKT

SOMMERBLUMEN

Winterharte Einjährige gehören zu den unkompliziertesten Gartenpflanzen: Sie wachsen schnell und blühen wochenlang. Die meisten brauchen keine Sonderbehandlung. Im Gegenteil: Je magerer der Boden, desto besser blühen sie in der Regel. Man sät sie jetzt direkt nach draußen oder siedelt in Töpfen gezogene Pflänzchen ins Freiland um. Viele säen sich selbst aus und bescheren Ihnen dadurch gratis jede Menge Zusatzblüten.

Einjährige bevorzugen volle Sonne. Optimal zur Geltung kommen sie, wenn man höhere Vertreter in den Hintergrund einer Rabatte verweist, während niedrigere einen Platz vorne bekommen. Etwas Spannung erzielt man allerdings, indem man dieses Schema leicht variiert und die eine oder andere höhere, offene Pflanze nach vorn oder in die Mitte setzt.

Eschscholzia californica (Mischung)
Eine niedrige Einjährige für den vorderen Bereich einer Rabatte. Die orangefarbenen, gelben und weißen Blüten leuchten über dem farnartigen Laub.

Limnanthes douglasii 'Scrambled Eggs'
Die niedrige Sommerblume wird wegen ihrer gelb-weißen Farbe auch Spiegelei-Blume genannt. Sie lockt Bienen an und sät sich sehr stark selbst aus.

Nigella damascena 'Allsorts'
Die alte Bauerngartenblume ist eine charmante Bereicherung von Sommerpflanzungen. Sowohl die Blüten als auch die Samenstände eignen sich für Sträuße.

Tropaeolum majus 'Alaska-Serie'
Die beliebte, kompakte Mischung der Kapuzinerkresse hat große Samen, die sich gut für Kinder eignen. Sie zeichnet sich durch ungewöhnliche Blütenfarben aus.

THUNBERGS BERBERITZE 1

Berberis thunbergii **'Helmond Pillar'**
Diese unübersehbare Berberitze wächst schmal aufrecht und hat dunkel-rotviolettes Laub, das im Herbst in leuchtendem Rot entflammt. Im April erscheinen kleine, hellgelbe, rot überlaufene Blüten, im Herbst winzige hellrote Beeren.
↕1,5 m ↔ 60 cm

KULTUR In allen guten, nährstoffreichen Böden an vollsonnigen Standorten. Im Schatten fällt die Laubfarbe nicht so intensiv aus. Nach der Blüte ungünstig wachsende Triebe herausschneiden.

TÜRKENMOHN 2

Papaver orientale **'Cedric Morris'** 🏆
Wuchskräftige, reich blühende Staude. Ab Mai entfalten sich schalenförmige, zartrosa Blüten mit seidigen, gekräuselten Blütenblättern, die am Grund einen schwarzen Fleck haben. Die borstig behaarten, grob gesägten Blätter sterben bald nach der Blüte ab.
↕45–90 cm ↔ bis 90 cm

KULTUR Der Türkenmohn wird in tiefgründiger, nährstoffreicher, durchlässiger Erde an vollsonnigen Standorten gezogen. Ein radikaler Schnitt nach der Blüte führt zum Neuaustrieb des Laubs und sogar einiger später Blüten.

1

BERGWALDREBE 3

Clematis montana* var. *grandiflora 🏆

Die wüchsige Kletterpflanze trägt den Sommer über attraktives Laub. Ungefüllte, weiße Blüten mit cremegelben Staubblättern erscheinen vier Wochen lang im Spätfrühjahr oder Frühsommer.

↕ 10 m ↔ 4 m

KULTUR An sonnigen bis teilsonnigen Plätzen in nährstoffreichem, gut durchlässigem Humusboden ziehen. Die Wurzeln verlangen Schatten. Nach der Blüte tote oder beschädigte Triebe entfernen.

2

3

TROLLBLUME

1

***Trollius* × *cultorum* 'Earliest of All'** Mäßig wuchskräftige, horstbildende Staude mit kugeligen, leuchtend gelben Blüten an kräftigen Stängeln. Blüte von Mai bis Juli. Glänzend grüne, handförmig geteilte und grob gesägte grundständige Blätter.

↕50 cm ↔ 40 cm

KULTUR Am besten in praller Sonne, obwohl auch Streuschatten nicht schadet. Bevorzugt konstant feuchte, tiefgründige, nährstoffreiche Böden. Zur Verjüngung alle 3–4 Jahre teilen.

GEBOGENER LERCHENSPORN

2

Corydalis flexuosa 🏆 Sommerruhende, sich langsam ausbreitende Staude. Im Frühjahr und Sommer erscheinen schlankröhrige, leuchtend blaue Blüten mit weißem Schlund in dichten Trauben. Dreifingrige, blaugrüne Blätter, die nach der Blüte einziehen.

↕30 cm ↔ 20 cm oder mehr

KULTUR Liebt kühle, absonnige bis halbschattige Standorte und humose, nährstoffreiche, feuchte, aber gut durchlässige Böden.

1

2

GROSSBLÜTIGE PRUNKSPIERE

3

***Exochorda* × *macrantha* 'The Bride'** 🏆
Wuchskräftiger, gedrungener, sommergrüner Strauch. Im Mai sind die überhängenden Zweige von weißen Blüten übersät. Von Frühjahr bis Herbst zeigt sich das hübsche, frischgrüne Laub.
↕2 m ↔3 m

KULTUR Vollsonnig bis halbschattig in nährstoffreichem, durchlässigem Boden. Auch flachgründiger, kreidehaltiger Boden wird vertragen. Abgeblühte Zweige auf kräftige Knospen zurückschneiden.

3

BRAUTSPIERE 1

***Spiraea* 'Arguta'** 🏆 Wuchsfreudiger, sommergrüner Strauch mit gebogenen Zweigen. Im Frühjahr bedecken Doldentrauben aus winzigen, weißen Blüten die überhängenden Zweige. Schönes Laub in frischem, leuchtendem Grün.
↕2,5 m ↔ 2,5 m

KULTUR Am besten in der prallen Sonne, verträgt jedoch auch absonnige Standorte. Bevorzugt werden nährstoffreiche, feuchte und durchlässige Böden. Nach dem Flor schneidet man die blühenden Zweige auf eine gesunde Knospe zurück. Alle 3–4 Jahre ein Drittel der ältesten, verblühten Äste direkt über der Basis abschneiden, um den Austrieb zu fördern.

AKELEI 2

***Aquilegia* McKana-Gruppe** In der Regel robuste, aufrechte, allerdings etwas kurzlebige Staude. Vom späten Frühjahr bis zum Hochsommer öffnen sich Blüten in verschiedenen Rosa-, Gelb- und Weißtönen. Eine typische Bauerngartenpflanze, die sich bereitwillig selbst aussät, aber dann alles andere als sortentreu ist.
↕75 cm ↔ 60 cm

KULTUR In nährstoffreiche, feuchte, aber durchlässige Böden in der Sonne oder im Halbschatten pflanzen. Aussaat im Anzuchtbeet gleich nach der Samenreife.

JAPANISCHER BLAUREGEN 3

Wisteria floribunda **'Multijuga'** 🏆
Sehr wüchsiger, sommergrüner, windender Kletterer. Duftende, blaulila Schmetterlingsblüten an hängenden Trauben im Mai und Juni. Dekoratives frischgrünes Laub.
↕9 m oder höher ↔9 m

KULTUR An sonnigen Standorten in nährstoffreichem, durchlässigem Boden, nicht aber an Ostmauern. Hauptstämme werden an Stützdraht erzogen. Blütenlose Seitentriebe im Sommer und Winter stutzen.

ZWEIGRIFFLIGER WEISSDORN [1]

Crataegus laevigata **'Rosea Flore Pleno'** ♕ Winterharter, sommergrüner Baum mit rundlicher Krone. Im Mai erscheinen gefüllte rosa Blüten in dichten Doldenrispen. Rote Früchte im Herbst.
↕bis 8 m ↔ bis 8 m

KULTUR Kommt mit Sonne wie Halbschatten und verschiedensten Böden zurecht. Im späten Winter nur wenig beschneiden, um die Form zu erhalten und tote oder beschädigte Triebe zu entfernen.

TRAUBENKIRSCHE [2]

Prunus padus **'Watereri'** ♕ Wuchskräftiger, sommergrüner Baum mit ausladender Krone. Lange Trauben aus vielen kleinen weißen, duftenden Blüten. Die Traubenkirsche blüht im Mai oder Juni. Das dunkelgrüne Laub färbt sich im Herbst rot und gelb. Im Sommer erscheinen kleine schwarze Kirschen, die für Vögel ein Leckerbissen sind.
↕15 m ↔ 10 m

KULTUR In feuchten, gut drainierten Böden. Der Baum muss kaum geschnitten werden. Man nimmt im Winter lediglich störende Äste heraus. An Bleiglanz erkrankte Teile werden im Hochsommer entfernt.

1

WOLFSMILCH 3

Euphorbia* x *martini 🏆 Aufrechte, mäßig wüchsige Staude. Zwischen Frühjahr und Sommer entwickeln sich lang gestreckte Trugdolden aus gelblichgrünen Blüten mit dunkelroten Nektardrüsen. Rot überlaufene Triebe und schmale, grüne, im Austrieb oft purpurn getönte Blätter.
↕1 m ↔ 1 m

KULTUR Möglichst vollsonnig, ggf. auch absonnig. Leichte, durchlässige, humose Erde. In Lehmböden zur Verbesserung der Durchlässigkeit Kies einarbeiten.

1

VIRIDIFLORA-TULPE

1

***Tulipa* 'Spring Green'** 🏆 Die mäßig wüchsige Zwiebelpflanze zeigt im Mai sehr elegante elfenbeinweiße Blüten mit grüner, fedriger Zeichnung an der Außenseite.

↕40 cm ↔ 8 cm

KULTUR Vollsonnig, in einigermaßen nährstoffreicher, gut durchlässiger Erde. Schwere Lehmböden werden mit Splitt oder Feinkies aufgelockert. Die Zwiebeln kommen im Spätherbst 10–15 cm tief in den Boden. Sobald die Blätter welken, nimmt man die Zwiebeln auf und lagert sie im Gewächshaus.

HYBRID-GOLDREGEN

2

***Laburnum* × *watereri* 'Vossii'** 🏆 Der wuchskräftige, sommergrüne Baum hat eine ausladende Krone. Im Mai bis Juni entwickeln sich goldgelbe Blüten in hängenden, langen Trauben. Hat zwischen Frühjahr und Herbst glänzend dunkelgrüne Blätter.

↕8 m ↔ 8 m

KULTUR Begnügt sich mit mäßig nährstoffreichem Boden, braucht jedoch vollsonnige Standorte. Im späten Winter tote oder beschädigte bzw. das Gesamtbild störende Zweige herausschneiden.

2

ZIERLAUCH

3

***Allium* 'Purple Sensation'** ♈ Zwiebelpflanze mit langen, riemenförmigen, graugrünen Blättern. Im Spätfrühling öffnen sich große, runde Dolden aus sternförmigen, tiefvioletten Blüten. Welke Blütenstände entfernen, bevor sie Samen ansetzen, um die Aussaat von Sämlingen mit blasseren Blüten zu verhindern.
↕80 cm ↔7 cm

KULTUR In nährstoffreichen, durchlässigen Böden in der vollen Sonne. Zwiebeln im Herbst 5–10 cm tief setzen.

3

ATLANTISCHES HASENGLÖCKCHEN 1

Hyacinthoides non-scripta Wüchsige, horstbildende, mehrjährige Zwiebelpflanze. Im April und Mai erheben sich über glänzenden, sattgrünen, bandförmigen Grundblättern nickende, süß duftende Blüten in einseitswendigen Trauben. Zieht im Sommer ein.
↕20–40 cm ↔ 8 cm

KULTUR An absonnigen Plätzen in nährstoffreiche, auch im Sommer zuverlässig feuchte Erde setzen. Zwiebeln im Herbst 8 cm tief legen. Selbstaussaat führt oft zu ausgedehnten Beständen.

KUGELPRIMEL 2

Primula denticulata* var. *alba
Wuchskräftige, rosettenbildende, krautige Staude. Von März bis Mai reckt die Kugelprimel ihre rundlichen, dichten Köpfe aus violetten Blüten mit gelben Augen an kräftigen Stängeln empor. Dekorative Rosetten aus mittelgrünen, unterseits mehlig weißen Blättern.
↕45 cm ↔ 45 cm

KULTUR Die Kugelprimel braucht sonnige bis absonnige Plätze in feuchtem, nährstoffreichem Boden. Man teilt sie alle 3–4 Jahre im Frühjahr oder Herbst.

FINGERHUT 3

Digitalis* × *mertonensis ♈ Aufrechte Staude. Von Mai bis Juli öffnen sich röhrige, mattrosa Blüten in hohen Trauben. Gute Bienenweide. Die stark geäderten Blätter bilden grundständige Rosetten. ↕ 90 cm ↔ 30 cm

KULTUR Bevorzugt Halbschatten und Humusböden, kommt aber mit den meisten Lagen und Böden zurecht, außer mit extremer Nässe oder Trockenheit. Welke Blüten entfernen. Vermehrt sich durch Selbstaussaat, ist jedoch nicht samenecht.

2

3

PRÄRIELILIE 1

Camassia leichtlinii Aufrechte, mehrjährige Zwiebelpflanze. Im späten Frühjahr erscheinen cremeweiße Blüten in Trauben. Die grasartigen Blätter haben wenig Zierwert.
↕60–130 cm ↔ 10 cm

KULTUR Zwiebeln im Herbst 10 cm tief setzen. Blüht an vollsonnigen Standorten am besten, verträgt aber auch lichten Schatten. Braucht tiefgründigen, nährstoffreichen, feuchtigkeitsspeichernden Boden. In kühlen Gegenden im Winter mulchen.

ORANGENBLUME 2

***Choisya* 'Aztec Pearl'** 🏆 Buschiger, ziemlich kräftiger, immergrüner Strauch. Im Frühjahr, oft nochmals im Spätsommer sowie gelegentlich vereinzelt im Herbst entwickeln sich Trugdolden aus rosa überhauchten weißen Blüten. Attraktive, duftende, glänzend dunkelgrüne Blätter mit 3–5 schmalen Blättchen.
↕2,5 m ↔ 2,5 m

KULTUR Blüht am schönsten in voller Sonne, toleriert aber Halbschatten und gedeiht in jeder guten Gartenerde. Nach der Frühjahrsblüte beschneiden, um die Nachblüte zu fördern.

GROSSBLUMIGE WALDREBE 3

***Clematis* 'Markham's Pink'** 🏆

Wüchsige, sommergrüne Kletterpflanze. Von Mai bis Juni sprießen rosa Blüten. Mittelgrünes Laub, silbrige Fruchtstände im Sommer.

↕ 2–3 m ↔ 1,5 m

KULTUR In nährstoffreiche, durchlässige, mit Humus angereicherte Erde pflanzen; braucht beschatteten Wurzelraum. Nach der Blüte tote oder beschädigte Triebe entfernen, übermäßigen Wuchs bändigen.

2

3

SYRINGA VULGARIS

Wuchskräftige, sommergrüne Sträucher oder kleine Bäume. Im Frühjahr und Frühsommer trägt Flieder dichte, intensiv duftende Blütenrispen. Auch die herzförmigen, dunkelgrünen Blätter sind recht dekorativ. Ideal in einer Strauchrabatte oder als Solitär.
↕7 m ↔ 7 m

KULTUR In fruchtbaren, neutralen bis basischen Böden. An Jungpflanzen werden die Blütenkerzen entfernt und die Triebe bis auf kräftige Augen zurückgestutzt. Gegebenenfalls kommt nach der Blüte auch ein Formschnitt in Betracht.

OBERE REIHE VON LINKS NACH RECHTS
- *S. vulgaris* 'Charles Joly' 🏆
- *S. vulgaris* 'Primrose'
- *S. vulgaris* 'Président Grévy'

UNTERE REIHE VON LINKS NACH RECHTS
- *S. vulgaris* 'Madame Lemoine' 🏆
- *S. vulgaris* 'Charles X'
- *S. vulgaris* 'Katherine Havemeyer' 🏆

RHODODENDRON

Zu Rhododendren und Azaleen werden winzige Alpinsträucher ebenso gezählt wie baumähnliche Arten. Die meisten öffnen ihre Blüten zwischen März und Juni. Es gibt aber auch Winter- und Spätsommerblüher unter ihnen. Welche Rhododendren für Ihren Garten ideal sind, finden Sie am besten heraus, wenn sie gut beschilderten Sammlungen einen Besuch abstatten.

KULTUR Rhododendren und Azaleen brauchen saure, also kalkfreie, feuchte, durchlässige, mit Laubhumus angereicherte Erde und windgeschützte Standorte. Der Topfballen darf beim Auspflanzen keinesfalls tiefer gesetzt werden, als er im Gefäß stand. Den Schnitt beschränkt man auf ein Minimum.

OBERE REIHE VON LINKS NACH RECHTS

- *R.* 'Strawberry Ice' 🏆
  ↕2 m ↔ 2 m
- *R.* 'Golden Torch' 🏆
  ↕1,5 m ↔ 1,5 m
- *R.* 'Beauty of Littleworth'
  ↕4 m ↔ 4 m

UNTERE REIHE VON LINKS NACH RECHTS

- *R.* 'Freya'
  ↕1,5 m ↔ 1,5 m
- *R.* 'Narcissiflorum' 🏆
  ↕1,5–2,5 m ↔ bis 2,5 m
- *R. cinnabarinum* subsp. *xanthocodon*
  ↕6 m ↔ 2 m

WAS ZU TUN IST
JUNI

DAS WETTER

Der Sommer ist da. Obwohl es immer noch genug zu tun gibt, wie Schneiden und Mähen, können Sie jetzt endlich die Früchte Ihrer Arbeit genießen. Gönnen Sie sich ab und zu eine Auszeit im Garten und kosten Sie das Vergnügen mit allen Sinnen aus.

ERSTE HITZEWELLEN

Im Juni beträgt die Durchschnittstemperatur in Deutschland 15,4 °C. An sieben Tagen steigt das Thermometer bereits auf 25 °C oder auch 35 °C, es kann diesen Monat aber auch noch bis fast zur Nullgradgrenze fallen. Monatstypische Kaltlufteinbrüche treten bevorzugt zwischen dem 2. und 5. Juni, dem 12. und 14. Juni sowie um den 25. Juni herum auf. Schönwetterperioden sind am häufigsten zwischen 15. und 23. Juni und am Monatsende zu verzeichnen. In den letzten Jahren brachte der Juni immer öfter erste Hitzewellen, dafür seltener Kaltlufteinbrüche.

WIND IM BERGLAND

Das absolute Maximum der Windgeschwindigkeit einer Böe im Bergland betrug 335 km/h. Registriert wurde sie am 12. Juni 1985 auf der Zugspitze.

SONNIGE TAGE

Im Flachland scheint die Sonne fast sieben Stunden am Tag. Das ergibt 210–220 Sonnenscheinstunden im Monat. Das Bergland erhält rund 30 Stunden Sonne weniger und Nebel ist im Juni in allen Lagen äußerst selten.

VIEL BIS WENIG REGEN

Die Niederschlagsmenge schwankt im Juni zwischen 10 und 200 mm.

An fünf bis acht Tagen muss man mit Wärmegewittern rechnen, die mit zum Teil heftigen Regenschauern einhergehen und die Tagesniederschlagsmenge nicht selten auf über 100 mm ansteigen lassen. Vor allem für das Alpenvorland gilt: Je häufiger es ab dem 27. Juni (Siebenschläfer) in den letzten Junitagen regnet, desto nasser wird auch der Juli.

PLÖTZLICH SCHNEE

Die Schafskälte, ein für den Juni typischer Kaltlufteinbruch, verdankt ihren Namen der Schafschur, die zu dieser Zeit stattfindet. Verursacht wird die wechselhaft kühle Witterung von Nord- und Nordwestlagen. Am Alpennordrand kann es häufig regnen, oberhalb 1800 m sogar schneien. Die seit Wetteraufzeichnungsbeginn späteste geschlossene Schneedecke unterhalb 1000 m notierte man am 2. Juni 1962 gleich zweimal in Bayern. In Oberstdorf betrug die Schneehöhe 6 cm, in Kempten lag der Schnee 4 cm hoch.

ALLGEMEINE GARTENARBEITEN

WÄSSERN SIE REGELMÄSSIG

Bei Trockenheit ist ausgiebiges Gießen wichtig. Verwöhnen Sie vor allem neu gesetzte Ziergewächse, junges Gemüse und Kübelpflanzen – also alle Gewächse, die das Nass am meisten brauchen. Allerdings hat es kaum Sinn, jedes Mal vor Sonnenuntergang ein paar Spritzer über den gesamten Garten zu verteilen. Teilen Sie Ihr Grün vielmehr in Abschnitte ein und wässern Sie jeden Abend einen anderen Bereich ausgiebig; das sollte für eine Woche reichen. Und auch die Pflanzen danken es Ihnen, denn ihre Wurzeln dringen auf der Suche nach Wasser tiefer ins Erdreich vor. Spärliche Güsse locken nur die Wurzeln an die Oberfläche, was die Gewächse auf Dauer noch anfälliger für Trockenheit macht.

BRINGEN SIE WEITER MULCH AUS

Mulch kann man das ganze Jahr über ausbringen bzw. erneuern, besonders sinnvoll aber ist es im Juni, um das Austrocknen des Bodens zu verhindern und Unkräuter zu unterdrücken. Statt

Rindenschnipsel als Mulch sehen nicht nur gut aus, sondern verringern auch die Verdunstung von Bodenwasser.

viel Zeit mit Gießen und Jäten zu verbringen, genießt man besser den Sommergarten. Der Boden muss aber vor dem Mulchen schon feucht sein, denn die Schicht hält das Wasser ebenso wirksam vom Boden fern, wie sie es im Boden speichert. Auch neu bepflanzten Kübeln und Kästen tut eine Mulchschicht gut; es gibt ein breites Angebot an dekorativen Materialien passend zu Stein, Terrakotta oder Keramik.

FÜLLEN SIE LÜCKEN IN RABATTEN

Lücken in Rabatten füllt man für den kommenden Hochsommer am besten mit Einjährigen. Sie bringen augenblicklich Leben ins Beet, wo sonst nur nackte Erde wäre. Wenn Sie Ihren mit mittelgroßen Blühern bepflanzten Beetraum nach oben zu erweitern wollen, stellen Sie ein paar Kübel oder Kästen mit Sommerblumen in die Rabatte. Vorausschauend können Sie jetzt auch Einjährige aussäen, die im Spätsommer und Herbst für Schwung in der Pflanzung sorgen.

Ringelblumen (Calendula) *sind mit ihren leuchtenden Blüten ideale Lückenfüller, doch gibt es noch viele weitere Sommerblumen.*

MÄHEN UND PFLEGEN SIE IHREN RASEN REGELMÄSSIG

Mähen Sie regelmäßig. Zu dieser Jahreszeit sollte der Rasen wenigstens einmal, am besten aber zweimal pro Woche geschnitten werden, denn je weniger bei jedem Durchgang gekürzt wird, desto gesünder bleibt das Gras. Mähen Sie jedesmal in eine andere Richtung, da das Gras sonst einseitig zu wachsen beginnt und die Rotorblätter nicht mehr richtig greifen.

Eine saubere Kante hebt den Rasen ebenso hervor wie die Beete und Rabatten daneben.

Fegen Sie die Häufchen von Regenwürmern mit einem Besen in den Rasen oder die Rabatte, denn sie sind reich an Nährstoffen.

Sie sollten jetzt auf der niedrigsten Einstellung stehen, bei strapazierten Rasenflächen etwas höher. Färbt sich da Gras bei Trockenheit allerdings braun, mäht man nicht mehr so oft und lässt die Halme etwas länger.

Wenn Sie viel Grasschnitt haben, werfen Sie ihn nicht auf den Kompost. Dort verklumpt er und bildet statt gutem Humus nur eine schleimige Masse, weil in den fein strukturierten Abfall nicht genügend Luft eindringt, die

die Halme verrotten lässt. Verteilen Sie den Schnitt lieber locker ausgebreitet in einem versteckten Winkel des Gartens, bis Sie genügend gröberen Abfall zum Untermischen haben. Wenn der Garten nicht genügend kompostierbares Material abwirft, tut es auch zerkleinertes Zeitungspapier.

Schneiden Sie auch die Rasenkanten, am besten gleich nach dem Mähen. Mit einer schön gezogenen Begrenzung sieht eine Grünfläche gleich viel besser aus.

DÜNGEN SIE DEN RASEN

Gönnen Sie Ihrem Rasen einen Flüssigdünger. Die schnell wirkende Nahrung macht müden Rasen wieder munter. Folgen Sie der Anleitung des Herstellers. Der Dünger wird in der Regel in Wasser verdünnt mit Gießkanne oder Sprinkler ausgebracht. Im Gegensatz zu Trockendüngern braucht man ihn dann nicht noch zusätzlich mit viel Wasser einzuschwemmen, wenn es längere Zeit nicht regnet.

JÄTEN SIE EINJÄHRIGE UNKRÄUTER

Einjährige Unkräuter sollten gejätet oder ausgezupft werden, solange sie noch klein sind – Sie ersparen sich damit viel Arbeit für den Rest des Sommers. Man lässt sie einfach an einem trockenen Tag auf dem Boden liegen, damit sie in der Sonne verdorren. Ausdauernde Unkräuter hingegen müssen mit dem gesamten Wurzelsystem ausgegraben werden. Verbleibt auch nur ein Rest im Boden, sprießt das Kraut bald wieder.

Unkräuter konkurrieren mit anderen Pflanzen um Licht, Nährstoffe und Wasser. Regelmäßiges Jäten tut Ihren Ziergewächsen gut.

Zugewucherte Teiche müssen ausgelichtet werden. Schwimmendes Grün sammelt man mit einem Fächerbesen ein.

DÜNNEN SIE WASSERPFLANZEN AUS

Nehmen Sie sich Zeit, zu dichtes Grün in Teichen auszudünnen. Überhaupt sollte der Teich vor dem Sommer auf Vordermann gebracht werden. Anfang Juni ist die beste Zeit dafür, denn ab dann setzt das Wachstum so richtig ein. Wasserpflanzen, die schon seit drei oder vier Jahren im Teich stehen und recht dicht geworden sind, kann man jetzt herausnehmen und teilen. Und wenn das Wasser dabei zur trüben Brühe wird: Machen Sie sich keinen Sorgen, in ein paar Tagen hat es sich wieder aufgeklart. Welkende Wasserpflanzenreste fischt man allerdings heraus, da sie den Algenwuchs fördern. Nach dieser Kur ist Ihr Biotop nicht nur gesünder, sondern sieht auch gleich wieder besser aus.

NEUE PFLANZEN FÜR DEN TEICH

Selbst in ungünstigen Lagen können nun Wasserpflanzen wie *Eichhornia crassipes* in den Teich gesetzt werden. Fügen Sie auch einige neue Schwimmgewächse hinzu, wenn nicht mehr genügend vorhanden sein sollten. Bei der sommerlichen Wärme der nächsten Zeit werden sie sich schnell eingewöhnen.

In Gewässern mit wenig Sauerstoff muss man mit starkem Algenwuchs rechnen. Ein Brunnen erhöht den Sauerstoffanteil.

BÄUME, STRÄUCHER & KLETTERER

Sträucher wie Deutzien (unten links) oder Kolkwitzien (unten rechts) schneidet man nach der Blüte zurück. Sie sind für ein Entfernen alter Haupttriebe (oben) dankbar.

SCHNEIDEN SIE ÄLTERE LAUBABWERFENDE STRÄUCHER

Sobald ältere sommergrüne Sträucher wie Deutzie, Kolkwitzie, Pfeifenstrauch und Weigelie verblüht sind, setzt man die Schere an. Sehen Sie sich zunächst den gesamten Strauch an und entfernen Sie totes oder verletztes Holz, indem Sie bis zu einer Gabel oder einem Blatt zurückschneiden. Danach

wird jeder dritte Ast entfernt, der aus der Basis entspringt; man wählt am besten die ältesten und dicksten Exemplare aus und zwickt sie direkt über dem Boden ab. Für stärkere Stämme brauchen Sie eine Astschere oder eine Säge. Verletzen Sie aber kein anderes Holz, wenn Sie die Äste aus der Pflanze herausziehen – Sie müssen es sonst ebenfalls abschneiden. Nach dem Auslichten bekommen dem Strauch organischer Dünger und eine Mulchschicht gut. Die neuen diesjährigen Triebe tragen im nächsten Jahr Blüten.

ZWICKEN SIE WELKE BLÜTEN AB

Entfernen Sie welke Blüten von Rhododendron, Kamelie und Flieder. Vorsicht jedoch bei Rhododendron und Kamelie: Gleich hinter den Köpfen sitzen die neuen Triebe. Bei Flieder schneidet man ähnlich wie bei Rosen die Blütenstängel bis kurz vor die nächsten Blätter, Knospen oder sogar Triebe zurück.

RHODODENDRENBLÜTEN ABSAMMELN

Entfernen Sie die welken Blüten vorsichtig mit Daumen und Zeigefinger.

Sobald die Blüten abgezwickt sind, sieht man, warum Vorsicht geboten ist: Unmittelbar dahinter liegen neue Blattknospen.

SCHNEIDEN SIE FLIEDER ZURÜCK

Verwilderter oder zu groß gewordener Flieder sollte jetzt radikal geschnitten werden. So hat er für den Rest des Sommers noch genügend Zeit, neue Triebe anzusetzen. Sägen Sie den Strauch etwa 45 cm über der Basis ab. Dann bilden sich zahlreiche neue Triebe. Die nach innen wachsenden holt man am besten heraus. Mit etwas Glück blüht Ihr Flieder schon im nächsten Jahr wieder. Aber selbst wenn Sie sich noch etwas gedulden müssen, Sie erhalten auf jeden Fall einen schöneren, buschigeren Strauch.

Holen Sie ein paar Triebe aus dem Fliederstrauch, damit die verbleibenden kräftiger werden.

ERZIEHEN SIE KLETTERROSEN

Sie wachsen im Juni so schnell, dass man sie bald nicht mehr bändigen kann, wenn man sie nicht in die gewünschte Richtung lenkt. Passt man nicht auf, haben sie im Nu ihre Nachbarn überwuchert oder zerreißen Ihre Kleidung, wenn Sie daran vorbeigehen und nicht damit rechnen, dass die Triebe binnen weniger Tage ein beträchtliches Stück zugelegt haben. Fixieren Sie die Sprosse dabei möglichst waagrecht, um den Saftfluss zu drosseln.

ENTFERNEN SIE WILDTRIEBE VON ROSEN

Die meisten modernen Rosenbüsche sind veredelt. Als Unterlage für das Edelreis oder das Auge der Kultursorte verwendet man dabei einen robusten Wurzelstock, der der Pflanze die nötige Kraft gibt, ihre Blütenpracht zu entfalten. (Gärtnereien erhalten so auch schneller ansehnliche, marktfähige Pflanzen.) Kleiner Nachteil: Der

Wurzelstock bildet gelegentlich eigene Triebe. Man erkennt sie an der helleren Blattfärbung. Diesen Wildwuchs entfernt man direkt am Ursprung an der Wurzel, statt ihn nur über dem Boden abzuschneiden. Wird er aus der Erde gezogen, bildet sich an der Wurzel eine Narbe und sie treibt an dieser Stelle nicht mehr so leicht aus.

Rosenblattläuse bekämpft man mit einem zugelassenen Insektizid aus dem Fachhandel. Gut helfen auch gestäubtes Stein- oder Algenmehl sowie organische Mittel wie Rapsöl und Kaliseife, die man aber öfter auftragen muss. Sprühen Sie morgens oder noch besser am Abend, wenn nicht so viele nützliche Insekten unterwegs sind.

WILDTRIEBE VON ROSENBÜSCHEN ENTFERNEN

1 Kratzen Sie mit einer Schaufel Erde weg, sodass der Wurzelstock freiliegt. Der Wildtrieb entspringt der Wurzel.

2 Reißen Sie den Wildtrieb mit einem Schutzhandschuh von der Wurzel. Dann füllen Sie das Loch wieder mit Erde.

BLÜTENPFLANZEN

SCHNEIDEN SIE TÜRKENMOHN ZURÜCK

Schneiden Sie verblühten Türkenmohn (*Papaver orientale*) zurück, da er oft unordentlich aussieht.

Man setzt ihn am besten in die Mitte oder an den hinteren Rand einer Rabatte, damit er nach der Blüte von anderen Pflanzen verdeckt wird. Kappen Sie das Laub dicht über dem Boden, verteilen Sie etwas organischen Dünger um die Staude und gießen Sie kräftig. Das bewirkt neuen Austrieb und mit etwas Glück zeigen sich später im Sommer noch ein paar Blüten.

ENTFERNEN SIE ALTE BLÄTTER UND BLÜTEN DER CHRISTROSE

Entfernen Sie alte Blätter und Blütenstiele der Christrose (*Helleborus*). Das Laub sieht jetzt sehr unschön aus und ist oft mit der Schwarzfleckenkrankheit infiziert. Entfernen Sie die bodennahen Blätter und entsorgen Sie das Laub. Oft sieht man in der Mitte der Pflanze schon die neuen Blatttriebe. Etwas Allzweckdünger und organischer Mulch kann nun auf keinen Fall schaden.

Tragen Sie Handschuhe beim Pflücken von Christrosensamen, da die reifen Kapseln die Haut reizen können.

ZWICKEN SIE WELKE BLÜTEN GLEICH AB

Das Entfernen welker Blüten gehört zu den regelmäßigen Aufgaben eines Gartenbesitzers. Bei vielen Stauden, mehrfach blühenden Rosen und Einjährigen können Sie den Flor beträchtlich verlängern, wenn Sie vertrocknete Blüten sofort abzwicken. Die Energie, die die Pflanze zur Produktion von Samen verwenden würde, steht somit für das Wachstum und die Entwicklung neuer Blüten im Spätsommer und Herbst zur Verfügung.

Das Absammeln kann zumeist mit einer Schere erfolgen. Schneiden Sie bis zu einer kräftigen Knospe weiter unten am Stängel zurück. Manche Pflanzen, etwa winterharte Geranien, vertragen nach der Blüte auch radikales Stutzen. Haben Sie keine Scheu vor einem drastischen Eingriff – bald wird sich neues Grün zeigen.

Auch die Wolfsmilcharten *Euphorbia robbia* und *E. characias* sehen wesentlich besser aus, wenn man die alten Blütenköpfe entfernt. Tragen Sie beim Schneiden von *Euphorbia* aber immer Handschuhe, da der milchige Saft Hautreizungen verursachen kann. Schneiden Sie alten Wuchs bis zum Boden zurück, das fördert neue Triebe aus der Basis und hält die Pflanze buschig und gesund.

Wie viele andere Gewächse bedankt sich auch Phlox *mit reicherer Blüte, wenn man alten Flor entfernt.*

Wenn Sie von Lupine und Rittersporn alle welken Blüten entfernen, dann stehen die Chancen gut, dass sie im Sommer noch einmal blühen. Der zweite Flor fällt zwar nicht mehr ganz so spektakulär aus, ist aber doch willkommen. Die verblühten Stängel werden direkt über der Basis abgeschnitten oder bis auf kräftige neue Triebe zurückgekürzt.

STÜTZEN SIE HOHE STAUDEN

Nichts sieht in der Rabatte unordentlicher aus als von Wind und Wetter zerzauste Exemplare, die kreuz und quer über anderen Gewächsen liegen. Binden Sie Ihre Pflanzen an, bevor es so weit kommt – je eher, desto besser. Es gibt viele Arten von Stützen; richten Sie sich beim Einkauf nach Ihrem Geldbeutel. Bambus und Schnur sind preiswert, wirken aber manchmal etwas zu starr und auffällig in der Rabatte. Außerdem sollten die oberen Enden mit Schutzaufsätzen versehen werden, damit sich die Pflanzen nicht daran reiben und verletzen können. Die Verwendung von Zweigen als Stütze hat den Vorteil, dass die Pflanzen sie überwuchern und damit den Blicken entziehen.

SCHNEIDEN SIE ZWIEBELPFLANZEN

Schneiden Sie das Laub von im Rasen verwilderten Zwiebelgewächsen. Mittlerweile sollten wenigstens sechs Wochen nach

Warten Sie nach der Blüte mindestens sechs Wochen mit dem Abschneiden des Laubs von Zwiebelgewächsen in Grasflächen.

der Blüte der Zwiebelgewächse vergangen sein; das Laub kann nun zusammen mit dem Gras geschnitten werden. Falls Sie die Blätter zu früh wegnehmen, werden die Zwiebeln im kommenden Jahr »blind«. Keine Sorge, wenn das Gras um die Zwiebeln nach dem Schneiden gelb wird – mit guter Bewässerung und einer Nährstoffdosis erholt es sich schnell.

Zwiebeln werden nach der Blüte aufgenommen und geteilt. Nach dem Einziehen des Laubs können Zwiebelgewächse ausgegraben, getrocknet und gelagert werden. Auch wenn Sie Ihre Zwiebelblüher lieber an Ort und Stelle lassen, sollten Sie jetzt zu große Bestände ausgraben und teilen, damit sie sich über den Sommer wieder erholen.

Blumenrohr-Sorten wie 'Pretoria' *(oben) zeigen ihre Blütenpracht bis in den Frühherbst, wenn man sie jetzt auspflanzt.*

PFLANZEN SIE BLUMENROHR UND LILIEN

Im März vorgetriebenes Blumenrohr (*Canna*) und in Gefäße gesetzte Lilienzwiebeln sind nun reif für das Freiland. Sie können die Töpfe auch eingraben oder ins Beet stellen, wenn die umliegenden Pflanzen hoch genug sind.

Wenn Sie die Knollen von Anemone coronaria *'Lord Lieutenant' jetzt einweichen und pflanzen, blühen sie im Herbst.*

PFLANZEN SIE ANEMONEN FÜR DEN HERBST

Sie blühen etwa drei Monate nach dem Setzen, man kann den Flor also recht genau planen. Pflanzt man sie jetzt, zeigen sie sich gerade dann von ihrer besten Seite, wenn andere Gewächse bereits unansehnlich werden. Bestücken Sie auch einige Töpfe fürs Fensterbrett. Halten Sie Ausschau nach der Kronenanemone (*Anemone coronaria*) und Windröschen der De-Caen-Gruppe, deren Prachtblüten bis 8 cm Durchmesser erreichen. Wenn man Knollen so spät im Jahr pflanzt, sollten sie als Starthilfe über Nacht in Wasser gelegt werden. Am nächsten Tag steckt man sie 5 cm tief in Abständen von 8–10 cm. Arbeiten Sie genügend organische Substanz ein und die Pflanzen werden es Ihnen mit überbordendem Flor danken.

INS FREIE MIT ALLEN SOMMERBLUMEN!

Im Juni kann man selbst empfindliche Blüher wie Begonien nach draußen setzen, denn die Zeit der Nachtfröste ist endgültig vorbei. Wenn Sie nicht Ihre eigenen Pflanzen gezogen haben, finden Sie im Handel ein vielfältiges Angebot. Halten Sie Ausschau nach Arten wie Zweizahn (*Bidens*), Felizie und *Brachyscome* oder nach Klassikern wie Pelargonie, Salbei und Lobelie. Holen Sie verblühte Frühjahrspflanzen aus dem Beet und harken Sie den Untergrund leicht. Streuen Sie etwas Allzweckdünger, aber nicht zu viel, sonst

bilden die Pflanzen nur üppiges Blattwerk auf Kosten der Blüten.

Etwa eine Stunde vor dem Auspflanzen wässert man sie. Das ist besonders wichtig, wenn Sie junge Pflanzen in einer Saatkiste gezogen haben und die Gefahr besteht, dass ihre Wurzeln beim Auspflanzen in Mitleidenschaft gezogen werden.

Auch nach dem Setzen gibt man den neuen Gartenbewohnern noch einmal einen kräftigen Guss. Besonders in den ersten Wochen nach dem Umsetzen ins Freiland und während längerer Trockenperioden ist das Nass für die Neulinge lebenswichtig. Am meisten Wasser spart ein Sickerschlauch, der auf den Boden gelegt wird und kontinuierlich etwas Wasser abgibt. Er sorgt dafür, dass die Flüssigkeit nur dorthin gelangt, wo sie am dringendsten gebraucht wird – nämlich zu den Wurzeln. Man kann den Sickerschlauch auch

In Gartencentern gibt es unzählige Sommerblumen, z.B. Felicia amelloides *(oben)* *oder* Brachyscome iberidifolia *(links).*

leicht mit Erde oder Mulch bedecken und zwischen die Pflanzen legen; sobald der Bewuchs dichter wird, ist er nicht mehr zu sehen.

Wenn Sie eine Sprinkleranlage benutzen, drehen Sie sie frühmorgens oder abends auf, damit die nassen Pflanzen nicht in der Sonne verbrennen.

BEPFLANZEN SIE HÄNGEKÖRBE

Hängekörbe lassen sich ohne großen Aufwand bepflanzen. Legen Sie den Korb mit einem handelsüblichen Material aus; – nicht jedoch mit Torfmoos (Sphagnum), da sein Abbau die Lebensräume seltener Tierarten zerstört. Geben Sie einen Untersetzer aus Plastik in den Korb, um das Gießwasser aufzufangen. In die Mitte des Gefäßes kommen höhere Pflanzen; um sie herum mehrere hängende Arten. Mit der Zeit wird der Korb völlig von den Pflanzen verdeckt und Sie haben einen eindrucksvollen Blickfang für den Sommer.

SO BEPFLANZEN SIE HÄNGEKÖRBE

1 Setzen Sie den Korb auf ein größeres Gefäß, legen Sie ihn aus und füllen Sie 5–8 cm einer Substratmischung ein.

4 Ist der Rand fertig bepflanzt, wird mehr Erde eingefüllt und um die Wurzelballen herum gut angedrückt.

2 *Zum Bepflanzen des Randes rollt man die Gewächse in eine Plastikfolie, deren Enden mit Klebeband fixiert sind.*

3 *Schneiden Sie Kreuze in die Auslegefolie und schieben Sie die eingewickelte Pflanze durch das Gitter. Plastikfolie nun entfernen.*

5 *Nun kommen noch ein paar Hängepflanzen dazu, die über den Rand kriechen, wie hier Pelargonien und Fuchsien.*

6 *Fügen Sie Substrat hinzu und bepflanzen Sie die Mitte dicht. Zum Schluss wässert man gut und füllt einsinkende Stellen mit Erde auf.*

KÜCHENGARTEN

ERNTEN SIE REIFES GEMÜSE

Früherbsen sollten mittlerweile so weit sein. Schneiden Sie die oberen Teile der Pflanze (das »Bohnenstroh«) nach dem Einsammeln der Früchte zurück, aber lassen Sie die Wurzeln im Boden, weil diese in ihren Wurzelknöllchen (wie bei Bohnenpflanzen) wertvollen Stickstoff aus der Luft speichern. Wo zuvor Erbsen wuchsen, kann man danach zum Beispiel Gemüsesorten anbauen, die viel Stickstoff brauchen, also etwa Kohl. Auf diese Weise schränken Sie durch sinnvolle Fruchtfolge den Verbrauch von Kunstdünger ein.

SÄEN SIE SALATE AUS

Säen Sie alle zwei bis drei Wochen verschiedene Salatsorten in kleinen Mengen aus. Das garantiert ein kontinuierliches Angebot an frischen Köstlichkeiten über eine lange Zeit anstelle einer großen Menge auf einmal. Allerdings gehen Salatsamen bei großer Hitze nicht auf. Dann sollte man die Samen an einer schattigen Stelle ausbringen oder die Kästen mit den Pflänzchen dorthin stellen. Wenn die Sämlinge groß genug sind, kommen sie an ihren endgültigen Standort.

PFLANZEN SIE FEUERBOHNEN

Pflanzen Sie Feuerbohnen aus. Nach dem Ende der Frostgefahr kommen die Pflanzen in den im Winter vorbereiteten Boden. Stellen Sie vor dem Setzen die nötigen Rankhilfen auf, entweder zeltartig oder in parallelen Stockreihen mit 60 cm Abstand. Junge Feuerbohnenpflänzchen sind eine Delikatesse für Schnecken; man schützt sie deshalb mit Ringen, die man aus alten Plastikflaschen schneidet. Um die Fruchtbildung zu fördern, besprüht man die Blüten regelmäßig mit Wasser und lässt die Wurzeln nicht austrocknen.

Kleinwüchsige Sorten können jetzt ebenfalls ins Freiland gepflanzt werden. Sie benötigen keine aufwendige Stütze, trotzdem sollte man ihnen einige Ruten anbieten. Dadurch verhindert man, dass die Pflänzchen bei Regen umfallen oder durch Erdspritzer verschmutzt werden. Stangen- und Buschbohnen werden wie Feuerbohnen gepflanzt und gepflegt.

PFLANZEN SIE TOMATEN

Pflanzen Sie Tomaten. Man setzt sie im Abstand von 40–50 cm oder gruppiert 2–3 Exemplare zusammen unter einem Folienbeutel. Tomaten bevorzugen einen sonnigen Standort möglichst vor einer südwärts gerichteten Wand. Kordonpflanzen brauchen etwa 1,20 m lange Stäbe als Stütze. Lassen Sie beim Pflanzen eine Vertiefung im Boden rund um den Stängel, damit das Wasser besser zur Wurzel geleitet wird. In Erdsäcken lassen sich Stäbe manchmal nur schwer einstecken, weil sie in der wenigen Erde nicht genügend Halt haben. Besorgen Sie sich gegebenenfalls spezielle Stützen im Fachhandel. Geben Sie Tomaten während der gesamten Wachstumszeit wöchentlich einen Kalidünger.

SÄEN SIE ASIATISCHE KOHLARTEN

Pak Choi und andere fernöstliche Gemüsearten können von Juni bis August in regelmäßigen Zeit-

Der Chinesische Senfkohl, Pak Choi, eignet sich frisch aus dem Garten geholt vorzüglich für pfannengerührte Gerichte.

abständen gesät werden. Unter Schutzhauben keimt die Saat innerhalb von wenigen Tagen.

Alle diese Kohlvarianten eignen sich bestens für pfannengerührte Gerichte, die in Minuten zubereitet sind. Einige asiatische Arten sind anfällig für den Befall durch Erdflöhe, deshalb sollte man sie ständig unter Folientunneln lassen oder mit Gärtnervlies bedecken.

Raupen können Blattgemüse in erstaunlich kurzer Zeit völlig kahlfressen. Man sammelt sie auf und zerdrückt ihre Eier.

SÄEN SIE WEISSE RÜBEN

Die Samen werden mit 15 cm Reihenabstand gesät. Dünnen Sie die Keimlinge aus, sobald Sie sie aus der Erde nehmen können, ohne die empfindlichen Triebe zu verletzen. Es sollte alle 10 cm jeweils nur ein Pflänzchen stehen bleiben. Weiße Rüben erntet man am besten jung – also noch bevor sie Tennisballgröße erreichen. Es ist im Übrigen durchaus ratsam, einige Wurzeln in der Erde zu belassen, denn ihr krautiger oberirdischer Wuchs kann gekocht als Wintergemüse gegessen werden.

ACHTEN SIE AUF RAUPENBEFALL

Jetzt schlüpfen die Raupen des Kohlweißlings. Viel Schaden können Sie vermeiden, wenn Sie sich systematisch die Unterseiten der Kohlblätter ansehen. Dort finden Sie die kleinen, gelben Eier. Sie können zerdrückt oder mit einem Bacillus-thuringiensis-Präparat besprüht werden. Pyrethrinhaltige Insektizide töten die Raupen ab. Wenn Sie aber nur wenige Köpfe im Garten stehen haben, lohnt sich auch ein Abdecken mit Schutznetz, damit die Schmetterlinge gar nicht erst an die Pflanzen herankommen.

BEKÄMPFEN SIE GRAUSCHIMMEL AN ERDBEEREN

Schlechtwetterperioden fördern die Bildung von Grauschimmel (*Botrytis*). Sammeln Sie befallene Früchte regelmäßig ab. Werfen Sie die Beeren aber nicht auf den Kompost, damit die Krankheit nicht verbreitet wird. Im Notfall kann abends ein Fungizid gespritzt

Wenn Sie ein paar neue Erdbeerpflänzchen brauchen, klammern Sie einfach einige Ausläufer in Töpfen fest.

werden; rechtzeitiges Absammeln reicht aber meist aus, um den Schimmel einzudämmen.

Sorgen Sie für reichlich Durchlüftung der Pflanzen und schützen Sie die Früchte mit einer Unterlage aus Stroh oder Matten vor direktem Bodenkontakt.

Erdbeeren bilden im Juni viele Ausläufer. Man entfernt sie oder steckt sie in den Boden, um neue Pflanzen zu erhalten.

GIESSEN SIE OBSTKULTUREN

Obstkulturen müssen bei Trockenheit reichlich bewässert werden, um eine gute Ernte zu sichern. Eine Mulchschicht aus organischer Substanz trägt dazu bei, die Feuchtigkeit im Boden zu halten und den Wasserbedarf der Pflanzen zu verringern.

Zudem unterdrückt Mulch Unkraut, das den Nutzpflanzen nicht nur Nährstoffe und Wasser streitig macht, sondern auch als Wirt für Schädlinge und Krankheiten dient.

JUNI-PROJEKT

KRÄUTER- UND SALAT-BOX, SELBST GEMACHT

Zu den großen Freuden des Gärtnerns gehört das Heranziehen von eigenem Gemüse. Doch auch wenn man keinen Garten hat, kann man sich selbst mit Frischem versorgen, denn die Auswahl an schnell wachsenden, pflegeleichten Kräutern und Blattsalaten für die Gefäßkultur ist enorm. Man braucht keine großen handwerklichen Fähigkeiten, um die hier gezeigte einfache Holzkiste zu basteln. Sie sieht gut aus und nimmt wenig Platz weg. Man kann sie auf ein Fensterbrett stellen, an eine Wand hängen oder auf den Boden eines Balkons stellen. Bepflanzen Sie diesen Minigarten mit Ihrem Lieblingsgemüse und Sie werden schon bald ernten können!

*1 **Man kann die Kiste** exakt auf den vorhandenen Platz zuschneiden. Dazu Bretter abmessen und passend zersägen.*

*2 **Seitenbretter** mit Schrauben an den Endstücken befestigen. Zwei Schrauben pro Kante reichen in der Regel.*

*3 **Guter Wasserabzug** ist in Gefäßen sehr wichtig. In 10 cm Abstand 1 cm große Löcher in den Boden des Kastens bohren.*

4 Ein Kupferband um den Kasten kleben. Es ist nicht nur eine Barriere für Schnecken, sondern sieht auch gut aus. Aber keine Lücken lassen, über die die schleimigen Fresser kriechen können.

5 Kasten mit Erde füllen und einige Kräuter und Blattsalate hineinpflanzen. Ihr Laub darf aber nicht über den Kupferstreifen hängen, sonst nutzen die Schnecken sie als Brücke. Gut gießen.

ENZIANBLÄTTRIGE VERONIKA 1

Veronica gentianoides ♕ Winterharte, mattenbildende, krautige Staude mit passabler Wuchskraft. Die blassblauen, offen becherförmigen Blüten erscheinen an aufrechten Trauben im Frühsommer. Dekorative grundständige Rosetten aus leicht gebogenen, glänzenden, dunkelgrünen Blättern.
↕45 cm ↔ 45 cm

KULTUR Am besten in praller Sonne, wenngleich absonnige Standorte ausreichen. Der Boden sollte mäßig nährstoffreich und gut durchlässig sein. Nach 2–3 Jahren verliert die Pflanze ihre Wuchskraft und muss dann im Herbst durch Teilung verjüngt werden.

ROTE NELKENWURZ 2

***Geum* 'Borisii'** Wüchsige, horstbildende Staude. Vom späten Frühjahr bis weit in den Sommer öffnen sich an langen, verzweigten Stängeln leuchtend ziegelrote Blüten mit auffälligen goldgelben Staubbeuteln. Grundständige Büschel unregelmäßig gelappter, saftig grüner Blätter.
↕30–50 cm ↔ 30 cm

KULTUR Geeignet ist jeder fruchtbare, gut durchlässige Boden in vollsonniger oder absonniger Lage. Die Pflanzen alle 3–4 Jahre ausgraben und teilen.

SCHLEIER-FRAUENMANTEL

3

Alchemilla mollis ♕ Horstbildende, kräftige Staude. Winzige, grünlichgelbe Blüten in lockeren Rispen von Früh- bis Hochsommer. Feucht sehen die behaarten, blassgrünen Blätter besonders hübsch aus. ↕60 cm ↔75 cm

KULTUR Gedeiht in voller Sonne oder im Halbschatten in jedem feuchten, humusreichen Boden. Verwelkte Blüten entfernen, um eine unkontrollierte Selbstaussaat zu verhindern.

2

3

GARTENASTILBE 1

***Astilbe* 'Bronce Elegans'** 🏆 Mäßig wuchskräftige Staude mit aufrechten Horsten. Im Sommer erscheinen rosarote Blüten in fedrigen Rispen. Die rot gestielten, dunkelgrünen Blätter geben einen guten Bodendecker ab.
↕30 cm ↔ 25 cm

KULTUR Optimal sind feuchte Böden und sonnige Lagen, doch werden auch etwas trockenere Bedingungen und Halbschatten toleriert. Altes Laub im Spätherbst an der Basis ausschneiden. Alle 3–4 Jahre teilen.

HIMMELSLEITER 2

Polemonium carneum Moderat wüchsige, buschige, krautige Staude. Flach becherförmige, blassrosa, gelbe oder gelegentlich auch lila oder dunkel purpurrote Blüten in lockeren Rispen, die im Mai und Juni erscheinen. Schöne gefiederte Blätter.
↕10–40 cm ↔ 20 cm

KULTUR An voll- bis absonnigen Standorten in nährstoffreichem, durchlässigem Boden. Schwere Tonböden reichert man mit Kies an, um die Durchlässigkeit zu verbessern. Das regelmäßige Entfernen welker Blüten fördert den Flor.

2

BLAUMINZE 3

Nepeta* × *faassenii 🏆 Wüchsige, horstbildende Staude. Von Mai bis September öffnen sich duftende, blass lavendelblaue Blüten mit dunkleren, purpurroten Flecken. Sie locken Bienen, Schmetterlinge und andere Insekten an. Runzlige, fein behaarte, duftende, graugrüne Blätter.
↕ 45 cm ↔ 45 cm

KULTUR In nährstoffreichen, durchlässigen Böden. Ein kräftiger Rückschnitt nach der ersten Blüte tut nicht nur der Form gut, sondern regt auch die Nachblüte an. Alte Pflanzen durch Teilung verjüngen.

3

ÄTNA-GINSTER 1

Genista aetnensis ♕ Wüchsiger, sommergrüner Strauch oder kleiner Baum mit aufrechten, später überhängenden Zweigen. Im Juli öffnen sich an den Triebspitzen duftende, gelbe Schmetterlingsblüten. Die leuchtend grüne Färbung der gebogenen Triebe erweckt den Eindruck eines immergrünen Gewächses. ↕ bis 8 m ↔ bis 8 m

KULTUR In voller Sonne in leichten, kargen, stark durchlässigen Boden. Nach der Blüte Triebe auf kräftige Knospen, aber nicht bis ins alte Holz zurückschneiden.

ABELIE 2

***Abelia* 'Edward Goucher'** Mäßig wüchsiger, halbimmergrüner Strauch mit überhängenden Zweigen. Zahlreiche trichterförmige, lilarosa Blüten von Sommer bis Herbst. Das glänzend dunkelgrüne Laub ist im Austrieb bronzefarben. ↕ 1,5 m ↔ 2,5 m

KULTUR Bevorzugt nährstoffreiche, durchlässige Böden und vollsonnige, vor kalten Winden geschützte Standorte, verträgt aber auch Streuschatten. Welke Blüten entfernen und störende Triebe einkürzen. Nach der Blüte zurückschneiden.

2

MEERKOHL

3

Crambe cordifolia ♕ Wüchsige, horstbildende Staude. Im Juni öffnen sich weiße, nach Honig duftende Blüten in lockeren Rispen an hohen, kräftigen Stängeln. Polster aus großen, gekräuselten, dunkelgrün glänzenden Blättern, die im Spätsommer einziehen.
↕2,5 m ↔ bis 1,5 m

KULTUR Möglichst in voller Sonne, gegebenenfalls auch im Halbschatten in tiefgründigen, nährstoffreichen Boden pflanzen. Vor starkem Wind schützen. Vermehrung durch Wurzelschnittlinge im Winter.

3

WEIGELIE 1

***Weigela* 'Looymansii Aurea'** Langsam wachsender, übergebogener, sommergrüner Strauch. Der Strauch trägt im späten Frühjahr und Frühsommer glockenförmige, blassrosa Blüten mit etwas dunklerer Rückseite. Goldgelbes Laub während der gesamten Saison.
↕bis 1,5 m ↔ bis 1,5 m

KULTUR An voll- bis absonnigen Standorten in fruchtbaren, durchlässigen Böden. Blütenzweige werden nach dem Flor eingekürzt, um den Ansatz kräftiger Knospen zu fördern. Alle 3–4 Jahre schneidet man etwa ein Viertel der ältesten Zweige bis zur Basis zurück.

FINGERSTRAUCH 2

***Potentilla fruticosa* Princess (**'Blink'**)** Kompakter, aber wuchskräftiger sommergrüner Strauch. Tellerförmige, blassrosa, allmählich ins Weiße übergehende Blüten von Juni bis Oktober. Dichte, dunkelgrüne Belaubung, die sich sehr gut als Bodendecker eignet.
↕60 cm ↔ bis 1 m

KULTUR Der Fingerstrauch zieht vollsonnige Lagen vor, verträgt jedoch auch schwach beschattete, also absonnige Standorte. Er braucht magere bis mäßig nährstoffreiche, durchlässige Böden. Im Frühjahr schneidet man alle Triebe auf 2–3 cm über dem alten Wuchs zurück.

DEUTSCHE SCHWERTLILIE 3

Iris germanica 🏆 Wüchsige Rhizomstaude. Von Mai bis Juni öffnen sich an steif aufrecht stehenden Stängeln blauviolette Blüten mit gelbem Bart. Schwertförmige, graugrüne Blätter in Horsten.
↕ 60–120 cm ↔ 30 cm

KULTUR In mäßig nährstoffreiche, gut durchlässige Erde pflanzen. Wächst in vollsonnigen bis absonnigen Lagen.

JAPANISCHER SCHNEEBALL

1

***Viburnum plicatum* f. *tomentosum* 'Mariesii'** 🏆 Wuchsfreudiger, breiter, sommergrüner Strauch mit auffallend etagenförmig angeordneten Zweigen. Weiße Doldenrispen, deren Innenblüten von größeren Randblüten umgeben sind, erscheinen im Frühjahr. Herzförmiges, im Herbst purpurrot leuchtendes Laub.
↕bis 4 m ↔ bis 4 m

KULTUR In ausreichend nährstoffhaltiger Erde an sonnigen bis absonnigen Standorten. Nach der Blüte leicht schneiden, indem man alle Zweige stutzt, die die Silhouette stören.

VIERMÄNNIGE TAMARISKE

2

Tamarix tetrandra 🏆 Wüchsiger, offener, sommergrüner Strauch oder Baum. Im Frühjahr öffnen sich viele winzige, blassrosa Blüten an gebogenen Trieben mit traubigen Blütenständen. Purpurrote bis braune Zweige und kleine, nadel- oder schuppenförmige Blätter.
↕3 m ↔ 3 m

KULTUR An vollsonnigen Standorten in feuchten, aber durchlässigen Böden. Vor kalten, trockenen Winden schützen. An der Küste allerdings macht dem Gehölz eine steife Brise nichts aus. Nach der Blüte die Triebe auf kräftige Augen einkürzen.

1

2

3

FEUERGEISSSCHLINGE 3

Lonicera* × *heckrottii Rasch wachsender, halbimmergrüner, rechtswindender Schlingstrauch. Von Juni bis September entwickeln sich reich blühende Quirle aus duftenden, korallenroten, im Schlund gelb gefärbten Blüten. Dunkelgrüne, unterseits bläulich gefärbte Blätter und im Herbst zuweilen glänzend rote Beeren.
↕5 m ↔3 m

KULTUR In nährstoffreichen, feuchten, aber durchlässigen Böden. Im zeitigen Frühjahr Triebe bis auf kräftige Knospen oder niedere Seitentriebe zurückschneiden.

1

KLEINBLÄTTRIGER PFEIFENSTRAUCH 1

Philadelphus microphyllus Wuchskräftiger, sommergrüner Strauch. Einfache, sehr stark duftende, reinweiße Blüten im Juni und Juli. Abblätternde, dunkel kastanienbraune Borke und glänzende Blätter.
↕ bis 1 m ↔ bis 1 m

KULTUR An voll- bis absonnigen Standorten in mäßig nährstoffreichen, durchlässigen Böden. Nach dem Flor kürzt man abgeblühte Triebe auf kräftige Augen ein. Bei älteren Exemplaren nimmt man ein Fünftel der ältesten Äste bis zur Basis zurück.

GEBIRGSNELKE 2

***Dianthus* 'Little Jock'** Niedrige, polsterbildende, immergrüne Staude. Im Sommer erscheinen gleich über dem Laub halbgefüllte, blassrosa Blüten mit rotbraunem Auge und gefransten Blütenblättern. Sie duften stark nach Gewürznelken. Ganzjährig zierliche, graugrüne Blätter.
↕ 10 cm ↔ 10 cm

KULTUR Bevorzugt offene, sonnige Standorte mit stark durchlässiger, kiesiger, leicht basischer Erde. In Lehmböden reichlich Kies einarbeiten.

2

ZISTROSE

3

Cistus* × *cyprius 🏆 Mäßig wuchskräftiger, buschiger, immergrüner Strauch. Im Sommer öffnen sich in endständigen Zymen weiße Blüten mit karminroten Basalflecken. Blätter dicht, klebrig, dunkelgrün und am Rand gewellt.
↕ bis 15 m ↔ bis 1,5 m

KULTUR In voller Sonne und durchlässiger Erde ziehen. Verträgt auch karge und basische Böden. Neupflanzung im Frühjahr nach den Eisheiligen. Behutsam entspitzen, um buschigen Wuchs zu fördern.

3

EDELGARBE 1

***Achillea* 'Fanal'** Horstbildende Staude mit aromatischen Blättern. Den ganzen Sommer erscheinen leuchtend rote Blumen mit gelber Mitte in flachen Dolden. Die Blütenstände verblassen zwar im Lauf der Zeit, lassen sich aber für Wintersträuße trocknen.
↕75 cm ↔ 60 cm

KULTUR Bevorzugt offene, sonnige Standorte, verträgt jedoch auch Streuschatten. Auf feuchten, aber durchlässigen Böden ziehen. Zur Erhaltung der Wuchskraft alle 3–4 Jahre aufnehmen und teilen.

ECHTER LAVENDEL 2

***Lavandula angustifolia* 'Twickel Purple'** Kompakter, immergrüner Strauch. Von Juni bis August erscheinen winzige, stark duftende, blauviolette Blüten in langgestielten Scheinähren. Duftende, schmale, graugrüne Blätter. Gute Bienenweide.
↕60 cm ↔ 1 m

KULTUR An sonnigen Standorten in mäßig nährstoffreichen, durchlässigen Böden. In Lehmböden viel groben Sand einarbeiten. Im Frühjahr letztjährigen Wuchs um etwa 5 cm bis auf kräftige Knospen, jedoch nicht bis ins alte Holz zurückschneiden.

2

GRAUES HEILIGENKRAUT 3

***Santolina chamaecyparissus* 'Lemon Queen'** Wuchskräftiger, immergrüner Strauch. Kleine, pomponartige, zitronengelbe Blütenköpfchen von Juni bis Juli. Wollig weiße junge Triebe mit schmalen, fein gefiederten Blättern, die ausgesprochen würzig duften.
↕ 60 cm ↔ 60 cm

KULTUR An sonnigen Standorten. Mäßig nährstoffreiche, durchlässige Böden. In schwere Tonböden etwas Splitt einarbeiten. Im zeitigen Frühjahr schneiden, um die buschige Form zu bewahren.

3

BAUMLUPINE [1]

Lupinus arboreus 🏆 Buschiger, wüchsiger, immergrüner bis halbimmergrüner Strauch mit palmenartigen, graugrünen Blättern. Die blassgelben, duftenden Schmetterlingsblüten erscheinen von Juni bis August in kurzen, aufrechten Trauben. Nur in sehr milden Regionen winterhart.
↕2 m ↔2 m

KULTUR In leichten, nährstoffreichen, geringfügig sauren Böden an vollsonnigen bis halbschattigen Plätzen. Aussaat im Frühjahr oder Herbst. Stecklinge im Sommer schneiden.

HIMALAJA-STORCHSCHNABEL [2]

Geranium himalayense Wuchskräftige, horstbildende Staude. Von Mai bis Juli öffnen sich zahlreiche violett- bis tiefblaue Blüten mit weißer Mitte; bis in den Herbst hinein entwickeln sich sporadisch weitere Blüten. Die handförmig geteilten, mittelgrünen Blätter zeichnen sich durch schöne Herbstfärbung aus.
↕30–45 cm ↔60 cm

KULTUR Wächst in nährstoffreichem, durchlässigem Boden in Sonne oder Halbschatten. Zur Anregung der Blütenbildung im Herbst nach der ersten Blüte schneiden. Alle 3–4 Jahre im Frühjahr teilen.

KUGELSOMMERFLIEDER 3

Buddleja globosa 🏆 Wüchsiger, sommergrüner oder halbimmergrüner Strauch. Im Sommer öffnen sich duftende, rundliche Köpfchen aus orangegelben Blüten. Die dunkelgrünen, runzligen Blätter wirken ebenfalls dekorativ.
↕5 m ↔5 m

KULTUR Am besten in humoser Erde an sonnigen, höchstens leicht beschatteten Standorten. Wenig schneiden, bei älteren Exemplaren gelegentlich nach der Blüte einige ältere Triebe entfernen.

2

3

PFINGSTROSEN

Pfingstrosen sind wüchsige, langlebige Stauden. Im Juni oder Juli tragen sie prächtige, schalenförmige Blüten in Weiß oder verschiedenen Rosa- und Rottönungen, die ungefüllt oder dicht gefüllt sein können. Die dunkel- oder graugrünen Blätter zeigen im Herbst oft schöne Farben.

KULTUR Pfingstrosen kommen zwar mit absonnigen Standorten zurecht, doch blühen sie in der Sonne am schönsten. Man setzt sie in tiefgründigen, nährstoffreichen, feuchten, aber durchlässigen Boden, der mit organischer Substanz angereichert wurde. In exponierten Lagen benötigen großblumige Sorten eine Stütze, die aber überwachsen wird und kaum auffällt.

OBERE REIHE VON LINKS NACH RECHTS
- *P. lactiflora* 'Sarah Bernhardt' 🏆
  ↕↔ 90–100 cm
- *P. lactiflora* 'Laura Dessert' 🏆
  ↕↔ 70–75 cm
- *P. lactiflora* 'Kelway's Supreme'
  ↕↔ 90–100 cm

UNTERE REIHE VON LINKS NACH RECHTS
- *P. lactiflora* 'Bowl of Beauty' 🏆
  ↕↔ 80–100 cm
- *P. lactiflora* 'Ballerina'
  ↕↔ 90–100 cm
- *P. officinalis* 'Rubra Plena' 🏆
  ↕↔ 70–75 cm

FRÜHBLÜHENDE, GROSSBLUMIGE CLEMATIS

Diese wuchskräftigen, sommergrünen *Clematis*-Sorten blühen im Spätfrühjahr bzw. Frühsommer und erfreuen oft mit einer Nachblüte.

KULTUR In nährstoffreicher, durchlässiger Erde mit gut verrottetem organischem Material. Sonniger, bei dunkleren Sorten auch halbschattiger Standort. Um die Gefahr von Clematis-Welke zu verringern, sollte der Stammfuß 10–15 cm unter Bodenniveau liegen. Wurzeln mit Steinplatten oder Pflanzen beschatten. Vor Beginn der Wachstumsperiode im Frühjahr dünne, tote oder beschädigte Triebe entfernen, die übrigen bis auf kräftige Knospen zurückschneiden.

OBERE REIHE VON LINKS NACH RECHTS

- *C.* 'Fireworks'
  ↕2,5 m ↔ 1 m
- *C.* 'Guernsey Cream'
  ↕2,5 m ↔ 1 m
- *C.* 'Lasurstern' 🏆
  ↕2,5 m ↔ 1 m

UNTERE REIHE VON LINKS NACH RECHTS

- *C.* 'Marie Boisselot' 🏆
  ↕3 m ↔ 1 m
- *C.* 'The President' 🏆
  ↕2–3 m ↔ 1 m
- *C.* 'Nelly Moser' 🏆
  ↕2–3 m ↔ 1 m

WAS ZU TUN IST JULI

DAS WETTER

Zur Sommerzeit ist der Garten voll herrlicher Farben und der betörende Duft von blühenden Rosen und Jasmin liegt vor allem zum Ende des Tages in der Luft. Bei heißem und trockenem Wetter muss man die Pflanzen morgens oder abends gut gießen.

HOCHSOMMER

Der Juli ist in der Regel der wärmste Monat des Jahres. Die mittlere Tageshöchsttemperatur von Großstädten wie Berlin, Hamburg, Köln oder Frankfurt am Main liegt bei 23 °C, der Tiefstwert bei 13 °C. Inzwischen werden in Deutschland im Sommer immer öfter Maximaltemperaturen von 40 °C und darüber gemessen. In zwei von drei Fällen folgt einem warmen Juli ein eher zu warmer September.

GEWITTER UND HAGEL

Ab dem 5. Juli sorgt das starke Luftdruckgefälle zwischen Azorenhoch und Nordrusslandtief für wechselhafte Witterung, wobei sich bei kühlerem Westwind örtlich Unwetter bilden können. Den teuersten Hagelsturm seit den Wetteraufzeichnungen erlebte München am 12. Juli 1984. Der Sachschaden betrug damals 3 Milliarden DM.

SONNE UND WOLKEN

Wenn Europa unter den Einfluss des Azorenhochs kommt, sind Hitzewellen zu erwarten, denen oft heftige Wärmegewitter folgen. Nun sind 209 Sonnenscheinstunden für einen Juli normal. Das entspricht etwa sieben Stunden Sonnenschein pro Tag. Dabei zeigt sich die Julisonne hoch oben im

Norden etwas weniger als im sonnenverwöhnten Süden. Die durchschnittliche Sonnenscheindauer beträgt beispielsweise in München 237 Stunden, in Innsbruck, Basel und Zürich jeweils 248 Stunden. In Lugano scheint die Sonne sogar 251 Stunden lang. Die höchste monatliche Sonnenscheindauer wurde im Juli 1994 am Kap Arkona auf Rügen gemessen. Sie betrug volle 403 Stunden!

MAL MEHR, MAL WENIGER NASS

Früher galt der Juli als regenreichster Monat des Jahres, inzwischen ist dies nur noch in jedem vierten Jahr der Fall. So schwanken die Niederschlagsmengen in diesem Sommermonat zwischen 20 und 160 mm. Wo jedoch kühle Luft auf warme Mittelmeerluft trifft, fällt Starkregen und die Gefahr von Hochwasser steigt.

HOCHGEBIRGE

Schnee gibt es jetzt allenfalls noch im Hochgebirge.

ALLGEMEINE GARTENARBEITEN

TREFFEN SIE VORBEREITUNGEN FÜR IHREN URLAUB

Sorgen Sie dafür, dass sich Ihr blühendes Reich während Ihrer Abwesenheit nicht in eine grüne Hölle oder eine Steppe verwandelt. Spannen Sie Nachbarn, Freunde oder Verwandte ein, die regelmäßig in Ihrem Garten nach dem Rechten sehen und Routinearbeiten wie Gießen, Düngen und Rasenmähen übernehmen. Die meisten helfen gern, wenn auch ein zusätzlicher kleiner Anreiz auf keinen Fall schaden kann.

Bitten Sie zum Beispiel jemanden, Ihre reifen Zucchini aus den Beeten zu holen und gleich für den Eigenbedarf zu verwenden. Wenn Bohnen konsequent abgeerntet werden, tragen sie sehr lange. Und Schnittblumen wie Dahlien, Chrysanthemen und Duftwicken *(Lathyrus odoratus)* blühen bis in den Herbst hinein, sofern man sie regelmäßig pflückt. Der Rasen sollte relativ häufig, aber nicht zu kurz gemäht werden, sonst wächst er nur noch schneller. Auch vielen Zimmerpflanzen sollten Sie jetzt einen Urlaub unter freiem Himmel gönnen: Graben Sie die Töpfe am besten in den Gartenboden ein, um den Feuchtigkeitsverlust zu verringern. Automatische bzw. programmierbare Bewässerungssysteme sind in der Anschaffung nicht allzu teuer und leicht zu installieren.

GEHEN SIE SPARSAM MIT WASSER UM

Nach einigen niederschlagslosen Wochen wird Wasser zwangsläufig knapp. Die Behörden appellieren dann an Hobbygärtner, nicht mehr zu gießen. Verdorren braucht Ihr

Garten deshalb noch lange nicht. Leiten Sie Ihre Dachrinne in eine Regentonne. Solche Behälter gibt es in vielerlei Ausführungen, von der Tonne aus Kunststoff bis zum rustikalen Holzbottich.

Mulchen Sie Rabatten mit organischer Substanz. Der Boden muss vor dem Auftragen feucht sein. Sogar alte Zeitungen schützen den Untergrund vor dem Austrocknen. Gießen Sie nur die Pflanzen, die es wirklich brauchen, also frisch gesetzte Gewächse und neuer Rasen. Gut eingewachsene Grasflächen erholen sich problemlos wieder, falls sich einmal braune Stellen gebildet haben.

Ganz wichtig: Anstatt jeden Tag ein paar Spritzer zu verteilen, gießen Sie lieber turnusmäßig jeden Tag einen anderen Bereich reichlich. Besonders wassersparend gießen Sie mit einem Sickerschlauch. Er wird einfach auf die Erde gelegt oder sogar etwas mit Mulch bedeckt und ist damit den Pflanzenteilen am nächsten, die das kostbare Nass dringend brauchen: den Wurzeln.

BEKÄMPFEN SIE SCHÄDLINGE UND KRANKHEITEN

Schädlinge und Krankheiten breiten sich bei warmer Witterung

Nicht nur von Hausdächern kann man Wasser in Tonnen leiten, sondern auch von Schuppen oder Gewächshäusern.

sehr schnell aus. Vor allem Blattläuse können sich explosionsartig vermehren – der Kampf gegen die Plagegeister erscheint zuweilen schier aussichtslos. Fordern Sie Verstärkung an: Mit einer großen Pflanzenvielfalt locken Sie jede Menge Nutzinsekten und anderes Getier in den Garten, das Ihnen zur Seite steht. Zwischen den Schädlingen und ihren natürlichen Feinden sollte sich bald ein gesundes Gleichgewicht einstellen. Dazu braucht es besonders am Anfang Zeit und eine gewisse Beharrlichkeit, aber das lohnt sich.

Es gibt heute viele Mittel zur chemiefreien Bekämpfung. Versuchen Sie den Schädlingen durch überlegte Pflanzenkultur und mit biologischen Methoden Herr zu werden, auch wenn Sie sich nicht unbedingt als Biogärtner sehen.

MÄHEN UND DÜNGEN SIE DEN RASEN

Mähen Sie den Rasen ein- bis zweimal wöchentlich und vergessen Sie auch nicht, die Kanten zu schneiden – dann bleiben Ihre Grünflächen auch während Trockenperioden in Topform. Bei Trockenheit mäht man die Halme etwas weniger kurz und nicht ganz so oft, denn mit mehr Blattfläche übersteht das Gras die Hitze besser. Bei warmer Witterung wächst das Gras zudem langsamer, weshalb Sie vielleicht nicht mehr wöchentlich zu mähen brauchen. Herrscht große Trockenheit, können Sie ohne Fangkorb mähen und den Schnitt liegen lassen; er wirkt wie eine Mulchschicht und hilft dem Boden, Feuchtigkeit zu speichern. Wenn die Trockenheit vorbei ist und der Rasen sich wieder erholt hat, können Sie schrittweise wieder kürzer mähen.

Gießen Sie den Rasen nur, wenn es unbedingt sein muss. Lässt es sich nicht mehr aufschieben, durchfeuchten Sie Ihn einmal pro Woche gründlich. Selbst kerngesunde Flächen werden bei hohen Temperaturen braun und es lohnt sich einfach nicht, Wasser dafür zu verschwenden. Nach dem ersten

Regenguss erholt sich das Gras bemerkenswert schnell. Nutzen Sie das Nass lieber für wertvollere Kulturen und neue Rasenflächen.

Gönnen Sie dem Rasen eine Auffrischung mit Flüssigdünger, wenn Sie ihn nicht schon im Juni damit versorgt haben. Um diese Jahreszeit sehen die meisten Flächen recht müde aus und können etwas Aufmunterung gebrauchen. Eine sichtbare Wirkung stellt sich bereits nach wenigen Tagen ein.

Im Handel sind die verschiedene Flüssigdünger erhältlich, die sich denkbar einfach ausbringen lassen. Halten Sie sich aber auf jeden Fall an die angegebene Dosis, denn Übertreibung schadet nur.

SETZEN SIE FISCHE IN DEN TEICH

Wenn das Wasser sich im Frühjahr und Sommer aufwärmt, passen sich die Fische rasch an neue Bedingungen an. Bringen Sie sie

FISCHE IN EINEN TEICH EINSETZEN

1 Man legt den Beutel für den Transport in einen Karton – die Tiere werden dann nicht so durchgeschüttelt.

2 Lassen Sie den Beutel mit den Fischen eine Stunde schwimmen, damit sich die Wassertemperatur anpasst.

3 Schneiden Sie den Beutel unter Wasser auf und lassen Sie die Fische allmählich herausschwimmen.

so schnell wie möglich vom Gartencenter nach Hause, denn der Sauerstoff im Plastikbeutel reicht nur für kurze Zeit. Lassen Sie die Fische selbst aus dem Beutel in den Teich schwimmen.

Sauerstoff bildende Wasserpflanzen sollten jetzt ausgelichtet werden. Einfach mit einem Rechen herausheben und am Rand liegen lassen, damit sich Tiere zurück in den Teich retten können.

PFLEGEN SIE IHREN TEICH

Füllen Sie an heißen Tagen Wasser nach, besonders wenn Sie Fische halten. Bei großer Hitze kann viel Flüssigkeit verdunsten.

Behalten Sie Ihre Fische im Auge. Bei sinkendem Wasserstand und ruhendem Gewässer kann der Sauerstoffgehalt drastisch absinken, sodass die Fische zu ersticken drohen. Sie kommen dann immer wieder an die Oberfläche und schnappen nach Luft. Halten Sie den Strahl des Schlauchs auf die Wasseroberfläche, um das aufgeheizte Nass mit Sauerstoff anzureichern. Auch die Anschaffung eines Wasserspiels lohnt sich: Es hält das Wasser in Bewegung und den Sauerstoffgehalt damit auf einem für die Fische lebenswichtigen Niveau.

FÜLLEN SIE TRÄNKEN

Vögel und andere Tiere brauchen bei Trockenheit Wasser; füllen Sie Ihre Vogeltränken nach. Gartenteiche sollten seichte Uferbereiche haben, damit Tiere trinken und baden können. Dekorativ lassen sich solche Bereiche mit Hilfe von Kieselsteinen gestalten.

Dieser Holzsteg verbindet zwei Kiesbänke, auf denen Tiere zum Wasser gelangen.

BÄUME, STRÄUCHER & KLETTERER

ENTFERNEN SIE WELKE ROSENBLÜTEN

Sie verlängern damit den Flor. Oft werden nur die vertrocknenden Köpfe entfernt. Wer aber die Blühdauer bis in den Herbst hinein erhalten will, muss den Trieb bis über die nächste Blattachselknospe zurücknehmen. Das regt die Pflanze zu kräftigem Neuaustrieb an. Schneiden Sie auf ein nach außen zeigendes Blatt mit Knospe

VERLÄNGERN DER BLÜTE

Bei Teehybriden schneidet man welke Köpfe auf einen Seitentrieb oder eine kräftige, nach außen gerichtete Knospe zurück.

Bei Floribunda-Rosen nimmt man ganze Blütentriebe bis zu einem Seitentrieb, einem Blatt oder einer Knospe heraus.

zurück, um die Buschmitte offen zu halten. Wildrosen behalten ihre welken Köpfe, damit sie im Herbst ihre dekorativen Hagebutten tragen. Nach dem Schneiden verabreicht man Rosen einen Dünger. Verwenden Sie eine spezielle Nährstoffkombination für Rosen oder einen Kalidünger. Stickstoff würde nur weichen Wuchs fördern, der anfälliger für Schädlinge und Krankheiten ist.

SCHNEIDEN SIE NADELHOLZHECKEN

Nadelholzhecken brauchen jetzt einen Schnitt, bevor sie über ihren angestammten Platz hinauswachsen. Sie sind in den letzten Jahren vor allem wegen der Leyland-Zypresse (x *Cupressocyparis leylandii*) etwas in Verruf geraten. Dabei eignet sich das Gehölz ausgezeichnet als Sichtschutz, es wächst nur extrem schnell – meist etwa 60–90 cm im Jahr. Deshalb braucht es wie alle Nadelholzhecken ein- oder sogar zweimal im Jahr die Schere.

ENTFERNEN SIE UNERWÜNSCHTE TRIEBE

Entfernen Sie unerwünschte Basistriebe von Bäumen und Sträuchern. Gehölze und insbesondere die Eberesche (*Sorbus*) bilden an der Basis oft eine Vielzahl von Wildlingen. Sie müssen sauber abgeschnitten werden, damit sie der Pflanze keine Wuchskraft rauben. Entfernen Sie bei dieser Gelegenheit von panaschierten Pflanzen auch gleich alle Triebe mit einfarbig grünen Blättern.

Schneiden Sie unerwünschte Wildtriebe direkt am Stamm ab.

BLÜTENPFLANZEN

TEILEN SIE SCHWERTLILIEN

Bartiris und andere Schwertlilien mit Rhizomen verlieren nach einigen Jahren ihre Wuchskraft und sollten dann nach der Blüte verkleinert werden. Bei dieser Gelegenheit kann man auch gleich Unkräuter aus den Horsten holen, die sich sonst nur sehr schwer entfernen lassen. Falls man die Rhizome nicht aufnehmen möchte, hilft meist nur der Einsatz eines Kontakt-Unkrautvernichtungsmittels. Wenn Sie es auftragen, müssen Sie allerdings die Blätter der Pflanze mit einem Stück Pappe oder Papier schützen.

SCHWERTLILIEN TEILEN

1 Heben Sie den alten, knotigen Wurzelstock (Rhizom) heraus und schneiden Sie ihn in Stücke mit je einigen Blättern daran.

2 Entfernen Sie totes Laub und verkürzen Sie den Blattfächer mit einem diagonalen Schnitt.

3 Pflanzen Sie die Teilstücke an eine sonnige Stelle in 8–15 cm Abstand mit dem Rhizom dicht unter der Oberfläche.

Und so teilen Sie die Pflanzen: Nach dem Verblühen hebt man das Rhizom mit einer Gabel aus dem Boden, legt die jüngeren Teile an der Außenseite frei und schneidet sie mit einem scharfen Messer ab. Den alten Stock können Sie wegwerfen. Entfernen Sie welkes Laub und kürzen Sie den Blätterfächer diagonal auf etwa 15 cm über der Wurzel ein. Das mindert den Wasserverlust und verhindert, dass der Wind die Pflanze umwirft.

Setzen Sie die verjüngten Gewächse in Gruppen zu drei, fünf oder mehr Pflanzen und gießen Sie reichlich. Iris darf nicht zu tief gepflanzt werden; an windigen Stellen kann man den Wurzelstock im Boden mit Draht fixieren, den man entfernt, sobald sich die Wurzeln fest verankert haben.

SCHNEIDEN SIE VERBLÜHTES ZURÜCK

Schneiden Sie verblühte Stauden kontinuierlich zurück, wenn Sie keine Samen brauchen. Das fördert den Neuaustrieb und die Blüte bis

Sobald Schwertlilien verblühen, werden sie geteilt und von Unkraut befreit, das sich zwischen den Horsten festgesetzt hat

weit in den Herbst hinein. Arten wie der Türkenmohn (*Papaver orientale*) und winterharte Pelargonien können bis zum Boden zurückgenommen werden. Bei größeren Stauden wie Rittersporn (*Delphinium*) schneidet man die Blütenstängel radikal zurück – die Pflanze dankt es Ihnen zuweilen mit einer zweiten Blüte gegen Sommerende. Auch bei Akeleien können abgeblühte Stängel entfernt werden, wenn Sie keine Samen wollen. Geben Sie den Pflanzen bei Trockenheit etwas Dünger und Wasser.

DÜNGEN SIE STAUDEN

Krautige Stauden sind um diese Jahreszeit für etwas organischen Volldünger dankbar, denn er fördert den Wuchs für den Rest des Sommers. Das gilt insbesondere für spätblühende Gattungen wie Astern und Chrysanthemen. Der Dünger wird mit Hacke oder Rechen eingearbeitet und bei Trockenheit zusätzlich eingeschwemmt.

LAGERN SIE ZWIEBELPFLANZEN EIN

Zwiebel- und Knollenpflanzen, die eingeschlagen wurden, damit das Laub abstirbt, können jetzt ausgegraben und bis zum Auspflanzen im Herbst gelagert werden. Die Zwiebeln und Knollen müssen völlig trocken und gesund sein, damit sie während der Lagerung nicht faulen. Entfernen Sie alle an der Zwiebel verbliebenen Blätter und Blütenstände. Breiten Sie die Knollen und Zwiebeln für einige Tage im Gewächshaus, in der Garage oder an einem anderen Ort aus und lagern Sie sie anschließend in Behältern oder Steigen an einem kühlen, trockenen und luftigen Ort.

PFLANZEN SIE HERBSTBLÜHENDE ZWIEBELN

Herbstblühende Zwiebel- und Knollenpflanzen kommen jetzt ins Freiland. Sie blühen im September und Oktober, mit etwas Glück auch noch im November. Ihre Blüten zeigen sich ohne Laub, das schon im Sommer abstirbt. Zu empfehlen sind: der Prachtkrokus (*Crocus speciosus*) mit purpurblauen und weißen Blüten, *Crocus kotschyanus* mit rosa bis lila Blüten und der Echte Safran (*Crocus sativus*) mit dunkel geäderten lila Blüten. Alle bevorzugen einen sonnigen Standort und eine Pflanztiefe von 10 cm.

Eine wahre Augenweide sind Nerinen. Wie die Zeitlosen (*Colchi-*

cum) präsentieren auch sie ihre Blüten noch vor dem Laub an langen Stängeln, die bis zu neun Köpfe mit gewellten rosa Blütenblättern tragen. Nerinen brauchen einen warmen, sonnigen, geschützten Standort und gut durchlässigen Boden. Die bekannteste und bei uns am einfachsten zu kultivierende Art ist *Nerine bowdenii*, da sie verhältnismäßig widerstandsfähig ist; trotzdem benötigt auch sie auf jeden Fall guten Winterschutz. In ungeschützten Lagen zieht man sie im Kalthaus oder Wintergarten. Wie bei den meisten Zwiebeln und Knollen muss auch bei ihnen die Pflanztiefe mindestens die doppelte Zwiebelhöhe betragen. In schweren Lehmböden gibt man zur Verbesserung der Durchlässigkeit vor dem Setzen eine Schicht groben Sand oder Kies ins Pflanzloch und legt die Knolle bzw. Zwiebel direkt darauf.

Die becherförmigen Blüten von Colchicum byzantinum *(oben links) und* Crocus kotschyanus *(unten links) erscheinen im Herbst.*

BLUMEN TROCKNEN

1 Trockenblumen, z.B. Strandflieder, schneidet man, wenn sich die Blüten öffnen. Stängel an der Basis abzwicken.

2 Hängen Sie die Blumen in Sträußen an einen luftigen Platz im Halbschatten; volle Sonne bleicht die Farben aus.

SCHNEIDEN SIE TROCKENBLUMEN

Die Blüten des Geflügelten Strandflieders (*Limonium sinuatum*), der Strohblume (*Helichrysum*) und des Sonnenflügels (*Helipterum*) können getrocknet und für Gestecke verwendet werden. Man schneidet die Stängel kurz vor der Vollblüte ab, denn sie öffnen sich beim Trocknen noch ein bisschen. Binden Sie kleine Sträuße, die Sie an einem luftigen Ort zum Trocknen aufhängen. Platzieren Sie sie aber keinesfalls an einem zu warmen Platz, da die Pflanzen bei hohen Temperaturen verschrumpeln.

PFLANZEN SIE DIE LETZTEN SOMMERBLUMEN

Schnell noch die letzten Sommerblumen in Kübel, Ampeln und Rabatten setzen! Lücken können Sie mit selbst gezogenen oder gekauften Gewächsen füllen. Je eher das geschieht, desto besser, dann haben die Pflanzen noch Zeit, sich einzugewöhnen und für den Rest des Sommers zu blühen.

PFLEGEN SIE EINJÄHRIGE UND STAUDEN

Dann stehen die Chancen gut, dass sie bis in den Herbst hinein blühen. Regelmäßiges Entfernen von welkem Flor verhindert die Entwicklung von Samenständen. Lassen Sie sie nur ausreifen, wenn Sie Saatgut für die Vermehrung brauchen. F1-Hybriden und andere Kreuzungen sind übrigens nicht samenecht.

Stiefmütterchen und Petunien neigen jetzt zu dünnem, langbeinigem Wuchs und das Absammeln welker Blüten kann eine rechte Mühsal sein. Schneiden Sie ihren oberirdischen Wuchs einfach radikal mit der Garten- oder Heckenschere zurück und verabreichen Sie ihnen Kali, damit sie neue Energie schöpfen. Nach kurzer Zeit treiben sie wieder aus und blühen bis in den Herbst.

PFLEGEN SIE IHRE GEFÄSSPFLANZEN

Gießen und düngen Sie regelmäßig – bei großer Hitze haben

Dieser gebogene Schlauchaufsatz erleichter das Gießen von Blumenampeln.

Gewächse in Töpfen besonders viel Durst und müssen eventuell sogar zweimal täglich gegossen werden. Doch selbst bei Regen brauchen Gefäßpflanzen oft noch zusätzlich Wasser, da der dichte Wurzelballen und die Krone nicht genügend davon in den Boden eindringen lassen. Entfernen Sie welke Blüten, um die Bildung von Samenständen zu verhindern. Zugewucherte Gefäße lichtet man nach Bedarf aus; aus dem Schnittabfall lassen sich manchmal sogar Stecklinge gewinnen.

KÜCHENGARTEN

WÄSSERN SIE GEMÜSE REGELMÄSSIG

Gemüsekulturen müssen regelmäßig gewässert werden, sonst schossen sie und setzen verfrüht Samen an, was viele Sorten praktisch ungenießbar macht.

Verlegen Sie am besten einen Sprüh- bzw. Sickerschlauch zwischen den Reihen oder sogar im Boden. Damit gelangt das Wasser gezielt zu den Wurzeln, wo es am dringendsten benötig wird, und bleibt nicht auf den Pflanzen liegen, wie es oft bei großblättrigen Sorten wie Kohl geschieht. Wässern am Abend ist am wirksamsten.

Ein Sickerschlauch wird zwischen den Pflanzen verlegt. So erreicht man eine gleichmäßige Verteilung des Wassers.

GIESSEN SIE FEUERBOHNEN HÄUFIG

Gießen Sie Feuerbohnen regelmäßig, damit sich Blüten und Schoten entwickeln können. Manche Gärtner empfehlen auch ein tägliches Besprühen der gesamten Pflanzen mit Wasser. Zusätzlich kann man den Fruchtsansatz durch eine Hand voll Löschkalk auf 10 Liter Wasser stimulieren, mit denen natürlich nur die Basis der Pflanzen gegossen wird. Tragen Sie beim Umgang mit Kalk stets Handschuhe und eine Atemschutzmaske.

HALTEN SIE UNKRÄUTER IN SCHACH

Regelmäßiges Jäten lässt sie erst gar nicht überhandnehmen. An sonnigen Tagen können Sie die Pflanzen an Ort und Stelle vertrocknen lassen. Eine Mulchschicht aus Grasabfall hilft übrigens, neue Unkräuter zu unterdrücken.

ERNTEN SIE GEMÜSE KONTINUIERLICH

Ernten Sie Gemüse kontinuierlich ab, sobald es reif ist. Die meisten Sorten schmecken jung am besten, denn überalterte Exemplare werden hart und sind nicht mehr so delikat. Durch zeitiges Abschneiden erzielen Sie zudem manchmal mehrere Ernten. Wiederholte kleinere Mengen verschiedener Junggemüse über längere Zeit sind besser als ein paar wenige große Brocken auf einmal.

Ein zwischen Pfosten gespannter Maschendraht gibt ein vorzügliches Trockengestell ab. Es lässt Luft um die Zwiebeln zirkulieren.

BEGINNEN SIE MIT DER SCHALOTTENERNTE

Sie brauchen zum Reifen Trockenheit und Sonne. Wenn das Laub gelb wird, heben Sie die Schalotten vorsichtig mit einer Gabel aus dem Boden. Bei sonnigem Wetter bleiben sie zum Trocknen auf dem Boden liegen. Damit die Zwiebeln nicht faulen, können Sie auch einen provisorischen Rost errichten: einfach

vier Pflöcke in die Erde stecken und Maschendraht darüber legen. Bei Niederschlagsgefahr decken Sie die Schalotten mit einem Stück Folie ab.

Knoblauch ernten Sie genau wie Schalotten. Wenn die Zwiebeln gesund sind und keine Anzeichen von Virusbefall zeigen (meist als gelbe Flecken oder Streifen auf den Blättern erkennbar), bewahren Sie einige Zehen auf, um sie später wieder zu stecken.

ERNTEN SIE FRÜHKARTOFFELN

Sie sollten jetzt erntereif sein. Zur Probe ziehen Sie eine Pflanze heraus und inspizieren die Knollen. Sind viele von ihnen nicht größer als Murmeln, lassen Sie die Kultur noch stehen. Stimulieren Sie das Knollenwachstum durch reichliche Wassergaben einmal pro Woche.

ERNTEN SIE ARTISCHOCKEN

Sie werden geerntet, bevor sich die Köpfe öffnen. Diese sehr interessant strukturierte Pflanze belebt Gemüsebeete wie Rabatten, wobei die großen Blätter einen schönen Kontrast zu zartlaubigen Gewächsen bilden. Wenn Sie einige Knospen aufgehen lassen, zeigt sie bald wunderschöne distelartige Blüten.

ZEIT FÜR DIE ZWIEBELERNTE

Steckzwiebeln werden geerntet, wenn sich das Laub gelb verfärbt und umfällt. Oft wird geraten, die Blätter von Hand umzuknicken, um die Reife zu beschleunigen. Das ist aber nicht nötig, da das

Pflücken und verzehren Sie Artischockenknospen, wenn sie gerade aufgehen.

Laub von selbst umfällt. Heben Sie die Zwiebeln mit einer Gabel aus dem Boden und lassen Sie sie zum Trocknen einfach einige Tage an Ort und Stelle liegen, sofern das Wetter sonnig und trocken ist.

Wie bei Schalotten können Sie auch für Speisezwiebeln einen Rost aus Maschendraht bauen, damit sie nicht faulen und besser trocknen. Für die Lagerung gibt es mehrere Möglichkeiten: Sie können einen Zwiebelzopf flechten, die Zwiebeln in einem alten Nylonstrumpf aufhängen oder sie in Kästen oder Steigen ausbreiten.

SÄEN SIE HERBST- UND WINTERSALATE AUS

Säen Sie Herbst- und Wintersalate aus. Feldsalat und Rauke bzw. Rucola sind nun an der Reihe. Sie stellen keine großen Ansprüche an Boden und Standort. Winterportulak hingegen bevorzugt leicht sandigen Boden. Säen Sie dünn in Furchen mit 25 cm Abstand aus. Die Kulturen brauchen nicht ausgedünnt zu werden; man schneidet sie nach Bedarf – sie wachsen problemlos wieder nach.

Winterportulak hat einen pfeffrigen, kresseähnlichen Geschmack.

Fernöstliche Gemüsesorten sind eine interessante Bereicherung der Palette an Wintersalaten und werden jetzt ebenfalls ausgesät. Sie sind darüber hinaus sehr dekorativ und können daher sogar in Zierrabatten kultiviert werden. Probieren Sie beispielsweise Sorten wie Winterrettich, Pak Choi (auch Chinesischer Senfkohl genannt), Mizuna oder Komatsuna (Spinatsenf), eine in Asien beliebte, aber in unseren Breiten noch verhältnismäßig unbekannte Gemüsedelikatesse.

PFLANZEN SIE WINTERKOHL AUS

Winterkohl, der im April und Mai gesät wurde, kann jetzt noch ausgepflanzt werden. Um bei den hochsommerlichen Temperaturen das Gießen zu vereinfachen, ziehen Sie eine tiefe Furche und pflanzen die Sämlinge mit einem Pflanzholz oder einer Schaufel. Dann gehen Sie mit einer Gießkanne oder einem Schlauch die Furchen entlang – auf diese Weise bleibt das Wasser genau dort, wo es gebraucht wird. Vergessen Sie nicht, die Stängel an der Basis mit Manschetten vor der Kohlfliege zu schützen. Mit Gärtnervlies hält man den Kohlweißling fern, der seine kleinen gelben Eier an den Blattunterseiten ablegt.

SÄEN SIE FRÜHKOHL

Frühkohl kann jetzt in Intervallen von 7–10 Tagen ausgesät werden. Diese Sorten sind sehr willkommen in einer Jahreszeit, in der der Gemüsegarten kaum etwas anderes hergibt. Die Aussaat erfolgt dünn in 15 cm voneinander entfernte Furchen; bei Trockenheit wässert man vorher. Beachten Sie auch die Hinweise auf den Samentütchen. Schützen Sie die Kulturen mit Vlies vor Tauben und Erdflöhen. Wenn die Sämlinge 2–3 echte Blätter entwickelt haben, können sie an ihren endgültigen Standort kommen.

PFLÜCKEN UND TROCKNEN SIE KRÄUTER

Kräuter sollten regelmäßig gepflückt werden, um einen ständigen Neuaustrieb zu fördern. Das funktioniert wie der Schnitt von Gehölzen: Je mehr Sie abzupfen, desto mehr junge Triebe mit optimalem Aroma erhalten Sie. Werden Kräuter nicht kontinuierlich gepflückt, können sie lang und dürr geraten. Aber selbst wenn man sie einmal eine Weile vernachlässigt hat, kann man sie durch Verjüngen mit einer Gartenschere wieder zur Bildung zarter Triebe und zu buschigem Wuchs anregen. Kräuter wie Salbei (*Salvia officina-*

Holzigere Kräuter wie Salbei und Rosmarin bewahren ihren aromatischen Geschmack auch getrocknet gut.

lis), Rosmarin und Thymian (*Thymus vulgaris*) können jetzt geerntet und getrocknet werden. Hängen Sie sie draußen an einen luftigen Platz, zum Beispiel im Schuppen oder in der Garage, wo sie vor Regen geschützt sind. Oft werden Kräuter in der Küche aufgehängt, aber hier überzieht sie bald eine Staub- und Fettschicht, was nicht nur sehr unappetitlich ist, sondern auch das Aroma beeinträchtigt.

Man kann Kräuter auch einfrieren. Grünere Arten wie etwa Petersilie und Schnittlauch werden dazu klein geschnitten und mit etwas Wasser in Eiswürfelfächern eingefroren. Diese können Sie dann portionsweise wie Eiswürfel entnehmen.

BREMSEN SIE DEN WUCHS VON STANGENBOHNEN

Das geschieht durch Auskneifen der Haupttriebspitze, wenn sie das Ende der Stütze erreicht hat. Dadurch bildet die Pflanze mehr Seitentriebe, an denen die Früchte heranreifen. Ernten Sie kontinuierlich ab, denn wenn Sie die Bohnen zu lange an der Pflanze lassen, geraten sie zäh und fädig und schmecken nicht mehr so fein. Vor allem aber fördern Sie durch ständiges Abzupfen weitere Blütenansätze und somit das Heranreifen neuer Früchte den ganzen Sommer über. Züchter, die ihre Bohnen bei Gartenwettbewerben präsentieren, wollen außerdem besonders gerade und lange Exemplare. Dafür eignen sich spezielle Züchtungen wie ‘Enorma’.

BLEICHEN SIE ENDIVIEN

Endivien werden gebleicht, um helle, besser verdauliche Blätter zu erhalten. Dazu deckt man den Kopf am besten mit einem umgedrehten Teller oder einem großen Blumentopf ab. Bei Töpfen müssen allerdings die Abflusslöcher sorgfältig geschlossen sein, damit kein Licht ins Innere fällt. Das Bleichen dauert etwa zehn Tage, dann können die Köpfe geerntet werden.

ENTSPITZEN SIE SPALIERTOMATEN

Entspitzen Sie Spaliertomaten im Freiland, sobald sie vier Fruchtan-

ENDIVIEN BLEICHEN

1 Legen Sie einen umgedrehten Teller auf die Mitte, um sie vor Licht zu schützen.

2 Nach 1–2 Wochen erhalten Sie helle, schmackhaft-süße Herzblätter.

Ein Auskneifen der Geiztriebe von Spaliertomaten fördert das Fruchtwachstum.

sätze gebildet haben. Hierzulande erhalten Sie bei Freilandtomaten kaum mehr Früchte. Kneifen Sie die Triebspitze ein Blatt über dem obersten Fruchtansatz ab. So konzentriert sich die Pflanze auf die Entwicklung der Tomaten. Geben Sie Kalidünger und entfernen Sie Geiztriebe aus den Blattachseln. Busch- und Kriechtomaten können sich selbst überlassen bleiben; sie haben keinen obersten Fruchtansatz – die Früchte bilden sich an Seitentrieben.

ERNTEN UND SCHNEIDEN SIE HIMBEEREN

Einmal tragende Himbeeren reifen in diesem Monat. Fällt die Ernte reichlich aus, können die Beeren eingefroren werden. Dazu werden sie zunächst einzeln in Plastikschalen gefroren und später in Beuteln gelagert. Um Platz zu sparen, können Sie sie auch erst kochen und dann einfrieren.

Nach der Ernte werden sie geschnitten. Die fruchtenden alten Ruten sollten leicht erkennbar sein, da sie ja idealerweise angebunden worden sind. Man erkennt sie auch an der Braunfärbung, den Resten von Fruchtständen und den etwas mitgenommenen Blättern. Die diesjährigen Ruten

HIMBEEREN AUF VORDERMANN BRINGEN

1 Schneiden Sie alte Fruchtruten einmal tragender Himbeeren bis zum Boden zurück.

2 Binden Sie die neuen Ruten fest, die im nächsten Jahr fruchten.

hingegen sind noch grün und mit frischem Laub besetzt. Binden Sie die alten Ruten von den Drähten los und schneiden Sie sie über dem Boden ab. Danach befestigen Sie die neuen in etwa 10 cm Abstand – aber nur gute, starke Triebe; schwache schneiden Sie heraus. Weit von der Reihe entfernte Ruten sollten ausgegraben werden, ansonsten breitet sich die Pflanze immer weiter aus.

ENTFERNEN SIE ALTES LAUB VON ERDBEEREN

Nehmen Sie altes Laub von Erdbeerpflanzen, nachdem sie abgeerntet sind. Welke Blätter nützen der Pflanze wenig und werden obendrein leicht von Krankheiten befallen. Gehen Sie dazu einfach mit einer Heckenschere über die Pflanzen. Auch zum Schutz der Früchte ausgelegtes Stroh kann jetzt entsorgt werden. Harken Sie den Boden zwischen den Reihen leicht und jäten Sie alle Unkräuter. In den nächsten Wochen werden die Pflanzen neue Blätter treiben.

ERDBEEREN NACH DER ERNTE

1 Sind die letzten Erdbeeren gepflückt, schneidet man das Laub mit der Heckenschere ab und wirft es auf den Kompost.

2 Entfernen Sie Strohmulch oder Matten, säubern Sie die Pflanzen, jäten Sie den Boden und harken Sie ihn.

Das alte Laub und Stroh kann auf den Kompost geworfen werden.

BEREITEN SIE DEN BODEN FÜR NEUE ERDBEEREN VOR

Bereiten Sie den Boden für neue Erdbeeren vor. Nach drei Jahren sind Erdbeerpflanzen für gewöhnlich erschöpft und manchmal anfällig für Viruserkrankungen. Deshalb sollten sie erneuert werden. Gesunde, kräftige und virusfreie Exemplare erhalten Sie von renommierten Gärtnereien.

Wählen Sie auch einen neuen Standort für die Erdbeeren. Bereiten Sie den Boden gründlich vor, indem Sie reichlich organische Substanz einarbeiten, um die Bodenstruktur und die Fähigkeit des Erdreichs, Wasser zu speichern, zu verbessern. Es lohnt sich, diese Arbeit gründlich durchzuführen – die Erdbeeren danken es Ihnen mit gesunden Beeren und reichlichem Ertrag.

JULI-PROJEKT

FORMSCHNITT

Mit Formschnittbäumen und -sträuchern erzielt man viel Wirkung. Die geometrischen Formen geben einem Garten ganzjährig Struktur. So erweitern die hier gezeigten Kegel die prall gefüllte Rabatte um ein vertikales Element.

Zu den beliebtesten Formschnittgehölzen gehören immergrüne Gehölze wie Buchs (*Buxus*), Lorbeer (*Laurus nobilis*) und Eibe (*Taxus*). Sie wachsen zwar nur langsam, doch kehrt sich das spätestens dann zum Vorteil um, wenn man sie regelmäßig schneiden muss: Sobald sie ihre endgültige Gestalt haben, reicht ein jährlicher Schnitt aus.

Mit gutem Werkzeug lässt es sich wesentlich leichter schneiden. Langstielige Heckenscheren erlauben den genauesten Schnitt, während sich kleine Scheren eher für ausgefeilte Formen eignen.

1 Eine gesunde Pflanze *in ungefähr der Form wählen, zu der man sie später zurechtschneiden möchte. Für einen spitzen Kegel etwa ist ein Baum oder Strauch mit kräftigem Leittrieb ideal.*

2 Mit einer Schere *die Pflanze in die gewünschte Form bringen. Um Fehler zu vermeiden, immer nur ein bisschen wegnehmen. Häufig zurücktreten und die Pflanze aus der Ferne begutachten.*

3 Immer wieder um die Pflanze herumgehen *und ihre Form studieren, um sicherzugehen, dass sie symmetrisch ist. Anfangs kann man noch mit Stäben arbeiten, später ist das meist nicht mehr nötig.*

4 Gehölz mindestens einmal im Jahr schneiden. *Es wächst allerdings dichter, wenn man es zwei- oder sogar dreimal im Jahr stutzt. Ideale Zeitpunkte sind der Hochsommer und Frühherbst.*

STOCKROSE

1

***Alcea rosea* Chater's-Double-Gruppe**
Die kurzlebigen Stauden wachsen kräftig himmelwärts. Im Sommer öffnen sich päonienförmige Blüten, die Bienen und Schmetterlinge anlocken. Das Spektrum reicht von Weiß über Gelb, Apricot und Rot bis zu Lila und Purpur. Die meiste Zeit des Jahres wirkt das Laub attraktiv.
↕bis 2,5 m ↔ 60 cm

KULTUR Besonders gute Blühleistung in voller Sonne, doch verträgt die Pflanze auch Streuschatten. Gedeiht in jedem gepflegten, gut durchlässigen Boden, braucht aber an einem freien Standort eine Stütze. Als Ein- oder Zweijährige ziehen, um Malvenrost vorzubeugen.

SONNENBLUME

2

***Helianthus* 'Music Box'**
Die wüchsige, reich blühende Einjährige entwickelt bis zu 12 cm große Blütenkörbchen. Das Spektrum der Blütenfarben reicht von Cremegelb bis Dunkelrot, zudem gibt es einige zweifarbige Formen. Eine relativ kleine und daher gut für Rabatten geeignete Sorte.
↕90 cm ↔ 30 cm

KULTUR In nährstoffreicher, humoser, feuchter, aber durchlässiger Erde in der vollen Sonne. Braucht lange, heiße Sommer, um gut zu blühen. Freilandaussaat im Frühjahr.

1

SCHLAFMÜTZCHEN 3

Eschscholzia californica 🏆 Mäßig wüchsige, mattenbildende, winterharte Einjährige. Von Juni bis Oktober erscheinen schalenförmige Blüten mit seidigen Kronblättern in Orange, Gelb, Weiß oder Rot. Lange, gebogene Samenkapseln. ↕30 cm ↔15 cm

KULTUR In kargen, durchlässigen Böden in voller Sonne. Im zeitigen Frühjahr aussäen. Sämlinge auf Abstände von etwa 15 cm ausdünnen. Regelmäßiges Entfernen welker Blüten verlängert die Blühdauer.

2

3

PATAGONISCHES EISENKRAUT 1

Verbena bonariensis 🏆 Wüchsige, nicht ganz winterharte, horstbildende Staude. Purpurviolette Blüten, die von Juli bis Oktober in breiten Doldentrauben an drahtigen Stängeln stehen. Attraktives, gezähntes, grundständiges Laub.
↕ bis 2 m ↔ 45 cm

KULTUR An mäßig nährstoffreichen, vollsonnigen Standorten. Guter Winterschutz, am besten mit Mulch. Vermehrung durch Triebstecklinge im Spätsommer. Jungpflanzen überwintert man unter Glas.

GROSSER STAUDENPHLOX 2

Phlox paniculata **'Eva Cullum'** Wüchsige, aufrechte Staude. Vom Sommer bis in den Herbst hinein leuchtend tiefrosa Blüten mit dunklerer Mitte und prägnantem Duft. Gute Schnittblumen. Frischgrünes Laub ab dem Frühjahr.
↕ 1,2 m ↔ bis 1 m

KULTUR In nährstoffreichen, feuchten Böden an sonnigen bis absonnigen Plätzen. Alle 3–4 Jahre im Herbst oder Frühjahr teilen. Im Frühjahr Basalstecklinge, im Herbst oder Winter Wurzelschnittlinge nehmen.

1

2

GARTENPETUNIE

3

Petunia **'Purple Wave'** Wuchskräftige, frostempfindliche Stauden, die als Einjährige kultiviert werden. Unmengen kleiner, trichterförmiger, strahlend magentaroter Blüten vom Frühsommer bis weit in den Herbst hinein. Man kann Stecklinge nehmen und die Pflanze den Winter über im Zimmer ziehen.

↕45 cm ↔ 30–90 cm

KULTUR Vollsonnige Standorte auf leichten, gut durchlässigen Böden behagen den Gartenpetunien. Windschutz ist empfehlenswert. Welke Blüten entfernen.

3

PRUNKWINDE

1

***Ipomoea tricolor* 'Himmelblau'**
Schnellwüchsiger, windender, frostempfindlicher Kletterer; wird einjährig gezogen. Von Sommer bis Herbst öffnen sich himmelblaue, im Schlund weiße, trichterförmige Blüten. Herzförmige, hellgrüne Blätter. Pflanzen werden nach der Blüte gewöhnlich entfernt.
↕ bis 4 m ↔ 15 cm

KULTUR Bevorzugt einen warmen, geschützten Platz und mäßig nährstoffreiche, gut durchlässige Erde. Vor starker Mittagssonne schützen. Im Frühjahr unter Glas bei 18 °C aussäen und Sämlinge nach den Eisheiligen ins Freie setzen.

TAGLILIE

2

***Hemerocallis* 'Gentle Shepherd'**
Mäßig wuchskräftige, halbimmergrüne Staude. Über einen längeren Zeitraum im Sommer erscheinen elfenbeinfarbene Blüten mit grünem Schlund. Die schlanken, gebogenen, grünen Blätter sind oft auch im Winter ein guter Bodendecker.
↕ 65 cm ↔ 1,2 m

KULTUR Gedeiht am besten an sonnigen Plätzen, verträgt aber auch absonnige Lagen. Braucht nährstoffreiche, feuchte, gut durchlässige Böden. Im Herbst mulchen und alle 3–4 Jahre im Frühjahr teilen, um die Wuchskraft zu fördern.

KLATSCHMOHN 3

Papaver rhoeas **Shirley-Serie**
Wüchsige, reich blühende, winterharte Einjährige. Von Mai bis Juli schalenförmige, einfache oder halbgefüllte Blüten in Weiß mit Tönungen von Gelb und Rosa bis Orange und Rot. Behaarte Stängel mit seidig behaartem, hellgrünem Laub.
↕ 90 cm ↔ 30 cm

KULTUR An sonnigen Standorten in allen mageren bis mäßig nährstoffreichen, durchlässigen Böden. Samen im Frühjahr direkt an Ort und Stelle säen.

2

3

KÖNIGSKERZE 1

***Verbascum* 'Cotswold Queen'** Aufrechte, mäßig wüchsige Staude. Die tellerförmigen gelben Blüten mit purpurroter Mitte stehen in aufrechten Trauben (Kerzen). Die Königskerze blüht den ganzen Sommer über. Auffallende grundständige Rosetten aus gerunzelten, graugrünen Blättern.
↕1,2 m ↔ 30 cm

KULTUR Vollsonnige Plätze mit magerem, durchlässigem, leicht basischem Boden. In zu nährstoffreicher Erde geraten die Stängel weich und fallen um. Die Züchtung ist möglicherweise recht kurzlebig und sollte daher im Frühjahr oder Herbst geteilt oder durch Wurzelschnittlinge vermehrt werden.

FIEDERBLÄTTRIGE SCHMUCKBLUME 2

***Cosmos bipinnatus* Sensation-Serie** Aufrechte, reich verzweigte, halbwinterharte Einjährige. Von Juli bis Oktober erscheinen zahlreiche große Blüten in Rosa oder Weiß. Dekorative Schnittblumen. Fiederteiliges Laub.
↕bis 90 cm ↔ bis 45 cm

KULTUR An voll- bis absonnigen Standorten in durchlässigen, mäßig nährstoffreichen Böden. Aussaat unter Glas im zeitigen Frühjahr oder im späten Frühjahr im Freiland. Welke Blüten sogleich entfernen.

RITTERSPORN

3

***Delphinium* 'Bruce'** 🏆 Klassische Staude. Von Früh- bis Hochsommer entwickeln sich lange Trauben dunkelvioletter, halbgefüllter Blüten mit dunkelbraunem Auge. Dekorative, tief gelappte, mittelgrüne Blätter.

↕ 1,8 m ↔ 60–90 cm

KULTUR In voller Sonne in nährstoffreichem, durchlässigem, mit Humus angereichertem Boden ziehen und an exponierten Standorten abstützen. Nach dem Abwelken des Laubes im Herbst bis knapp über dem Boden zurückschneiden.

SOMMERBLUMENZINNIE 1

Zinnia elegans **Dreamland-Serie 'Dreamland Scarlet'** Buschige, kälteempfindliche Einjährige. Lange haltende, scharlachrote Blütenkörbe stehen über dichtem, mittelgrünem Laub. Blütezeit von Frühsommer bis Herbst. Wird nur wegen der Blüte kultiviert.
↕ 25 cm ↔ 25 cm

KULTUR An sonnigen Standorten in mäßig nährstoffreicher, durchlässiger Erde. Aussaat im zeitigen Frühjahr bei 16–18 °C unter Glas. Eine zweite Aussaat im Juni an Ort und Stelle verlängert die Gesamtblühdauer der Pflanzung. Regelmäßiges Entfernen welker Blüten fördert den Flor.

FLOCKENBLUME 2

Centaurea **'John Coutts'** Wüchsige, horstbildende Staude. Von Juli bis Oktober erscheinen duftende, tiefrosa Blüten, die Bienen und Schmetterlinge anlocken. Die fiederspaltigen, graugrünen Blätter sind unterseits weißfilzig behaart.
↕ 60 cm ↔ 45 cm

KULTUR Verträgt Trockenheit und gedeiht in voller Sonne in jedem durchlässigen Boden. Regelmäßiges Entfernen verwelkter Blüten fördert die Neubildung von Flor später im Jahr. Zur Erhaltung der Wuchskraft alle 3–4 Jahre teilen.

BERGTABAK

3

Nicotiana sylvestris 🏆 Wüchsige Sommerblume oder kurzlebige Staude. Den Sommer über öffnen sich nachts stark duftende, trompetenförmige, weiße Blüten in lockeren Rispen. Grundständige Rosetten aus großen, dunkelgrünen Blättern. ↕ 1,5 m ↔ 60 cm

KULTUR Bevorzugt Streuschatten und nährstoffreiche, feuchte, durchlässige Erde. Samen unter Glas im zeitigen Frühjahr aussäen. Jungpflanzen nach den Eisheiligen ins Freie setzen. Im Winter mulchen.

KOREA-GLOCKENBLUME 1

Campanula takesimana **'Elizabeth'**
Schöne Glockenblume mit Rosetten aus herzförmigen, gezähnten, mittelgrünen Blättern. Die hängenden, glockenförmigen, cremefarbenen, außen rotviolett überlaufenen, innen rot gefleckten Blüten öffnen sich in der zweiten Sommerhälfte.
↕35–40 cm ↔ 40 cm

KULTUR In nährstoffreichem, neutralem bis alkalischem, feuchtem, aber durchlässigem Boden in der Sonne oder im Halbschatten. Ein Rückschnitt nach der Blüte regt die Pflanze zu einem zweiten Flor an.

JUNGFER IM GRÜNEN 2

Nigella damascena **'Miss Jekyll'** 🏆
Wüchsige, einjährige Sommerblume. Von Juni bis September entfalten sich himmelblaue Blüten, die von einem Kranz fein geschlitzter Hochblätter umgeben sind. Nadelfein zerteilte Blätter. Die dekorativen Fruchtstände können getrocknet für floristische Arbeiten verwendet werden.
↕50 cm ↔ 20 cm

KULTUR In voller Sonne in mäßig nährstoffreichem, gut durchlässigem Boden ziehen. Samen im Frühjahr bei 18–20 °C unter Glas aussäen. Sämlinge vor dem Aussetzen abhärten und nach den Eisheiligen im Abstand von etwa 25 cm ins Freie pflanzen.

1

ATLASBLUME

3

Clarkia amoena Mäßig wuchskräftige, aufrechte Einjährige. Den ganzen Sommer hindurch öffnen sich lila bis rosarote Blüten mit seidig zarten Kronblättern.

↕75 cm ↔ 30 cm

KULTUR Bevorzugt leicht saure, feuchte, durchlässige Böden und volle Sonne, wächst aber auch im Streuschatten. Nährstoffreiche Erde begünstigt den Blattwuchs auf Kosten der Blütenbildung. Im Frühjahr oder Herbst an Ort und Stelle aussäen. Herbstaussaat im Winter abdecken.

2

3

MÄNNERTREU 1

***Lobelia erinus* 'Crystal Palace'**
Dichtwüchsige, kompakte Staude, bei uns als halbwinterharte Einjährige gezogen. Von Mai bis Oktober öffnen sich über dunkelgrünen Laubpolstern unzählige dunkelblaue Blüten. Wird wegen der Blüte kultiviert.
↕ 10 cm ↔ 10–15 cm

KULTUR Liebt offene, sonnige Standorte, verträgt aber auch Streuschatten. Samen im März unter Glas in nährstoffreiche, feuchtigkeitsspeichernde Erde setzen. Sämlinge nach den Eisheiligen auspflanzen.

INKALILIE 2

***Alstroemeria* 'Friendship'** 🏆 Horstbildende, aufrechte Staude. Trägt im Sommer wochenlang auffällige, lilienartige Blüten in Blassgelb: äußere Blütenblätter rosa getönt, innere heller gelb mit dunklen Streifen. Attraktive Schnittblume.
↕ 90 cm ↔ 60 cm

KULTUR Am besten in voller Sonne, aber auch an absonnigen Standorten möglich. Im Spätsommer oder Frühherbst in feuchten, aber gut durchlässigen Boden pflanzen. In kalten Gegenden im Winter mit Trockenmulch abdecken.

1

2

NACHTSCHATTEN 3

***Solanum crispum* 'Glasnevin'** 🏆
Sehr wüchsiger, immergrüner bis halbimmergrüner, kriechender oder kletternder Strauch. Die duftenden, tiefvioletten Blüten erscheinen den ganzen Sommer über an den Triebspitzen; blassgelbe Früchte. Dunkelgrüne Blätter.
↕ bis 6 m ↔ bis 6 m

KULTUR An einem vollsonnigen bis absonnigen Standort in neutraler bis leicht basischer Erde, die nährstoffreich und gut durchlässig sein sollte. Nach der Blüte die Seitentriebe auf 3–4 Augen einkürzen.

3

STRAUCHVERONIKA 1

***Hebe* 'Eveline'** Raschwüchsiger, halbwinterharter, immergrüner Strauch, buschig und aufrecht. Von Spätsommer bis Spätherbst öffnen sich kleine rosa Blüten in hängenden Trauben. Die Blätter fallen durch ihr glänzendes, sattes Grün auf.
↕ bis 1 m ↔ bis 1 m

KULTUR Braucht nährstoffreichen, gut durchlässigen, neutralen bis basischen Boden und eine sonnige bis halbschattige, windgeschützte Lage. In kalten Gegenden ist Kübelkultur mit Überwinterung im unbeheizten Gewächshaus zu empfehlen. Im Frühjahr leicht in Form schneiden.

SPINNENPFLANZE 2

***Cleome hassleriana* 'Colour Fountain'** Aufrecht wachsende, frostempfindliche Einjährige. Von Juli bis Oktober erscheinen dichte Trauben aus duftenden Blüten mit zarten Kronblättern in Rosa, Violett oder Weiß. Hübsche, handförmig geteilte Blätter in frischem Grün.
↕ 1,2 m ↔ 45 cm

KULTUR Verträgt Streuschatten, liebt jedoch Sonne und leichte, gut durchlässige Böden. Aussaat unter Glas bei 18 °C im Frühjahr. Erst nach Abklingen der Frostgefahr auspflanzen. Regelmäßig beschneiden oder verwelkte Blüten entfernen, um die Blütezeit zu verlängern.

2

GROSSE STERNDOLDE 3

Astrantia major Mäßig wüchsige, aufrechte Staude. Von Juni bis August erscheinen winzige grüne oder rosa bis purpurrote Blüten in Dolden, die von weißen Hochblättern umgeben sind. Gut als Trockenblumen.
↕ bis 90 cm ↔ 45 cm

KULTUR Möglichst an sonnigen bis absonnigen Standorten in humusreichen, verlässlich feuchten Böden. Abgestorbene Stiele nach der Blüte abschneiden. Vermehrt sich stark durch Selbstaussaat.

3

ROSA

Busch- und Strauchrosen sind eine in Größe, Wuchs und Blütenform vielfältige Gruppe. Die sommergrünen, wüchsigen Rosen blühen vom Sommer bis in den Herbst reichlich. Sie tragen ungefüllte bis dicht gefüllte Blüten, die einzeln oder in Büscheln stehen. Viele duften und eignen sich bestens für den Schnitt.

KULTUR An vollsonnigen Standorten in tiefgründigen, nährstoffreichen, feuchten, durchlässigen Böden. Ausgewogenen Dünger verabreichen und im März mulchen. Welke Blüten regelmäßig entfernen. Buschrosen werden im Frühjahr kräftig zurückgeschnitten, während Strauchrosen nur wenig Schnitt brauchen; es reicht, ältere Triebe zu entfernen, damit sie nicht wuchern.

OBERE REIHE VON LINKS NACH RECHTS

- *R.* Eglantyne ('Ausmak') 🏆
  ↕ 1,2 m ↔ 1,5 m
- *R.* 'Chinatown' 🏆
  ↕ 1,2 m ↔ 1 m
- *R.* Amber Queen ('Harroony') 🏆
  ↕ 50 cm ↔ 60 cm

UNTERE REIHE VON LINKS NACH RECHTS

- *R.* Graham Thomas ('Ausmas') 🏆
  ↕ 1,2 m ↔ 1,5 m
- *R.* 'William Lobb' 🏆
  ↕ 2 m ↔ 2 m
- *R.* Blue Moon ('Tannacht')
  ↕ 1 m ↔ 70 cm

ROSA

Kletterrosen haben steifere Stängel als Rambler-Rosen und lassen sich zu einem kräftigen Gerüst erziehen, aus dem sich ihre Triebe entwickeln. Sie eignen sich besser für die Wandbegrünung als Rambler, die von der Basis aus lange, biegsame Stängel austreiben, weshalb man sie bevorzugt an Bögen, Pfeilern und Pergolen zieht. Rambler haben kleinere Blüten in Büscheln und blühen nur einmal im Sommer.

KULTUR An vollsonnigen Standorten in tiefgründigen, nährstoffreichen, feuchten, aber durchlässigen Böden. Volldünger verabreichen und im März oder April mulchen. Regelmäßiges Entfernen welker Blüten erhöht die Blühleistung.

OBERE REIHE RAMBLER, V. LINKS N. RECHTS

- *R.* 'American Pillar'
  ↕5 m ↔ bis 4 m
- *R.* 'Bobbie James' 🏆
  ↕10 m ↔ 6 m
- *R.* 'Albertine' 🏆
  ↕5 m ↔ 4 m

UNTERE REIHE KLETTERER, V. LINKS N. RECHTS

- *R.* Handel ('Macha') 🏆
  ↕3 m ↔ 2,2 m
- *R.* 'Danse du Feu'
  ↕2,5 m ↔ 2,5 m
- *R.* 'Golden Showers' 🏆
  ↕3 m ↔ 2,5 m

WAS ZU TUN IST
AUGUST

DAS WETTER

Im August wird es gerne mal schwülwarm, gießen Sie daher den Garten regelmäßig und treffen Sie Urlaubsvorkehrungen. Ansonsten genießen Sie Ihren Garten, vernachlässigen Sie aber dabei nicht Routinearbeiten wie Jäten, Abnehmen von Samen, Ausputzen.

SOMMERHITZE

Zu Monatsbeginn weist der typische August die höchsten Durchschnittstemperaturen des Jahres auf, wobei um den 6. August herum mit den wärmsten Tagen zu rechnen ist. Ab Monatsmitte setzt oft wechselhaftes Westwetter ein, da Mitteleuropa wiederholt von Tiefdruckwirbeln gestreift wird, die vom Atlantik her ostwärts ziehen. Gegen Ende August breitet sich von den Azoren hoher Luftdruck aus und sorgt für einen schönen Spätsommer. In die Hundstage, die Kalendertage vom 23. Juli bis 23. August, fallen auch in Mitteleuropa in vielen Jahren die heißesten Tage des Jahres. »Hundstage heiß – Winter lang weiß.«

Der Jahrhundertsommer 2003 bescherte Deutschland – wie ganz Europa überhaupt – neue absolute Rekordtemperaturen. So wurden sowohl am 9. August in Freiburg wie am 13. August in Freiburg und Karlsruhe 40,2 °C gemessen.

NACHLASSENDE WINDE

Im August werden die Tage schon wieder kürzer und die Winde lassen merklich nach.

SONNENSTUNDEN

Die mittlere Sonnenscheindauer beläuft sich im August auf 197 Stunden insgesamt. Das sind etwa 6,5 Stunden Sonne pro Tag. Flachland und Mittelgebirge unterscheiden sich kaum in den Werten. In sternenklaren Nächten bildet sich Tau.

NIEDERSCHLÄGE

Die durchschnittliche Niederschlagsmenge im August beträgt 77 mm. Damit regnet es etwas weniger als im Vormonat. Auch im August kann wie im Juli die monatliche Niederschlagsmenge durch plötzlichen Starkregen auf über 200 mm ansteigen. Sehr starke Niederschläge in Tschechien lösten das große Elbehochwasser im Jahr 2002 aus. Den deutschlandweiten Rekord für Tagesniederschläge stellte Zinnwald-Georgenfeld im Erzgebirge auf. Dort fielen am 12. August 2002 in nur 24 Stunden 312 mm pro m².

ALLGEMEINE GARTENARBEITEN

HALTEN SIE AUSSCHAU NACH SCHÄDLINGEN UND KRANKHEITEN

Warme, trockene Witterung fördert die Ausbreitung von Krankheiten wie Echtem Mehltau, einem weißlichen Überzug auf Stängeln und Blättern. Man kann die Pflanzen natürlich mit Fungiziden gegen einen Befall schützen. Wenn man ihnen aber jede unnötige Belastung wie z.B. Wassermangel erspart, werden Sie mit allen Problemen besser fertig. Blattläuse am besten einfach zerquetschen. Bei außerordentlich starkem Befall können Sie ein Insektizid einsetzen. Spritzen Sie aber möglichst in den Abendstunden, wenn weniger Nützlinge unterwegs sind.

DEZIMIEREN SIE SCHNECKEN

Sie können in feuchten Sommern zur Plage werden. Doch es gibt viele Möglichkeiten, sich ihrer zu erwehren, ohne gleich zu Schneckenkorn zu greifen. Locken Sie Vögel, Laufkäfer und Frösche an – sie vertilgen die Kriechtiere nur zu gern. Legen Sie Steinplatten oder

Beim Spritzen von Schädlingsbekämpfungsmitteln besprüht man beide Blattseiten und hält Kinder sowie Haustiere fern.

Schnecken mögen kühle, dunkle, feuchte Verstecke. Man findet sie oft unter Laubhaufen.

Holzstücke ins Beet; da Schnecken dunkle, kühle, feuchte Schlupfwinkel bevorzugen, werden sie darunter kriechen. Wenn man die Fallen umdreht, sind die Tiere ein gefundenes Fressen für Vögel und können zudem von Hand aufgesammelt werden. Selbst Bierfallen erweisen sich meist als wirksam. Sie können es ferner mit leeren Grapefruit- und Orangenhälften oder ausgehöhlten Kartoffeln versuchen. Besonders gefährdete Pflanzen umgibt man am besten mit einem Ring aus Eierschalen oder grobem Sand – Schnecken mögen keine rauen Flächen und lassen sich damit gut abschrecken.

JÄTEN SIE WEITER UNKRAUT

Halten Sie dabei aber gleichzeitig Ausschau nach verwilderten Sämlingen – zuweilen kann man die erstaunlichsten Entdeckungen machen. Die meisten Hybriden und Kulturpflanzen sind nicht samenecht, das heißt, aus den Samen entsteht kein genaues Abbild der Mutterpflanze, sondern unter Umständen ein Gewächs mit einer ganz anderen Blüten- und Blattfarbe oder Wuchsform.

STELLEN SIE TÖPFE ZU GRUPPEN ZUSAMMEN

Das macht Ihrer Urlaubsvertretung das Gießen leichter und bringt auch Vorteile für die Pflanzen: Wenn sie dicht beieinanderstehen, hält sich mehr Feuchtigkeit zwischen dem Laub. Normalerweise tut Enge den Pflanzen nicht gut, weil eher Krankheiten entstehen,

Bevor Sie in den Urlaub starten, sollten Sie Ihre Töpfe im Schatten zusammenstellen: Die feuchte Atmosphäre tut dem Laub gut.

doch für 1–2 Wochen schadet ihnen ein bisschen mehr Nähe als üblich nicht. Hängekörbe können abgenommen und auf Eimern oder umgedrehten Töpfen zu den anderen Gefäßen gestellt werden.

PFLEGEN SIE TEICHE

Halten Sie Ihren Teich immer gut gefüllt. Wenn es heiß ist, verdunstet das Wasser sehr schnell. Wasserspiele erhöhen den Sauerstoffgehalt, was besonders für Fische wichtig ist. Prüfen Sie auch die Uferbepflanzung und entfernen Sie welke Blüten und Blätter. Das verbessert nicht nur das äußere Erscheinungsbild des Teichs und seiner Umgebung, sondern hat auch einen praktischen Nutzen: Wenn Laub ins Wasser fällt und dort verrottet, erhöht sich der Nährstoffgehalt im Teich, was ein

Der Wasserstand kann bei großer Hitze schnell sinken. Füllen Sie Ihren Teich daher regelmäßig auf – besonders vor dem Urlaub.

Um Dünger gleichmäßiger verteilen zu können, markiert man mit vier Blumentöpfen ein Quadrat nach dem anderen.

vermehrtes Algenwachstum zur Folge hat. Lichten Sie Sauerstoff bildende Pflanzen aus und entfernen Sie Wasserlinsen sowie Algen.

DÜNGEN SIE RASEN

Im Spätsommer sollte man den Rasen nicht mit Stickstoff düngen, weil er den Wuchs vieler neuer Gräser begünstigt, die anfangs allerdings sehr empfindlich sind und somit den Winter nicht überstehen würden. Phosphat hingegen fördert das Wachstum der Wurzeln und erhöht die Widerstandsfähigkeit des Grases. Phosphatpräparate sind fertig gemischt als Herbstdünger für Rasen erhältlich. Halten Sie sich aber exakt an die Vorgaben des Herstellers. Ein Streuwagen verteilt den Dünger gleichmäßig und erspart Ihnen das mühsame Abstecken der Flächen. Er kann auch gemietet werden.

Gießen Sie nur, wenn es unbedingt erforderlich ist. Gut eingewachsener Rasen muss nicht gesprengt werden, weil Gras sich schnell erholt und sporadische Regenfälle völlig ausreichen.

MÄHEN SIE DEN RASEN

Mähen Sie weiter regelmäßig den Rasen, stellen Sie die Rotorblätter bei Hitze und Trockenheit aber etwas höher. Im Hochsommer muss nicht so oft geschnitten werden, weil das Gras nicht so schnell wächst. Das Schnittgut kann bei trockenem Wetter auf dem Rasen liegen bleiben. Es dient als Mulch, verhindert ein zu rasches Verdunsten der Feuchtigkeit und verrottet problemlos.

BÄUME, STRÄUCHER & KLETTERER

DÜNGEN UND WÄSSERN SIE TOPFPFLANZEN

Sträucher und Bäume in Gefäßen brauchen genauso viel Pflege wie Sommerblumen, müssen also gegossen und gedüngt werden. Verabreichen Sie Ihnen Kali, damit statt weicher, saftreicher Triebe härteres Gewebe heranreift, das den Winter gut übersteht.

ENTFERNEN SIE VERBLÜHTES VON ROSEN

Schneiden Sie weiterhin die welken Blüten von Rosen ab. Dann bilden die Pflanzen neue Triebe und Blüten, statt ihre Energie in die Entwicklung von Samen zu stecken. Vor allem moderne Gartenrosen sind so wuchskräftig, dass sie nach dem Herausnehmen des Flors zuweilen vor Beginn der kalten Jahreszeit erneut blühen. Bei mildem Wetter kann man sich mitunter bis in den November hinein an Rosen erfreuen. Kürzen Sie die Triebe mindestens auf ein oder zwei Blätter unterhalb des Blütentriebansatzes und ein gesundes, außenständiges Auge zurück. Eventuell müssen Sie mehr herausnehmen, bis Sie auf ein brauchbares Auge stoßen. Doch seien Sie unbesorgt: Je radikaler man stutzt, desto kräftiger wachsen die neuen Triebe.

SCHNEIDEN SIE RAMBLER-ROSEN

Der Schnitt von holzigen Pflanzen im Allgemeinen und Rosen im Besonderen wird häufig als eine verzwickte Angelegenheit geschildert. Rambler-Rosen hingegen sind ganz einfach zu stutzen. Man muss nur wissen, dass sie am vorjährigen Holz blühen. Alle abgeblühten Seitentriebe kürzt

Rosen wie Rosa *'Albertine' werden im Sommer geschnitten, wenn man die unterschiedlichen Arten von Trieben gut erkennt.*

Der Rückschnitt blühender Seitentriebe von Rambler-Rosen fördert den Neuaustrieb.

man auf 1–2 Augen oberhalb der Hauptäste ein. Binden Sie kräftige neue Ruten fest und schneiden Sie altes Holz bis zum Boden zurück. Dadurch fördert man den Neuaustrieb aus der Basis.

STUTZEN SIE LAVENDEL

Wenn Sie nicht ohnehin die Samenstände bereits zum Trocknen abgeschnitten haben, gehen Sie jetzt mit einer Heckenschere über die Pflanzen, entfernen die alten Blüten und kürzen die Triebspitzen um 2–3 cm. Dadurch werden verstärkt Seitentriebe ausgebildet und die Pflanzen bleiben buschig und dicht.

Lavendel wächst selten aus altem Holz nach; wenn die Sträucher also alt und langbeinig sind, schneidet man entweder Stecklinge oder entfernt sie vollständig und kauft neue Exemplare. Bei schwerem, tonhaltigem Boden arbeitet man vor dem Setzen von Jungpflanzen viel groben Sand bzw. Kies ein. Das erhöht die Durchlässigkeit des Bodens – die Pflanze wird es Ihnen danken.

SCHNEIDEN SIE HECKEN

Die meisten bekommen Ende des Monats den letzten Schnitt, da sie danach nicht mehr viel wachsen. Nur Koniferen müssen eventuell noch einmal gestutzt werden. Wenn der lebendige Zaun oben gerade abschließen soll, spannen Sie am besten auf der gewünschten Höhe eine Schnur. Ziehen Sie mit einer motorbetriebenen Heckenschere oder einer Handschere zunächst an den Seiten von unten nach oben, damit die Zweige abfallen und man sieht, wo man schneidet. Der obere Abschluss entlang der Schnur kommt als Letztes an die Reihe. Hecken sollten übrigens nach oben hin schmaler zulaufen; so sind sie witterungsbeständiger.

Schneiden Sie die Triebe von Aucuba japonica *bis weit in den Strauch hinein zurück, damit man die Schnittwunden nicht sieht.*

Wenn Sie Koniferenhecken im vergangenen Monat noch nicht geschnitten haben, sollten Sie es jetzt tun. Es wird oft empfohlen, Koniferenhecken nur mit der Handschere zu stutzen, weil motorbetriebene Geräte die Triebe quetschen. Der Schaden ist aber so minimal, dass er kaum ins Gewicht fällt und durch den Neuaustrieb im Nu überdeckt wird. Viel wichtiger ist es, Koniferenhecken nicht weiter in die Höhe und Breite

Spannen Sie beim Schneiden von Hecken eine Schnur – nichts ist hässlicher als eine schiefe Oberkante.

Beim Einsatz von Motorheckenscherer hält man die Klinge parallel zur Hecke und zieht sie in einer weiten, runden Bewegung.

wuchern zu lassen als vorgesehen, denn wenn man zu lange wartet und sie dann auf hartes, altes Holz zurückschneiden muss, wachsen sie nie wieder nach. Eine Ausnahme ist die Eibe (*Taxus*), die bis auf sehr altes Holz zurückgenommen werden kann und trotzdem problemlos neu austreibt.

Großblättrige Hecken wie die Aukube stutzt man überhaupt nicht mit Heckenscheren, weil dabei die Blätter verletzt werden und sich an den Rändern braun färben. Für den Schnitt solcher Gewächse nimmt man eine Gartenschere. Man spannt wieder eine Schnur, beginnt an den Seiten und arbeitet sich von unten nach oben vor. Das kann besonders bei großen Sichtschutzpflanzungen ziemlich beschwerlich und zeitraubend sein, doch die Mühe lohnt sich, denn ohne braune Blattränder sehen die Hecken sehr viel besser aus.

BLÜTENPFLANZEN

ENTFERNEN SIE OHRWÜRMER

Chrysanthemen und Dahlien entfalten ihre Blütenpracht den ganzen Spätsommer und Herbst hindurch bis zu den ersten Frösten und bleiben auch als Schnittblumen lange schön. Ein weiterer Vorzug: Je mehr man sie schneidet, desto bereitwilliger blühen sie.

Die Freude an diesen faszinierenden Pflanzen wird nur in einem Punkt getrübt: Sie ziehen Ohrwürmer magisch an. Ein wirksames Mittel gegen die Plagegeister sind umgedrehte, mit Stroh oder Zeitungsschnipseln gefüllte Töpfe auf Stangen. Ohrwürmer verkriechen sich tagsüber gern darin. Dann kann man die Töpfe leeren und ihre Insassen auf geeignete Weise entsorgen.

Ohrwürmer verkriechen sich gern in umgedrehten Blumentöpfen auf Stöcken, die mit Heu oder Stroh gefüllt wurden.

SCHNEIDEN SIE STAUDEN ZURÜCK

Wenn Stauden umfallen oder sich auf dem Rasen bzw. Beet breit gemacht haben, sollte man sie zurückstutzen. Bei feuchter Witterung knicken höherwüchsige Stauden, insbesondere Garben (*Achillea*), gern zur Seite und begraben kleinere Gewächse unter sich. Kürzen Sie die gestrauchelten Pflanzen, damit ihre Nachbarn sich erholen und blühen können. Die geschnittenen Exemplare treiben gelegentlich erneut aus und schmücken sich im Herbst noch einmal mit einem Flor.

Auch Rasen wird durch niedergedrückte Stauden in Mitleidenschaft gezogen. Wenn Sie die Stauden zurückschneiden, die betroffenen Stellen wässern und mit etwas Rasendünger verwöhnen, wächst das Gras im Nu nach.

Winterharte Geranien, die bisher ungehindert wuchern durften, sollten jetzt geschnitten werden. Sie sind danach nicht nur hübscher anzusehen, sondern blühen im Herbst noch einmal.

GIESSEN SIE REGELMÄSSIG

Wässern und düngen Sie Sommerblumen und Stauden in Hängekästen, Kübeln und anderen Gefäßen weiter regelmäßig. Bei sehr heißer Witterung muss eventuell sogar mehrmals am Tag gegossen werden.

Breiten sich Stauden auf den Rasen aus, kann das Gras darunter absterben. Man stutzt sie deshalb rechtzeitig zurück.

Verabreichen Sie Ihren Gewächsen außerdem mindestens einmal pro Woche einen Kalidünger, damit sie bis weit in den Herbst hinein blühen.

Werden die Zwiebeln der Madonnenlilie jetzt gepflanzt, öffnen sie im Hochsommer des nächsten Jahres reinweiße Prachtblüten.

PFLANZEN SIE MADONNENLILIEN

Setzen Sie Madonnenlilien (*Lilium candidum*). Im Allgemeinen kommen Lilienzwiebeln zwischen November und Frühjahr in die Erde, doch die Madonnenlilie braucht Keimruhe und beginnt nach einem Monat auszutreiben.

Wohl fühlt sich das edle Gewächs an einer warmen, sonnigen Stelle in durchlässigem Boden. Sie darf nicht so tief gesetzt werden wie andere Liliensorten: Bedecken Sie die Zwiebel mit lediglich 3–5 cm Erde. Düngen Sie die Pflanze nach der Blüte.

SAMMELN SIE DIE SAMEN WINTERHARTER EINJÄHRIGER

Mit Ausnahme nicht sortenechter F1-Hybriden lassen sie sich fast alle aus Saatgut vermehren. Man nimmt die Samen an einem trockenen, sonnigen Tag ab, breitet sie auf einem Blatt Papier aus und sortiert die Hülsen aus. Eine mühselige Arbeit, doch wenn Pflanzenreste zwischen den Körnern bleiben, besteht die Gefahr, dass die Körnchen faulen. Ein altes Küchensieb leistet nützliche Dienste, um die »Spreu vom Weizen zu trennen«. Die Samen kommen dann in beschrifteten Tütchen an einen kühlen, trockenen Platz – ideal ist eine luftdichte Box im unteren Fach eines Kühlschranks.

Die Samenkapseln der Judassilberlinge (Lunaria annua) *enthalten mehrere reife Samen. Man lagert sie im Kühlschrank*

KNIPSEN SIE DIE WELKEN BLÜTEN VON SOMMERBLUMEN AB

Sie sollen ihre Energien schließlich nicht in die Entwicklung von Samen stecken, sondern bis in den Herbst hinein Flor tragen. Irgendwann gegen Ende des Monats aber ist ihre Zeit unweigerlich vorbei. Man schneidet sie dann ab und wirft sie auf den Kompost. Die entstandenen Lücken in den Beeten füllt man mit größeren Topfblumen, die man auspflanzt oder mitsamt dem Gefäß in der Erde versenkt, damit sie sich im Herbst wieder herausholen lassen.

SCHNEIDEN SIE STECKLINGE

Jetzt ist die beste Zeit, um Stecklinge von Pelargonie, Fuchsie und anderen frostempfindlichen Stauden zu schneiden. Das ist natürlich von Frühling bis Herbst jederzeit möglich. Werden die Triebe aber erst nach dem September abgenommen, kann man sie vor dem nächsten Frühjahr nicht mehr eintopfen. Das Abnehmen von Stecklingen ist sehr einfach. Man schneidet etwa 10 cm lange, kräftige, nicht blühende Triebe oberhalb eines Auges von der Mutterpflanze ab, entfernt die unteren Blätter und stutzt den Steckling bis unterhalb eines Blattansatzes zurück.

Bei Pelargonien sollten Sie die papierähnlichen Nebenblätter am Grund der Blattstiele abnehmen. Pelargonien schlagen problemlos Wurzeln; bei allen anderen Arten erhöht eine Behandlung mit Bewurzelungshormonen die Erfolgschancen. Die Stecklinge werden dicht am Rand in Töpfe mit Stecklingserde gesteckt und mit einer durchsichtigen Plastikfolie überspannt; lediglich bei Pelargonien verzichtet man auf eine Abdeckung, da sich auf den feinen Härchen des Laubs Feuchtigkeit sammelt und die Pflänzchen deshalb leicht faulen. Nach etwa vier Wochen sind die Stecklinge bewurzelt und können für die Überwinterung unter Glas eingetopft werden.

HALBAUSGEREIFTE STECKLINGE NEHMEN

1 Schneiden Sie einen an der Spitze noch weichen Trieb knapp unter einer Blattachsel ab. Entfernen Sie den weichen Wuchs an der Spitze und werfen Sie ihn weg.

2 Setzen Sie an der Stängelbasis einen 1,5 cm langen Schnitt an und tauchen Sie dieses Ende in Bewurzelungshormon. Überschüssiges Pulver wird abgeklopft.

3 Stecken Sie die Triebe bis zu den untersten Blättern in Stecklingserde. Drücken Sie das Substrat um sie herum gut an und wässern Sie mit Leitungswasser.

4 Stülpen Sie eine Plastikfolie über den Topf; die Blätter dürfen die Folie jedoch nicht berühren. Stecken Sie Stäbe an den Topfrand, um die Folie auf Distanz zu halten.

KÜCHENGARTEN

ERNTEN SIE JUNGES GEMÜSE

Jung und knackig schmeckt es am besten. Mit zunehmendem Alter verliert sich der Geschmack und die Früchte werden faserig.

Wenn Kürbis- und Zucchinipflanzen regelmäßig abgeerntet werden, regt man sie zur Bildung neuer Blüten und Früchte bis in den Herbst hinein an. Auch Sommerkohl dürfte jetzt reif sein – holen Sie ihn aus dem Garten, bevor die Schädlinge sich über ihn hermachen.

Schneiden Sie Zucchini, solange sie jung sind, denn so schmecken sie am besten. Zudem macht man Platz für neue Früchte.

BOHNEN PFLÜCKEN UND EINFRIEREN

Pflücken Sie Bohnen und frieren Sie sie für später ein. Natürlich schmeckt Gemüse am besten, wenn es direkt aus dem Garten in die Küche kommt. Aber manchmal reifen so viele Früchte von einer Sorte auf einmal heran, dass man der Mengen nicht mehr Herr wird.

Stecken Sie ein paar davon in den Gefrierschrank – die meisten Gemüsesorten, darunter Stangenbohnen (*Phaseolus vulgaris*), Feuerbohnen (*Phaseolus coccineus*) und Dicke Bohnen (*Vicia faba*), können problemlos eingefroren werden. Im Winter freut man sich über das selbstgezogene Grünzeug aus dem eigenen Garten.

In Schönwetterperioden können Zwiebeln zum Trocknen draußen liegen bleiben.

ERNTEN SIE WEITER ZWIEBELN

Sobald der oberirdische Wuchs umfällt, ist die Zeit der Ernte gekommen. Es ist aber nicht nötig, das Laub selbst umzutreten, wie man es oft liest. Lockern Sie die Zwiebeln möglichst an einem trockenen Tag vorsichtig mit einer Grabgabel, heben Sie sie aus der Erde und lassen Sie sie zum Trocknen auf dem Beet liegen.

Bevor sie eingelagert werden, müssen sie völlig trocken sein. Bei feuchter Witterung deckt man sie mit einer Plastikplane ab oder breitet sie unter Dach aus.

ERNTEN SIE FRÜHÄPFEL UND FRÜHBIRNEN

Wenn bereits einige Früchte am Boden liegen, ist das Obst reif. Um sicher zu gehen, nimmt man eine Frucht in die hohle Hand und dreht sie vorsichtig – reife Exemplare lösen sich leicht mit Stängel vom Baum.

Frühe Apfel- und Birnensorten lassen sich nicht lange lagern und sollten bald verarbeitet werden. Beschädigte Früchte kommen zuerst an die Reihe, während Ungenießbares auf den Kompost wandert.

Reifeprüfung: Nehmen Sie die Frucht in die hohle Hand und drehen Sie sie um 90°.

AUGUST-PROJEKT

BEINWELL-DÜNGER

Die buchstäbliche Grundlage jedes Gartens ist gute Erde. Selbst ein von Natur aus nährstoffreicher Boden profitiert davon, wenn man ihn etwas aufpeppt. Man kann sich Biodünger problemlos selbst herstellen – das spart Geld und nutzt obendrein der Umwelt. Besonders einfach auszubringen ist Flüssigdünger, etwa aus Beinwell (*Symphytum officinale* oder *S.* × *uplandicum*). Aus den Blättern, im Sommer und Herbst gesammelt, lässt sich eine nährstoffreiche Lösung »anrühren«. Aber Vorsicht beim Eigenanbau: Beinwell treibt aus kleinen Wurzelstücken neu aus; man wird ihn nur noch schwer los, wenn er sich einmal festgesetzt hat.

1 Blätter morgens ernten, *wenn sie am frischesten sind, und in einen Eimer mit etwa 8 l Fassungsvermögen legen. Mit einem Stein oder Betonstück beschweren und Eimer abdecken.*

2 Nach etwa 3 Wochen *Abdeckung abnehmen und prüfen, wie viel Flüssigkeit vorhanden ist. Hat sich noch keine Brühe gebildet, erneut abdecken und noch eine Woche stehen lassen.*

3 Flüssigkeit abgießen *durch ein Sieb oder grob gewebtes Tuch. Für Dünger an Wurzeln zwei Esslöffel auf einen Liter Wasser, für Blattdünger einen Esslöffel auf einen Liter Wasser geben.*

BODENVERBESSERER

Gründünger verbessern Nährstoffgehalt wie Struktur des Bodens und beugen Unkraut vor. Sie werden nicht geerntet, sondern eingearbeitet.

- Im Herbst gesäter Roggen unterdrückt Unkraut und bindet Nährstoffe im Erdreich.
- Senf wird von März bis September gesät. Er wächst rasch und macht den Boden krümelig.
- Futterwicke sät man im Frühjahr oder Herbst. Sie drängt Unkraut zurück und bindet Stickstoff.

DUFTWICKE

1

***Lathyrus odoratus* Bijou-Gruppe**
Eine Selektion mit kompaktem Wuchs. Von Juni bis September erscheinen zartrote Blüten mit gewellten Kronblättern. Heute gibt es viele Zuchtformen im Handel, gewöhnlich mit duftenden Blüten in Weiß, Rot, Rosa oder Blautönen. Wicken sind dankbare Schnittblumen.
↕ bis 45 cm ↔ bis 45 cm

KULTUR Bevorzugt Sonne und nährstoffreichen, gut durchlässigen Boden. Samen im Spätwinter unter Glas bzw. zwischen Ende März und Mai ins Freiland aussäen. Welke Blüten regelmäßig entfernen.

WUCHERBLUME

2

Argyranthemum foeniculaceum
Kompakter, wuchskräftiger Halbstrauch, immergrün, aber frostempfindlich. Kontinuierlich von Sommer bis Herbst ungefüllte, margeritenähnliche Blütenkörbchen in Weiß mit gelber Mitte. Ganzjährig fiederteilige, blaugrüne Blätter.
↕ bis 80 cm ↔ bis 80 cm

KULTUR Bevorzugt in vollsonniger, gegebenenfalls auch halbschattiger Lage in gut durchlässigen Boden pflanzen. Um den buschigen Wuchs zu fördern, regelmäßig entspitzen und verwelkte Blüten entfernen. In kalten Gegenden unter Glas überwintern.

2

TRICHTERSCHWERTEL 3

Dierama pulcherrimum Kräftige, immergrüne Knollenpflanze. Trägt auf hohen Stängeln im Spätsommer und Herbst an zarten Stielen glockenförmige, blass bis dunkel magentarosa Blüten. Grasartiges, graugrünes Laub.
↕1–1,5 m ↔ 60 cm

KULTUR Optimal in voller Sonne in humus- und nährstoffreicher, durchlässiger Erde. Bei Trockenheit gut gießen. Die Knollen im Frühjahr 5–7 cm tief legen. Pflanzen alle 3–4 Jahre teilen.

3

GARTEN-FUCHSSCHWANZ

1

Amaranthus caudatus Kräftig-buschige, aufrechte Staude, meist als frostempfindliche Einjährige gezogen. Von Sommer bis Herbst lang herabhängende Scheinähren in Karmin- bis Purpurrot. Üppiges Laub an roten oder purpurnen Stielen. Die Blüten eignen sich für Trockensträuße.
↕ 1–1,5 m ↔ 45–75 cm

KULTUR An einem vollsonnigen, geschützten Standort in humusreicher Erde ziehen. Verträgt auch karge Böden. Aussaat im zeitigen Frühjahr unter Glas. Erst auspflanzen, wenn die Frostgefahr vorüber ist.

OSTEOSPERMUM

2

Osteospermum jucundum 🏆 Wuchskräftige, horstbildende, immergrüne Staude. Im Spätsommer öffnen sich zahlreiche margeritenähnliche Blüten, deren Farbnuancen von Zartrosa bis Magentarot reichen. Das dichte, graugrüne Laub ist ein hervorragender Bodendecker.
↕ 10–50 cm ↔ 50–90 cm

KULTUR Braucht Sonne und durchlässige Böden. Regelmäßiges Entfernen welker Blüten verlängert die Blühdauer. In kalten, nassen Wintern gefährdet, weshalb man im Spätsommer Triebstecklinge nimmt und die Pflänzchen unter Glas überwintert.

KAPUZINERKRESSE 3

Tropaeolum speciosum 🏆 Mäßig wüchsige, kletternde, krautige Staude. Leuchtend scharlachrote, gespornte Blüten an schlanken Stängeln, die sich vom Sommer bis in den Herbst hinein zahlreich öffnen. Sehr schönes, fingerförmiges, leuchtend grünes Laub.

↕ bis 3 m oder mehr ↔ bis 3 m

KULTUR In feuchten, leicht nährstoffreichen, schwach basischen Böden im Schatten; der obere Wuchs sollte in die Sonne ragen. Wurzeln brechen leicht. Vorsichtig pflanzen.

SCHARLACHROTER SALBEI

1

***Salvia coccinea* 'Lady in Red'** 🏆 Aufrechte, buschige, nicht winterharte Staude, die oft einjährig kultiviert wird. Schlanke offene Trauben aus leuchtend roten Blüten, die sich von Sommer bis Herbst öffnen. Herzförmige, gezähnte und geaderte Blätter von dunkelgrüner Färbung.
↕40 cm ↔ 30 cm

KULTUR An vollsonnigen Standorten in moderat nährstoffreichen, durchlässigen Böden. Den Winter überlebt dieser Salbei in unseren Breiten nicht, deshalb nimmt man im Frühjahr oder Sommer Stecklinge und bringt Jungpflanzen unter Glas durch die kalte Jahreszeit.

SCHMETTERLINGSSTRAUCH

2

Buddleja davidii Wuchskräftiger, sommergrüner Strauch mit gebogenen Zweigen. Von Sommer bis Herbst violettrosa Blüten in dichten, übergeneigten Rispen. Attraktives, mittel- bis graugrünes Laub. Zieht Schmetterlinge an.
↕3 m ↔ 5 m

KULTUR Verträgt Streuschatten, blüht aber in voller Sonne am schönsten. Gedeiht in jedem fruchtbaren, gut drainierten und humosen Boden. Im zeitigen Frühjahr den vorjährigen Zuwachs bis auf ein dauerhaftes Astgerüst zurückschneiden.

2

RISPENHORTENSIE 3

***Hydrangea paniculata* 'Grandiflora'** ♕
Wuchskräftiger, sommergrüner Strauch. Im Juli und August bilden sich große, kegelförmige Rispen mit weißen, später rosa überhauchten Blüten. Dunkelgrüner Blattschmuck. Blüten eignen sich zum Trocknen.
↕3–7 m ↔ 2,5 m

KULTUR Hortensien lieben nährstoff- und humusreiche, feuchtigkeitsspeichernde Böden und sonnige bis halbschattige, windgeschützte Lagen. Minimal beschneiden; für große Blüten jedoch im späten Winter Seitentriebe bis auf etwa 5–8 cm vor dem Haupttrieb zurückschneiden.

3

NEMESIE 1

Nemesia caerulea Wuchskräftige, buschige, am Grund verholzende Staude. Zwischen Frühsommer und Herbst öffnen sich rosa, blassblaue, lavendelblaue oder weiße Blüten mit gelbem Schlund. Sie stehen in endständigen Trauben. Dunkelgrünes Laub.
↕60 cm ↔ 30 cm

KULTUR An einem vollsonnigen, geschützten Standort in mäßig nährstoffreichem, durchlässigem Boden ziehen. Nemesien sind frostempfindlich und gehen in kalten Wintern ein. Topfpflanzen stellt man daher im Herbst in ein Gewächshaus. Ansonsten im Sommer Triebstecklinge nehmen und Jungpflanzen unter Glas überwintern.

PURPURSONNENHUT 2

***Echinacea purpurea* 'White Swan'** Wüchsige, aufrechte, horstbildende Staude. Ab Hochsommer bis in den Herbst hinein große, ungefüllte, weiße Körbchenblüten mit orangebrauner Mitte. Schmale, rau behaarte, grundständige Blätter.
↕60 cm ↔ 45 cm

KULTUR Möglichst in voller Sonne, gegebenenfalls auch an einem absonnigen Standort in nährstoffreicher, humoser, durchlässiger Erde ziehen. Welke Blütenstiele zurückschneiden, um eine zweite Blüte anzuregen.

2

ROSENKELCH 3

Rhodochiton atrosanguineus 🏆

Frostempfindlicher, krautiger, mehrjähriger Ranker. Trägt von August bis Oktober hängende, röhrenförmige, tief purpurrote Kelche, die von rosaroten »Schürzen«, den Tragblättern, umgeben sind. Dekorative herzförmige Blätter in sattem Grün.
↕3 m ↔ 75 cm

KULTUR In der Sonne oder im Streuschatten in humushaltigem, feuchtem, aber durchlässigem Boden. Im Sommer ggf. zurückschneiden. Frostfrei überwintern.

3

INDIANERNESSEL 1

***Monarda* 'Mahogany'** Wuchskräftige, horstbildende Staude. Zwischen Juli und September entwickeln sich dichte, endständige Quirle aus weinroten Blüten. Sie sind eine gute Bienenweide. Aromatisch duftende, dunkelgrüne Blätter mit roter Äderung.

↕ 90 cm ↔ 45 cm

KULTUR Bevorzugt sonnige Lagen, verträgt aber auch Streuschatten. Wächst in jedem nährstoffreichen, gut durchlässigen, auch im Sommer zuverlässig feuchten Boden. Verdichtete Horste im Frühjahr teilen.

GARTENVERBENE 2

***Verbena* × *hybrida* Sandy-Serie**
Diese kompakte und aufrecht wachsende Sortengruppe trägt Blüten in der Farbpalette von Rosarot mit weißem Auge über Magenta- und Hellrot bis Weiß; Farbmischungen sind erhältlich. Obwohl es Stauden sind, werden diese Verbenen meist einjährig gezogen.

↕ 25 cm

KULTUR In mäßig nährstoffreichen, feuchten, aber durchlässigen Böden an vollsonnigen Standorten. Im zeitigen Frühjahr unter Glas aussäen. Das Abzwicken welker Blüten regt die Pflanzen zur stärkeren Blütenbildung an.

INDIGOSTRAUCH 3

Indigofera heterantha 🏆 Mittelgroßer, sommergrüner Strauch mit übergeneigten Ästen. Von Juli bis Oktober öffnen sich violettrosa Schmetterlingsblüten, die in schlanken, aufrechten Trauben stehen. Elegantes graugrünes Laub.
↕ 2–3 m ↔ 2–3 m

KULTUR Bevorzugt volle Sonne und nährstoffreiche, feuchte, aber durchlässige Böden. Im März–April wuchernde oder beschädigte Triebe herausnehmen. Sollten Frostschäden auftreten, alle Zweige bis auf das holzige Gerüst zurückschneiden.

2

3

FUCHSIE

1

***Fuchsia* 'Auntie Jinks'** Mäßig wüchsiger, halbwinterharter, hängender Strauch. Von Frühsommer bis Spätherbst öffnen sich zahlreiche ungefüllte Blüten mit rosaroter Röhre, kirschrot gerandeten, weißen Kelchblättern und purpurner Krone. Im Winter unscheinbar.
↕15–20 cm ↔ 20–40 cm

KULTUR In Sonne oder Streuschatten in nährstoffreicher, durchlässiger Topferde ziehen. Auspflanzen, wenn die Frostgefahr vorüber ist, und nicht im Freien überwintern. Regelmäßig welke Blüten entfernen. Im Frühjahr kräftig zurückschneiden.

SKABIOSE

2

***Scabiosa* 'Butterfly Blue'** Horstbildende, breitwüchsige, krautige Staude. Lavendelblaue, von drahtigen Stängeln getragene Blüten, die sich im Sommer entfalten und Schmetterlinge sowie Bienen anlocken. Geteilte, graugrüne, grundständige Blätter.
↕40 cm ↔ 40 cm

KULTUR Bevorzugt mäßig nährstoffreiche, durchlässige Böden an voll- bis absonnigen Standorten.

GARTENMONTBRETIE 3

***Crocosmia* × *crocosmiiflora* 'Jackanapes'**
Mäßig wüchsige, aufrechte Knollenpflanze. Leicht gebogene Ähren mit orangeroten und gelben Blüten entwickeln sich von Juli bis September. Die schwertförmigen Blätter halten sich fast das ganze Jahr.
↕40–60 cm ↔ 8 cm

KULTUR Liebt volle Sonne, verträgt aber Halbschatten. Die Knollen 8–10 cm tief in nährstoffreiche Erde, bei schwerem Lehmboden auf einer Schicht Kies pflanzen. Alle 3–4 Jahre im Frühjahr ausgraben und teilen.

ARMENISCHER STORCHSCHNABEL 1

Geranium psilostemon ♕ Wüchsige, horstbildende Staude. Trägt im Juni–Juli lockere Trugdolden aus aufwärts gerichteten, magentaroten Blüten mit schwarzer Mitte und Aderung. Die im Frühjahr purpurn und im Herbst rot getönten Blätter sind ein guter Bodendecker.
↕60–120 cm ↔ 60 cm

KULTUR An sonnigen bis absonnigen Standorten in nährstoffreichen Böden. Für einen dauerhaften Flor regelmäßig welke Blüten entfernen.

JAPANISCHE ANEMONE 2

***Anemone* × *hybrida* 'Elegans'** ♕ Wuchsfreudige, aufrechte, sich stark ausbreitende Staude. Vom Spätsommer bis in den späten Herbst erscheinen ungefüllte Blüten in zartem Rosa, das allmählich verblasst. Die dreiteiligen, dunkelgrünen Blätter bilden einen bodendeckenden Teppich.
↕75–120 cm ↔ unterschiedlich

KULTUR Vorzugsweise in feuchten, humosen Böden in sonniger oder halbschattiger Lage. Der starken Tendenz zur Ausbreitung kann man durch Ausgraben unerwünschter Teilstücke beikommen.

2

EUROPÄISCHER PERÜCKENSTRAUCH 3

Cotinus coggygria* f. *purpureus

Wüchsiger, breitbuschiger, sommergrüner Strauch. Fedrige Rispen aus winzigen, gelbbraunen bis purpurnen Blüten, die sich im Spätsommer rauchgrau färben. Fruchtstände ähneln wuscheligen Perücken; eiförmige, grüne Blätter im Herbst gelb bis orange und schließlich flammend rot.
↕5 m ↔5 m

KULTUR In mäßig nährstoffreichen, feuchten, durchlässigen Böden. Für größeres, intensiver gefärbtes Laub ältere Pflanzen im Frühjahr kräftig zurückschneiden.

3

BUSCHMALVE 1

***Lavatera* × *clementii* 'Barnsley'**
Sehr wuchskräftiger, buschiger, halbimmergrüner Strauch. Den ganzen Sommer hindurch öffnen sich becherförmige, zunächst weiße, später zartrosa getönte Blüten mit rotem Auge. Hübsch gelappte, graugrüne Blätter.
↕2 m ↔ 2 m

KULTUR Bevorzugt offene, sonnige Standorte. In mäßig nährstoffreicher, durchlässiger Erde kultivieren. An exponierten Stellen vor Wind schützen. Im Frühjahr bis auf gesunde, niedrige Knospen zurückschneiden und einen ausgewogenen Dünger verabreichen.

ZONALPELARGONIE 2

***Pelargonium* 'Apple Blossom Rosebud'** 🏆 Frostempfindliche, immergrüne Staude mit fleischigen Stängeln. Große Dolden weißer Blüten mit rosa Rändern. Sie blühen von Sommer bis Herbst. Rundliche, blassgrüne Blätter.
↕40 cm ↔ 25 cm

KULTUR Pelargonien werden in nährstoffreiche, durchlässige Garten- oder Topferde gesetzt. Sie können in der prallen Sonne stehen. Man bringt sie nach draußen, wenn die Frostgefahr vorüber ist. Einmal in der Woche sollte mit Kali gedüngt werden. Regelmäßig welke Blüten entfernen. Überwinterung unter Glas.

1

2

GAZANIE

3

***Gazania* Chansonette-Serie** Wüchsige, halbwinterharte Staude, oft als Einjährige kultiviert. Den ganzen Sommer hindurch öffnen sich Körbchenblüten in Bronzegelb, Orange, Rosarot, Lachsrosa oder Rot mit kontrastierendem Farbring. Die glänzend dunkelgrünen Blätter sind unterseits silbrig behaart.
↕20 cm ↔ 25 cm

KULTUR Aussaat im Frühjahr bei 18–20 °C. Die Jungpflanzen nach den Eisheiligen in vollsonniger Lage in leichte, gut durchlässige Erde pflanzen. Für länger anhaltenden Flor regelmäßig welke Blüten entfernen.

3

PENSTEMON

Schnellwachsende, nicht ganz winterharte, immergrüne oder halbimmergrüne Stauden mit aufrechtem Wuchs. Die glockenförmigen Blüten präsentieren sich in allen Schattierungen von Weiß über Rosa, Lila, Rot bis hin zu Rotbraun. Dichte Horste aus kräftig grünen Blättern.

KULTUR Am besten in der Sonne, wenngleich Streuschatten vertragen wird. Man setzt Bartfaden in nährstoffreiche, durchlässige Böden. Schwere Tonböden lockert man mit Kies auf. Regelmäßig welke Blüten abzwicken. In unserem Klima überlebt Bartfaden im Freiland kaum; man nimmt daher im Spätsommer Triebstecklinge und überwintert sie unter Glas.

OBERE REIHE VON LINKS NACH RECHTS

- *P.* 'Burgundy'
  ↕90 cm ↔ 45 cm
- *P.* 'Stapleford Gem' 🏆
  ↕60 cm ↔ 45 cm
- *P.* 'Chester Scarlet' 🏆
  ↕60 cm ↔ 45 cm

UNTERE REIHE VON LINKS NACH RECHTS

- *P.* 'Alice Hindley' 🏆
  ↕90 cm ↔ 45 cm
- *P.* 'Maurice Gibbs' 🏆
  ↕75 cm ↔ 45 cm
- *P.* 'Apple Blossom' 🏆
  ↕60 cm ↔ 60cm

SPÄTBLÜHENDE CLEMATIS

Die Gruppe der spätblühenden *Clematis* umfasst groß- und kleinblumige Sorten und Arten, die ab Sommermitte und bis weit in den Herbst im Garten einen attraktiven Blickfang bilden.

KULTUR Spätblühende *Clematis* stellen an Standort und Boden gleiche Ansprüche wie frühblühende Sorten, werden aber anders geschnitten, da sie am diesjährigen Holz blühen: Sämtliche Vorjahrestriebe bis auf kräftige Wachstumsknospen 25–45 cm über der Erde zurückschneiden, sobald sie im Frühjahr aufbrechen. Durch leichten Rückschnitt einiger Jungtriebe, nachdem diese etwa 30–50 cm erreicht haben, lässt sich die Blüte verzögern und die Saison verlängern.

OBERE REIHE VON LINKS NACH RECHTS
- *C.* 'Hagley Hybrid'
  ↕2 m ↔ 1 m
- *C.* 'Ville de Lyon'
  ↕2–3 m ↔ 1 m
- *C.* 'Paul Farges' 🏆
  ↕7–9 m ↔ 3 m

UNTERE REIHE VON LINKS NACH RECHTS
- *C.* 'Jackmanii' 🏆
  ↕3 m ↔ 1 m
- *C.* 'Comtesse de Bouchaud' 🏆
  ↕2–3 m ↔ 1 m
- *C.* 'Abundance' 🏆
  ↕3 m ↔ 1 m

WAS ZU TUN IST SEPTEMBER

DAS WETTER

Die Haupterntezeit ist angebrochen und der Herbst beginnt – erste Laubverfärbungen sind nicht mehr zu übersehen. Sobald die Tage wieder kürzer werden, können Sie sich überlegen, wie Sie Ihren Garten nächstes Jahr gestalten und bepflanzen möchten.

KÜRZERE TAGE

Die wechselhafte Witterung Ende August geht im ersten Septemberdrittel häufig in eine stabile Schönwetterlage über. Während im zweiten Monatsdrittel meist Regenwetter überwiegt, ist das letzte Septemberdrittel wieder durch eine typische Schönwetterphase, den »Altweibersommer«, geprägt. Statistisch gesehen kann man sich auf keine Wetterlage so sicher verlassen wie auf den Altweibersommer: In sieben von zehn Jahren beschert er nach ersten kühlen und feuchten Herbsttagen noch einmal schönes Wetter und Süddeutschland Temperaturen über 30 °C.

Im Rekordherbst 2006, dem wärmsten Herbst seit Beginn der Wetteraufzeichnungen im Jahr 1901, war es deutschlandweit mit 12,0 °C im Durchschnitt eindeutig zu warm. In den drei Herbstmonaten September, Oktober und November stieg das Thermometer um 3–4 Grad höher als normal.

WINDARMER MONAT

Der Wind spielt bis zur Monatsmitte keine große Rolle. Erst im letzten Drittel, nach der Tagundnachtgleiche am 23. September, können kräftige Stürme übers Land ziehen, die sehr wahrscheinlich das erste kühle Herbstwetter mit sich bringen.

SONNENSCHEINDAUER

Im Schnitt scheint die Sonne im September 150 Stunden lang, das ergibt fünf Sonnenscheinstunden am Tag. Die flachere Sonneneinstrahlung macht sich bereits bemerkbar und statt zu brennen, wärmt die Sonne angenehm.

STARKE REGENFÄLLE

Wenn warme Luft aus Südosten über kältere Bodenluft aufgleitet – eine für diese Jahreszeit typische Aufgleitwetterlage –, kann dies extreme Tagesniederschlagsmengen von mehr als 100 mm verursachen. Trotzdem weisen September und Oktober die häufigsten und längsten Trockenperioden auf. Sie können bis zu 40 Tage anhalten. Im Alpenraum wiederum haben die Niederschläge in den letzten 20 Jahren leicht zugenommen.

SCHNEE IM BERGLAND

In Nordlagen fällt am Alpennordrand viel Regen. Verbunden mit relativ kühlen Temperaturen kann es bis auf 1500 m herab schneien.

ALLGEMEINE GARTENARBEITEN

BAUEN SIE SICH EINEN KOMPOSTER

Guter Gartenhumus ist Gold wert: Er holt das Beste aus Ihren Pflanzen heraus. Gerade bei intensiver Nutzung, wie bei kleinen Grundstücken üblich, ist es wichtig, der Erde zurückzugeben, was ihr genommen wurde. Kaufen Sie sich einen Kompostbehälter; es gibt sie in jeder Ausstattung und Größe. Besser noch: Bauen Sie sich selbst einen. Das ist billiger und geht ganz leicht. Ein Komposter Marke Eigenbau passt in jede Gartenecke. Das Geheimnis guten Komposts liegt in der ausgewogenen Mischung verschiedener organischer Abfälle. Holz und kranke Pflanzenteile allerdings gehören nicht hinein. Wenn Sie Gemüse anbauen, können Sie über Mangel an Grünzeug zum Kompostieren sowieso nicht klagen.

Dieser Komposter ist vorne offen. Kartons zwischen der doppelten Wand aus Maschendraht isolieren den Inhalt.

Als Alternative zu Karton bietet sich Stroh an, das man zwischen den Maschendraht stopft. Die Vorderseite besteht aus Brettern.

Ein Komposter lässt sich unschwer bauen; man kann ihn nach Belieben erhöhen. Plastikplanen halten Regen ab und isolieren.

In Gartencentern gibt es Komposter einsatzfertig zu kaufen. Exemplare aus Kunststoff faulen nicht und sind preiswert.

SÄUBERN SIE IHREN GARTEN

Schädlinge und Krankheiten können im September nicht mehr viel anrichten. Werden Sie aber nicht zu nachlässig: Jetzt ist die Zeit gekommen, Vorsorge zu treffen und möglichst alles zu beseitigen, was Schädlinge und Krankheitserreger über den Winter bringt. Reinigen Sie daher Beete und Rabatten. Alle welken Blätter müssen weg, damit weder Grauschimmel noch Mehltau ihr Unwesen treiben können. Krankes Material kommt in den Hausmüll oder wird verbrannt, der Rest darf auf den Kompost.

Einzelne Blattläuse kann man zerdrücken. Sitzen sie allerdings in Scharen auf zarten Triebspitzen, bietet sich der Griff zur Schere an. Auch von Mehltau befallene Teile schneidet man bis zu gesundem Wuchs zurück.

ENTFERNEN SIE FILZ

Im Laufe der Zeit häuft sich abgestorbenes Pflanzenmaterial im Rasen an. Geht man längere Zeit nicht dagegen vor, gibt es Probleme mit der Belüftung der Halme und der Ableitung des Oberflächenwassers. Das fördert wiederum die Ausbreitung von Moos und Unkraut. Den Filz bekämpft man durch Vertikutieren. Dazu schneidet man erst den Rasen möglichst kurz. Dann holt man die abgestorbenen Pflanzenreste mit einem Fächerbesen heraus. Das ist allerdings eine sehr anstrengende Tätigkeit. Für größere Flächen leiht man sich deshalb am besten einen motorbetriebenen Vertikutierer aus. Der Rasen sieht nach dem Bearbeiten zwar schrecklich aus, aber er erholt sich schnell und präsentiert sich dann schöner als je zuvor.

Mit einer Grabgabel belüftet man den Rasen alle paar Jahre. Lehmböden brauchen diese Kur allerdings häufiger.

Vertikutieren Sie den Rasen. Das Moos muss aber abgestorben sein, sonst verteilt man es nur und macht alles noch schlimmer.

Nach dem Belüften verabreicht man dem Rasen einen Kopfdüngung. Das verbessert die Drainage und erhöht den Nährstoffgehalt.

AERIFIZIERUNG UND KOPFDÜNGUNG

Der Untergrund einer Rasenfläche, die viel benutzt und häufig geschnitten wird, kann sich stark verdichten. Dagegen hilft das Belüften oder Aerifizieren. Stoßen Sie eine Grabgabel etwa 15 cm tief in 15-cm-Abständen in den Boden. Bei großen Flächen ist eine Maschine sinnvoll. Manche heben ein klein wenig Erde mit aus, was dem Rasen bei schweren Böden gut tut.

Geben Sie dem Rasen außerdem eine Kopfdüngung. Das gewährleistet, dass die bei der Aerifizierung entstandenen Löcher sich nicht gleich wieder schließen und verdichten; zudem wird die oberste Erdschicht verbessert, also mit Nährstoffen angereichert und gelockert. Verteilen Sie eine Mischung aus drei Teilen gesiebter

Lassen Sie die Mischung trocknen und arbeiten Sie sie dann mit dem Rücken eines Rechens oder einem Besen ein.

Gartenerde, zwei Teilen grobem Sand und einem Teil gesiebtem Gartenhumus auf der Fläche. Streuen Sie eine 1–2 cm dicke Schicht aus, die Sie mit einem Besen oder dem Rücken eines Rechens einarbeiten.

DÜNGEN UND REPARIEREN SIE DEN RASEN

Allerdings sollte diesmal kein stickstoffreicher Dünger zum Einsatz kommen. Er würde das Gras, das im Winter ruhen soll, zum Austrieb dünner, weicher Halme anregen.

Auch kahle Stellen im Rasen kann man jetzt reparieren. Entfernen Sie Abgestorbenes, Moos und Unkraut, lockern Sie den Boden und ebnen Sie ihn ein. Mischen Sie die Grassamen im Verhältnis 1:1 mit alter Topferde oder gesiebtem Gartenhumus. Verteilen Sie die Mischung gleichmäßig auf der kahlen Stelle und klopfen Sie die Saat mit dem Rechenrücken fest. Wenn Sie die Stelle mit PVC-Folie abdecken, beschleunigen

Verabreichen Sie dem ganzen Rasen einen Herbstdünger. Halten Sie sich aber genau an die Dosierungshinweise des Herstellers.

Kahle Stellen im Rasen werden mit Reparatursamen geschlossen. Das Gras muss aber zu Ihrer Rasensorte passen.

Sie die Keimung. Gießen Sie bei Trockenheit gut und entfernen Sie die Folie, sobald der Samen aufgeht, was in der Regel nach 2–3 Wochen der Fall ist.

DÜNNEN SIE WASSERPFLANZEN AUS

Sonst haben die weniger ausbreitungsfreudigen Pflanzen keine Chance mehr. Lassen Sie die herausgeholten Gewächse eine Weile am Ufer liegen, damit versteckte Tiere ins Wasser zurückfinden. Und da Sie gerade dabei sind: Überprüfen Sie doch gleich, ob am Ufer stehende Stauden wie Iris- und Astilbenarten so dicht geworden sind, dass sie geteilt werden müssen.

DECKEN SIE TEICHE MIT NETZEN AB

Spannen Sie ein Laubfangnetz über den Teich, damit kein Laub ins Wasser fällt. Denn faulende Blätter entziehen dem Wasser Sauerstoff, was für Teichbewohner lebensgefährlich ist. Das Netz sollte möglichst feinmaschig sein, damit auch kleinere Blätter nicht hindurchschlüpfen. Beschweren Sie es am Ufer mit Ziegelsteinen oder sichern Sie es mit Haken.

Herbstlaub darf nicht ins Wasser fallen. Die faulenden Blätter können den Tieren schaden.

BÄUME, STRÄUCHER & KLETTERER

PFLANZEN SIE TOPFGEHÖLZE UM

In Gefäßen gezogene Bäume und Sträucher im Herbst zu pflanzen bringt einige Vorteile mit sich. Die Erde ist noch warm und feucht genug, sodass die Pflanzen gut einwurzeln und im Frühjahr einen fliegenden Start hinlegen. Zudem spart man Geld und Zeit, da der Untergrund im Herbst meist ausreichend feucht bleibt.

AUSPFLANZEN EINES KÜBELSTRAUCHS

1 Graben Sie ein Loch, das doppelt so breit wie der Wurzelballen des Strauchs ist. Die Pflanze muss genauso tief gesetzt werden, wie sie im Gefäß gestanden hat.

2 Füllen Sie Erde in das Loch und treten Sie sie so fest, dass sie etwas tiefer als die Umgebung ist. Dann sammelt sich Wasser darin und gelangt leichter zu den Wurzeln.

PFLANZEN SIE IMMERGRÜNE GEHÖLZE UM

Das nimmt man am besten im Herbst oder Vorfrühling in Angriff. Der Boden ist in dieser Zeit warm genug. Graben Sie die Pflanze so weiträumig und tief aus, wie Sie nur können, damit der Wurzelballen unverletzt bleibt. Um ihn nicht austrocknen zu lassen, schlagen Sie ihn in Sackleinen oder Plastik ein.

3 Schneiden Sie totes oder verletztes Holz weg und stutzen Sie nach innen gerichtete Triebe auf gesunde, nach außen zeigende Knospen zurück.

SCHNEIDEN SIE KLETTERROSEN

Beginnen Sie mit dem Schnitt der Kletterrosen, wenn der Flor verblüht. Sollten sie allerdings noch gut blühen, wartet man bis zum nächsten Monat. Schneiden Sie alles abgestorbene und kranke Holz weg. Binden Sie die langen, einjährigen Ruten bogig nach oben. Wenn es nur wenige gibt, werden alle seitlichen Triebe bis auf zwei oder drei Augen zurückgeschnitten und möglichst alle sehr alten Zweige ganz entfernt. Man kann junge Triebe an deren Stelle biegen.

SCHLUSS MIT DÜNGEN

Kübelpflanzen werden ab jetzt nicht mehr gedüngt. Sie würden nur weiche Triebe entwickeln, die im Winter Schaden nehmen. Eine letzte Gabe Kalidünger oder Steinmehl, falls Sie organische Dünger bevorzugen, fördert die Verholzung und damit die Widerstandskraft gegen die Strapazen der kalten Jahreszeit.

BLÜTENPFLANZEN

PFLANZEN SIE NEUE STAUDEN

Wenn der Winter kommt, müssen sich alle Neuankömmlinge gut eingelebt haben. Beste Voraussetzungen dafür sind ein feuchter und zugleich warmer Boden, in dem sich die Wurzeln wohl fühlen. Unter diesen Gesichtspunkten ist der September ein günstiger Monat. Die Gärtnereien bieten eine inspirierend reiche Auswahl schöner Stauden: Der erste Blick wird an den Blühern hängen bleiben, aber der zweite darf ruhig auch den Blattschmuckstauden gelten. Stauden sind eigentlich spottbillig, wenn man bedenkt,

NEUE STAUDEN PFLANZEN

1 Graben Sie Löcher und düngen Sie die Erde mit Gartenkompost und einer Hand voll Hornmehl.

2 Wässern Sie die Pflanze gründlich eine oder zwei Stunden bevor Sie den Topf entfernen.

3 Sind die Wurzeln sehr dicht und verschlungen, werden sie vorsichtig gelockert und ausgebreitet.

dass sie sich auch durch Teilung vermehren lassen.

Vor dem Einkauf sollten Sie notiert haben, welche Standorte Sie bepflanzen wollen. Denn eine Pflanze am unpassenden Platz kränkelt ewig oder geht ganz ein. Suchen Sie sich gesunde Exemplare mit vollen Wurzelballen aus. Wahrscheinlich werden Sie die Pflanzen nicht aus ihrem Gefäß heben wollen (obwohl eine gute Gärtnerei nichts dagegen haben sollte), aber Sie können zumindest nachsehen, ob die Wurzeln schon aus dem Abzugsloch spitzen. Dann ist der Topf zu eng und Sie lassen besser die Finger von diesem Exemplar.

Wässern Sie die Neulinge vor und nach dem Einsetzen gut. Wirken Sie nach dem Kauf auffallend trocken, gönnen Sie den Wurzeln ein längeres Tauchbad.

4 Die Pflanze muss im Loch genauso tief sitzen wie zuvor. Drücken Sie die Erde gut mit der Hand fest.

5 Gießen Sie gründlich: Eine halbe Gießkanne Wasser kann bei trockenem Wetter nicht schaden.

6 Gegen die Verdunstung verteilen Sie unter der Pflanze etwas Kompost, Rinden- oder Laubmulch.

SCHNEIDEN UND TEILEN SIE STAUDEN

Fast zum Erbarmen kläglich schauen manche Pflanzen nach der Blüte aus. Da bleibt nur eines: Man schneidet sie zurück und sorgt so dafür, dass es in der Rabatte wieder sauber und aufgeräumt aussieht. Wenn ein Staudenhorst überaltert und in der Mitte licht wird, gräbt man ihn aus und teilt ihn. Die Fetthenne (*Sedum*) etwa blüht regelrecht auf, wenn man sie Jahr für Jahr teilt, andere Pflanzen allerdings, wie Pfingstrosen (*Paeonia*), nehmen einen solchen Eingriff übel. Eine für alle geltende Regel gibt es nicht. Inzwischen sind so viele Züchtungen auf dem Markt, dass ein Pflanzenlexikon wertvolle Dienste leistet.

Große Stauden hebt man zum Halbieren aus der Erde und legt sie auf ein Stück Plane ins Gras. Dann

STAUDEN TEILEN

1 Schneiden Sie die alten Triebe ab, damit die Krone freiliegt. Graben Sie den Horst frei und heben Sie ihn mit einer Gabel hoch.

2 Stecken Sie zwei Grabgabeln mit dem Rücken zueinander in den Horst und hebeln Sie ihn auseinander.

stößt man zwei Gabeln Rücken an Rücken in die Mitte des Ballens und drückt sie auseinander. Kleine Pflanzen lassen sich auch von Hand zerteilen. Reichern Sie den Boden nun mit reichlich organischer Substanz an und pflanzen Sie die neuen Einzelstauden in Gruppen zu jeweils fünf oder auch mehr.

Eile beim Teilen der Stauden ist nicht geboten. Sie haben noch den ganzen Herbst und das Frühjahr über Zeit für diese Arbeiten. Wichtig ist nur, dass der Boden nicht zu kalt oder zu trocken ist. In diesen Fällen heißt es abwarten und die Zeit anders nutzen: Machen Sie sich Notizen, was geteilt oder versetzt werden sollte, und werfen Sie einen kritischen Blick auf Ihre Arrangements. Selbst dem erfahrensten Gärtner missrät immer wieder etwas. Die Farbgebung ist dabei nicht das Schwierigste: Sie lässt sich mithilfe von Fotos recht gut vorausplanen. Aber auch noch Höhenwachstum, Fülle und Struktur der Pflanzen einzuschätzen und aufeinander abzustimmen ist ein anspruchsvolles Unterfangen.

3 Pflanzen Sie die Einzelteile in gut vorbereiteten Boden in derselben Höhe wie zuvor. Erde festdrücken und wässern.

STÜTZEN SIE ASTERN

Wenn Sie es nicht rechtzeitig tun, riskieren Sie, Ihre herrlichen Astern nach einem windigen Herbsttag am Boden liegen zu sehen. Stützhilfen aus Draht, wie man sie in jedem Gartencenter bekommt, erfreuen sich großer

Beliebtheit. Allerdings können nur sehr junge Pflanzen durch das Gitter hindurchwachsen. Bei älteren Exemplaren behilft man sich mit drei oder vier Stäben, die man im Kreis um die Pflanzengruppe in den Boden steckt; ringsum spannt man eine Schnur.

Pflanzen Sie Hyazinthen so nah, dass sie sich fast berühren. Sie sind zur Festzeit ein willkommener Blütenschmuck im Haus.

TOPFEN SIE ZWIEBELN FÜR WEIHNACHTEN EIN

Es wird nun allerhöchste Zeit für Zwiebeln von Pflanzen, die zu Weihnachten blühen sollen. Genau der richtige Zeitpunkt hingegen ist jetzt für das Setzen von Zwiebel- und Knollenpflanzen gekommen, die im Frühjahr Leben ins Haus bringen sollen.

Im Zimmer werden gerade kleinblütige Schönheiten zum Blickfang. Hübsche Beispiele sind die Tazette (*Narcissus tazetta*) mit gelb-weißen, duftenden Blüten sowie die Narzissen 'Jack Snipe' mit cremegelbem Flor und 'Minimus' in leuchtendem Gelb. Entzückend auch die zierliche Wildtulpe *Tulipa tarda*, ferner Schneestolz (*Chionodoxa*), Krokus und Zwergiris. Man setzt mehrere Zwiebeln in eine Schale oder einen Topf und bedeckt sie so mit Erde, dass gerade noch die Spitze herausguckt. Dann schlägt man sie im Freien in die Erde oder stellt sie an einen kühlen, dunklen Platz. Sobald sich ein Neuaustrieb von 2–3 cm Höhe zeigt, bringt man sie nach drinnen.

SETZEN SIE FRÜHJAHRSZWIEBELN

Pflanzen Sie Narzissen noch in diesem Monat. Wenn man sie in natürlich wirkenden Kolonien ins Gras setzt und verwildern lässt, kommen sie besonders gut zur Geltung. Allerdings darf der Rasen mindestens sechs Wochen nach dem Verblühen nicht gemäht werden, damit die Zwiebel Blütenknospen für das nächste Frühjahr entwickeln kann.

Gehen Sie rechtzeitig zum Gärtner, bevor die besten Exemplare verkauft sind. Die Auswahl ist enorm. Natürlich gehören Krokusse und Narzissen in jeden Garten und auch Lauchsorten (*Allium*) sind recht begehrt. Aber es gibt noch so viele andere großartige Blüher: Schneestolz (*Chionodoxa*), Milchstern (*Ornithogalum*), Blaustern (*Scilla*), Puschkinie, die herrlich blaublütige *Iris histrioides* und das Buschwindröschen (*Ane-*

EMPFEHLENSWERTE NARZISSEN

'Broadway Star'

'Cassata'

'Ambergate'

'Rip van Winkle'

'Jumblie'

'Tahiti'

mone blanda) mit seinen vielen Sorten. Auch die ungewöhnlichen Traubenhyazinthen (*Muscari botryoides*) dürfen nicht fehlen; sie bilden niedrige Horste mit lebhaften blauen Blüten. Setzen Sie ein paar Zwiebeln in Ihre Frühjahrsbeete – sie beleben den Garten nach dem Winter als Erstes. Wenn Sie Mäuse im Garten haben, sollten Sie Ihre Zwiebeln und Knollen mit einem am Boden befestigten Maschendraht vor den Nagern schützen.

Sofern Sie Ihre Zwiebeln in einer Rabatte ziehen, brauchen Sie sie nicht aufnehmen. Allerdings lohnt es sich mitunter, ihren Standort mit einem Etikett zu markieren, denn wenn Laub und Blüten verschwunden sind, gräbt man sie nur allzu leicht versehentlich aus.

Setzen Sie Zwiebeln in Rasen, damit sie dort verwildern. Fast jede Zwiebelpflanze mit Ausnahme alpiner Gewächse eignet sich zum Auswildern auf Rasen. Bei kleineren Zwiebeln und Knollen wie Zwergnarzissen oder Kro-

ZWIEBELN IN RASEN SETZEN

Um kleine Zwiebeln zu setzen, schneidet man die Grassode H-förmig ein, schlägt sie auf und steckt die Zwiebeln in die Erde.

Für große Zwiebeln sticht man mit einem Pflanzholz einzelne Löcher und versenkt die Zwiebeln wahllos darin.

kus schneidet man den Rasen ein, klappt die Grasnarbe zurück, setzt die Zwiebeln und schlägt die Sode wieder zu. Für größere Arten wie Narzissen und Tulpen besorgen Sie sich ein Pflanzholz zum Stechen sauberer Löcher. Wenn Sie wollen, dass die Verteilung der Blumen natürlich aussieht, schleudern Sie eine Hand voll Zwiebeln über den Rasen und pflanzen sie dort ein, wo sie hinfallen.

Als Faustregel gilt: Setzen Sie Zwiebeln zwei- bis dreimal so tief, wie sie hoch sind. Wenn Sie nicht sicher sind, pflanzt man lieber zu tief als zu hoch. In schweren Tonböden lohnt es sich, etwas Kies ins Pflanzloch einzuarbeiten, um die Durchlässigkeit zu verbessern.

Wenn Sie viele Zwiebeln zu stecken haben, empfiehlt sich unter Umständen die Anschaffung eines Pflanzholzes – es erleichtert Ihnen die Arbeit nicht unwesentlich. Tulpenzwiebeln kommen erst Ende Oktober oder im November in die Erde.

PFLANZEN SIE ZWIEBELN IN TÖPFE

Bei ihnen braucht man altes Substrat nicht zu erneuern, da die Pflanzen erst nach der Blüte auf Nährstoffe angewiesen sind, um die neue Zwiebel oder Knolle aufzubauen. Dann allerdings ist Düngen unerlässlich.

Setzen Sie die Zwiebeln möglichst eng aneinander und zwei- bis dreimal so tief, wie sie hoch sind. Besondere Effekte erzielen Sie mit Blüten ähnlicher Farbe oder auch dichten Gruppen einer Art, die zusammen in einen Topf gepflanzt werden.

Manche Zwiebeln, etwa die von Narzissen, können sogar in mehreren Schichten in ein Gefäß gesetzt werden. Die größten Zwiebeln kommen nach unten und die kleinsten nach oben, damit sie den Topf auch wirklich füllen.

SÄEN SIE WINTERHARTE SOMMERBLUMEN

Säen Sie winterharte Sommerblumen für das kommende Jahr. Harken Sie den Boden: Er sollte feinkrümelig und eben sein. Markieren Sie mit einem Stock oder mit Sand, den Sie aus einer Flasche rieseln lassen, welche Bereiche Sie bepflanzen wollen. Ziehen Sie Rillen, gießen Sie die Erde und säen Sie die Samen dünn aus. Abschließend wird das Saatgut leicht mit trockener Erde bedeckt. Sind die Sämlinge dann 2–3 cm groß, werden sie ausgedünnt. Man lässt nur gut entwickelte Pflanzen in etwa 10 cm Abstand stehen Im Frühjahr muss zuweilen ein zweites Mal ausgedünnt werden. Beachten Sie die Angaben auf der Rückseite der Samenpäckchen. In

Pflanzt man jetzt Kornblumen (ganz links), Limnanthes douglasii *(links) und Kalifornischen Mohn (oben), blühen sie ab Mai.*

EMPFEHLENSWERTE ZWEIJÄHRIGE

Digitalis purpurea f. *albiflora*

Bellis perennis

Erysimum cheiri 'Blood Red'

Anchusa 'Loddon Royalist'

Frage kommen etwa Ringelblume (*Calendula officinalis*), Kornblume (*Centaurea cyanus*), *Limnanthes douglasii*, Eschscholzie und Schlafmohn (*Papaver somniferum*).

PFLANZEN SIE FRÜHBLÜHENDE ZWEIJÄHRIGE

Sie werden jetzt ausgepflanzt. Die Sommerbeete dürfen Sie abräumen, wenn die Blütezeit vorbei ist. Vielleicht tut es dem Boden gut, wenn Sie etwas organische Substanz einarbeiten. Anschließend harken Sie die Erde glatt und ziehen mit einem Stock die Umrisse naturnah gestalteter Pflanzengruppen in die Erde.

In jedes Feld kommt eine andere Art. Achten Sie darauf, dass die Pflanzen nicht tiefer sitzen als zuvor, und drücken Sie die Erde gut an. Wässern Sie kräftig, sodass die Wurzeln dicht von Erde umschlossen werden. Wenn Sie Ihre Zweijährigen nicht selbst ziehen konnten, lohnt sich jetzt ein Gang zum Gärtner. Dort finden Sie z.B. Goldlack (*Erysimum cheiri*), Vergissmeinnicht (*Myosotis*), Marienglockenblume (*Campanula medium*), Purpurfingerhut (*Digitalis purpurea*) oder Zierkohl.

LEEREN SIE GEFÄSSE MIT SOMMERBLUMEN

Wenn die Sommerblumen verblüht sind, können ihre Gefäße geleert und mit Frühjahrszwiebeln bestückt werden.

Entfernen Sie einen Teil der alten Erde und geben Sie frische hinzu, vorzugsweise torffreies Substrat oder Komposterde, weil diese viele Nährstoffe enthalten und auch etwas schwerer sind, was den Kübeln und Kästen größere Standfestigkeit verleiht.

Die Wahl der Pflanzen und Farben bleibt Ihnen überlassen – lassen Sie Ihrer Fantasie freien Lauf. Wer keine eigenen Frühjahrsblüher wie Goldlack, Vergissmeinnicht oder Gänseblümchen herangezogen hat, holt sie vom Gärtner. Setzen Sie auch einige Zwiebeln dazwischen.

KÜCHENGARTEN

KARTOFFELERNTE

Graben Sie die Knollen an einem sonnigen Tag aus, sodass sie ein oder zwei Stunden an der Luft trocknen können. Lagern Sie aber nur einwandfreie Kartoffeln. Man kann sie in Papiersäcke füllen, die man oben zubindet und an einem frostfreien, dunklen Ort aufbewahrt. Kartoffeln müssen dunkel liegen, damit sie nicht grün werden.

Ernten Sie Kartoffeln, sobald sie reif sind, und lassen Sie sie einige Stunden im Freien trocknen. Verletzte Knollen werden aussortiert.

BRINGEN SIE ZWIEBELN NACH DRINNEN

Bringen Sie Zwiebeln unter Dach und Fach. Holen Sie die letzten in der Erde verbliebenen Exemplare heraus und trocknen Sie sie, bevor feuchtes Wetter einsetzt. Lässt man Zwiebeln bei milder Herbstwitterung zu lange im Boden, treiben sie oft neu aus und taugen dann weder für die Küche noch für die Lagerung. Sobald die Häute papierartig trocken werden und knistern, wenn man sie anfasst, können sie eingelagert werden.

ERNTEN SIE KÜRBISSE

Die Früchte müssen zum Nachreifen noch zwei Wochen Sonne tanken. Falls das Wetter nicht mitspielt, kommen sie ins Gewächshaus, bevor sie an einem kühlen, dunklen Platz gelagert werden. Bis Weihnachten sollten sie sich gut halten. Die Beete räumen Sie sofort ab, da die Kürbispflanzen mit ziemlicher Sicherheit vom Mehltau befallen worden sind. Lassen Sie einen langen Stiel an den Kürbissen. Er trocknet mit der Zeit und verhindert ein Faulen der Frucht.

Es lohnt sich, Kürbisse ein bisschen zu früh zu ernten. Lassen Sie sie ein paar Tage in der Sonne, um die Schale zu härten.

SETZEN SIE WINTERZWIEBELN

Pflanzen Sie die Zwiebeln in einem Abstand von 8 cm so tief, dass die Spitze gerade bedeckt ist. Beliebte Sorten sind 'Presto' und 'Taify'. Durch Verabreichen eines Biodüngers jetzt und im Frühjahr fördert man ihr Wachstum.

SÄEN SIE WINTERSALAT

Man streut die Samen wie üblich in flache Rillen. Dann bedeckt man sie mit Vlies oder Folie, damit sie schnell aufgehen. Sind die Sämlinge etwas größer, dünnt man sie auf einen Abstand von 15 cm aus. Ab Januar kann geerntet werden. Eine beliebte Sorte ist 'Winter Density'. Leider ist die Winterkultur von Blattsalaten in unseren Breiten im Freiland nicht unproblematisch. Bessere Resultate erzielen Sie im Kalthaus.

PFLANZEN SIE KNOBLAUCH

Knoblauch braucht eine Kälteperiode, um gut zu gedeihen. Der Herbst ist also ideal. Setzen Sie die Zwiebeln an einen sonnigen Platz mit nicht zu schwerem Boden oder mischen Sie zur Verbesserung der Drainage groben Sand in die Erde. Lösen Sie die einzelnen Zehen von der Zwiebel. Sie kommen knapp unter die Erde. Der Abstand zwischen ihnen soll 8–10 cm betragen, der Reihenabstand 30 cm.

Wenn Sie Ihren Knoblauch in Multitöpfe pflanzen, kaufen Sie eine Platte mit großen Modulen, damit die Zehen Platz haben.

Zu einem schnelleren Start verhelfen Sie den Pflanzen in Multitopfplatten mit großen Zellen, die Sie in einen kalten Kasten oder dicht an eine geschützte Mauer stellen. Im Frühjahr kommen die Pflanzen dann nach draußen.

PFLANZEN SIE FRÜHKOHL

Pflanzen Sie Frühkohl, den Sie in den letzten Monaten gesät haben. Die Pflanzen sollten 15 cm Abstand voneinander haben, die Reihen 30 cm auseinander liegen. Schützen Sie sie mit Vlies oder Netzen, sonst machen sich im Nu Tauben über sie her.

Sie können jetzt sogar noch säen, falls sie schnell wachsende Sorten nehmen. Für die Anzucht verwenden Sie Multitöpfe, sodass die Wurzeln beim Auspflanzen nicht verletzt werden.

Noch haben Sie ein bisschen Zeit, um schnell reifende Sorten wie ‘Duncan’ oder ‘Pixie’ zu pflanzen, allerdings müssen sie schon unter Glas gezogen werden. Säen

Sie sie in Multitöpfe, dann brauchen Sie den Wurzelballen beim Umsiedeln ins Freiland nicht zu stören, sodass die Pflänzchen nicht in ihrem Wachstum beeinträchtigt werden.

LEGEN SIE TOMATENPFLANZEN AUF STROH

Legen Sie Tomatenpflanzen auf eine Schicht Stroh und beschleunigen Sie die Reifung durch eine Abdeckung mit Folie. Bleiben Tomaten trotzdem unreif, können Sie daraus grünes Tomatenchutney machen. Oder Sie legen die Früchte gemeinsam mit einer Banane in eine Schublade. Das för-

Legen Sie Tomaten auf sauberes Stroh und decken Sie sie ab, um den Reifungsprozess abzuschließen.

dert den Reifeprozess. Prüfen Sie die geernteten Früchte auf Fäulnis- bzw. Krankheitsspuren.

PFLANZEN SIE NEUE ERDBEEREN

Wenn Ihre Erdbeeren gesund aussehen und keinerlei Anzeichen einer Krankheit erkennen lassen, pflanzen Sie einige Ausläufer, die Sie ja vielleicht schon in Töpfen abgesenkt haben. Sind jedoch Anzeichen einer Viruserkrankung erkennbar – meist zu sehen an Streifen im Laub –, sollte man sich neue Pflänzchen von einem Anbieter besorgen, der nachweislich virusfreies Material anbietet. Setzen Sie sie in Beete, auf denen einige Jahre lang keine Erdbeeren

Wenn Sie Ihre Erdbeeren vermehren möchten, senken Sie einige Ausläufer ab – aber nur, wenn die Mutterpflanze kerngesund ist.

gewachsen sind. Auch kann man ein Erdbeerbeet Stück für Stück verschieben. Hat man beispielsweise drei Reihen, gibt man jedes Jahr eine Reihe auf und legt sie neu auf der anderen Seite des Erdbeerblocks an, sodass die ganze Pflanzung mit der Zeit durch Ihren Gemüsegarten wandert.

Wässern Sie neue Erdbeeren gut: Wenn man sie jetzt pflanzt, wachsen sie zwar vor dem Winter gut ein. Falls sie aber zu wenig Wasser bekommen, fruchten sie im kommenden Jahr nicht gut. Außerdem sind Pflanzen unter Wasserstress anfälliger für Schädlinge und Krankheiten.

ERNTEN SIE ZWEIMAL TRAGENDE HIMBEEREN

Die zweimal tragenden Sorten sind den Sommerhimbeeren oft geschmacklich überlegen. Nach dem Ernten der letzten Früchte schneidet man die Ruten aber noch nicht zurück. Das geschieht erst um den Frühlingsanfang herum. Dafür können Sie den Schnitt der Sommerhimbeeren jetzt abschließen.

PFLÜCKEN SIE REIFES BAUMOBST

Kochäpfel und -birnen sind erst Ende des Monats und Anfang Oktober so weit, dass sie geerntet werden können. Obst muss stets behutsam behandelt werden, da es leicht Druckstellen bekommt und nur makellose Früchte gelagert werden dürfen. Beschädigte Stücke müssen sofort aus dem Winterlager genommen werden.

Ist die Ernte groß, werden Äpfel in altes Zeitungspapier geschlagen und gelagert. Kleinere Mengen kann man in Plastiktüten füllen, in die zuvor Löcher gestochen werden. Das muss so sein, weil Äpfel Gase abgeben, die den Reifungsprozess beschleunigen. Birnen wickelt man nicht ein. Sie kommen auf einen Lattenrost. Aromatische Spätsorten werden frühzeitig gepflückt, solange sie noch hart sind, und zum Reifen nach drinnen gebracht.

SEPTEMBER-PROJEKT

PFLANZEN FÜR KALTHÄUSER

Gewächshäuser müssen im Winter nicht leer stehen, nur weil man die immensen Heizkosten scheut: Es gibt viele Gewächse, die im Kalthaus bestens gedeihen und nur ein bisschen Schutz vor Regen und strengem Frost brauchen. Lassen Sie aber Fensterklappen und Türen offen, damit die Luft zirkulieren kann und es nicht zu feucht wird.

Fast alle winterharten Gewächse kommen mit Kalthäusern zurecht, darunter kleine Sträucher, viele Stauden und Einjährige, alpine Pflanzen und Zwiebelblumen. Einige werden hier vorgeschlagen, doch haben Sie eine viel größere Auswahl. Der zusätzliche Schutz und die Bedingungen unter Glas tragen im nächsten Frühjahr Früchte, wenn die Bewohner zu einem früheren Zeitpunkt als im Freiland blühen.

Centaurea cyanus **(Kornblume)**
Die hübsche Einjährige darf in keinem Bauerngarten fehlen und ist leicht zu kultivieren. Wer sie im Herbst in Töpfe sät, kann sie im Frühjahr als Miniwiese genießen.

Chrysanthemum carinatum
Die weitere unkomplizierte Sommerblume ist in allerlei Farbvarianten erhältlich. Versuchen Sie drei bis vier verschiedene Sorten in einem mittelgroßen Topf zu ziehen.

Helleborus × sternii
Indem man Christrosen unter Glas zieht, kann man diese Schönheiten vor Verschmutzung durch Erdspritzer bei Regen bewahren. Es gibt zahlreiche Sorten.

Cyclamen coum
Winterharte Alpenveilchen eignen sich bestens für das Kalthaus. Man kann sie aus Samen ziehen. Sie blühen im Winter, wenn sonst wenig Farbe zu sehen ist.

Sedum spathulifolium
Diese Fetthenne gibt eine hübsche Topfpflanze für drinnen ab, wo man ihre winzigen Blüten aus der Nähe bewundern kann. Sie braucht stark durchlässiges Substrat.

Camellia japonica
Kamelien eignen sich bestens für die Kultur unter Glas. Auch wenn manche Sorten winterhart sind, kann Frost die Blüten ungemein stark schädigen.

1

SCHMUCKLILIE

1

***Agapanthus* 'Blue Giant'** Horstbildende Staude mit aufrechtem Wuchs. Von Hochsommer bis Herbst trichterförmige, strahlend blaue Blütendolden. Lange, riemenförmige, tiefgrüne Blätter. Für sonnige Beete oder dekorative Pflanzkübel.
↕ 1,2 m ↔ 60 cm

KULTUR Volle Sonne ist optimal, doch wird auch Streuschatten vertragen. Der Boden muss feucht, aber durchlässig sein. In kalten Gegenden im Winter mulchen, um die fleischigen Wurzeln vor Frost zu schützen.

DAHLIE

2

***Dahlia* 'Bishop of Llandaff'** 🏆 Wuchskräftige, frostempfindliche Staude mit knolligem Wurzelstock. Im Spätsommer und Herbst zeigen sich päonienartige, halbgefüllte Blüten in samtigem, tiefem Rot. Reizvolle, dunkel bronzerote Blätter.
↕ 1,1 m ↔ 45 cm

KULTUR Dahlien sind sonnenliebend und brauchen nährstoffhaltigen, mit Humus angereicherten, gut durchlässigen Boden. Im späten Frühjahr nach Abklingen der Frostgefahr auspflanzen. Knollen nach den ersten Frösten, wenn das Laub schwarz geworden ist, ausgraben und an einem kühlen, trockenen Platz überwintern.

2

FALLSCHIRM-RUDBECKIE 3

Rudbeckia laciniata **'Herbstsonne'** 🏆
Wüchsige, horstbildende Staude. Leuchtend gelbe Körbchenblüten mit kegelförmiger Mitte, die sich von August bis September öffnen. Hübsche, geaderte Blätter.
↕ bis 2 m ↔ 90 cm

KULTUR Am besten in voller Sonne wenngleich die Staude absonnige Verhältnisse verträgt. Nährstoffreiche, nach Möglichkeit schwere Böden sind ideal. Nach 3–4 Jahren aufnehmen und teilen.

3

MANNSTREU

1

Eryngium* × *tripartitum ♕ Aufrechte Staude mit erzweigten Stängeln. Im Juli und August erscheinen die kugeligen Blütenstände. Die violettblauen Blüten haben schmale, graublaue Hüllblätter. Gut geeignet zum Trocknen. Die glänzend dunkelgrünen, grob gezähnten Blätter stehen in grundständigen Rosetten.
↕60–90 cm ↔ 50 cm

KULTUR Liebt volle Sonne und karge, trockene, steinige Böden. Vor allem in kalten Gegenden und exponierten Lagen ist Schutz vor starker Winternässe vonnöten.

GOLDRUTE

2

***Solidago* 'Goldenmosa'** ♕ Wüchsige, buschige Staude. Die Goldrute trägt im August und September gelbstielige, leuchtend gelbe Blüten in fiedrigen, kegelförmigen Rispen. Runzlige, mittelgrüne Blätter. Die Blütenstände werden gern für den Vasenschnitt verwendet.
↕75 cm ↔ 45 cm

KULTUR In magerem bis mäßig nährstoffreichem Untergrund an vollsonnigen Standorten. Alle 3–4 Jahre nimmt man die Staude im Frühjahr oder Herbst auf und teilt sie, damit ihre Wuchskraft erhalten bleibt. Die welken Blüten werden abgeschnitten, um eine Selbstaussaat zu verhindern.

SONNENBRAUT 3

***Helenium* 'Moerheim Beauty'** 🏆
Aufrechte Staude mit kräftigen, verzweigten Stängeln und auffälligen Körbchenblüten, die den ganzen Sommer hindurch erscheinen. Die gewölbte, dunkelbraune Scheibe wird von lebhaft kupferroten Strahlenblüten eingerahmt.
↕90 cm ↔ 60 cm
KULTUR In nährstoffreichen, feuchten, durchlässigen Böden in der Sonne. In windigen Gegenden stützen. Ausputzen verlängert den Flor. Alle 2–3 Jahre teilen.

2

3

SCHNEEBALL 1

Viburnum opulus **'Compactum'** 🏆
Kompakter, langsam wachsender sommergrüner Strauch. Im Mai und Juni erscheinen an den Triebenden attraktive, flache, weiße Doldenrispen mit kleinen Innen- und großen Randblüten. Im Herbst lugen hellrote Beeren zwischen leuchtend rotem Laub hervor.
↕ bis 1,5 m ↔ bis 1,5 m

KULTUR Gedeiht in etwas feuchten, durchlässigen Böden an sonnigen bis absonnigen Standorten. Nach der Blüte schneidet man alle Zweige ab, die das Gesamtbild stören.

ROTE SCHILDBLUME 2

Chelone obliqua Wüchsige, steif aufrechte Staude. Von Juli bis September zeigen sich dunkelrosa oder purpurne Rachenblüten mit gelbem Bart an der Unterlippe. Attraktive lanzettförmige, stark geaderte Blätter.
↕ 40–60 cm ↔ 30 cm

KULTUR In vollsonniger oder halbschattiger Lage ziehen. Tiefgründige, nährstoffreiche und feuchtigkeitsspeichernde Böden sind ideal, schwere Lehmböden werden toleriert. Vor Beginn der Wachstumsperiode im Frühjahr gut mulchen.

2

CLANDON-BARTBLUME 3

***Caryopteris* × *clandonensis* 'Kew Blue'**
Mäßig wüchsiger, buschiger, sommergrüner Strauch. Von August bis September öffnen sich tiefblaue Blüten in Trugdolden. Graugrünes, unterseits silbergraues Laub.
↕1 m ↔ 1,5 m

KULTUR Vollsonnig bis absonnig. Bevorzugt leichte, nährstoffreiche, durchlässige Böden. In kühlen Gegenden vor einer warmen, geschützten Mauer pflanzen. Im zeitigen Frühjahr bis auf ein dauerhaftes Astgerüst zurückschneiden.

3

GLATTBLATTASTER 1

***Aster novi-belgii* 'Peace'** Aufrechte, mäßig wüchsige Staude. Von September bis Oktober erscheinen zahlreiche 7 cm große Blumen aus rosalila Strahlenblüten um eine gelbe Mitte. Die dunkelgrünen, lanzettlichen Blätter sehen den ganzen Sommer über gut aus.

↕ 1,2 m ↔ 90 cm

KULTUR In humusreichen, wasserdurchlässigen Böden an sonniger bis halbschattiger Stelle. Alle 2–3 Jahre im Frühjahr oder Herbst aufnehmen und teilen. Gewisse Anfälligkeit für Echten Mehltau.

SCHÖNE FETTHENNE 2

***Sedum spectabile* 'Brilliant'** 🏆 Horstbildende, krautige Staude. Im August und September trägt sie große, flache Blütenschirme aus winzigen, sternförmigen, leuchtend rosafarbenen Blüten. Fleischige, leicht muschelförmige, graugrüne Blätter.

↕ 45 cm ↔ 45 cm

KULTUR In gepflegten, durchlässigen, möglichst neutralen bis leicht basischen Böden in der Sonne. Alle 3–4 Jahre im Frühjahr teilen, um die Wüchsigkeit zu erhalten.

1

2

SCHWARZE KOSMEE 3

Cosmos atrosanguineus Diese schokoladenfarbene Kosmee ist eine ungewöhnliche, schöne, breitwüchsige Staude mit rotbraunen Trieben und spatelförmigen, dunkelgrünen Blättern. Vom Hochsommer bis zum Herbst öffnen sich einzeln stehende, schalenförmige, nach Schokolade duftende, dunkle, rotbraune Blüten
↕ 75 cm ↔ 45 cm

KULTUR In mäßig nährstoffreicher, feuchter, aber durchlässiger Erde und an vollsonnigen Plätzen. Das Abschneiden welker Blüten verlängert den Flor. In kühlen Regionen nicht winterhart.

3

ZIERGRÄSER

Auffällige, strukturbetonte Gewächse mit aufrechten bis übergebogenen Halmen, fiedrigen oder büscheligen Blütenständen und subtil gefärbten Samenständen. Gräser erzeugen eine ungewöhnliche Lichtwirkung im Garten und bringen Bewegung in eine Pflanzung; viele bleiben bis weit in den Winter hinein dekorativ. Bei der Auswahl achtet man darauf, dass sie sich für den jeweiligen Standort eignen.

KULTUR Die meisten Gräser gedeihen an vollsonnigen bis absonnigen Standorten in leichten, durchlässigen Böden und sind trockenheitsverträglich. Im zeitigen Frühjahr schneidet man ihr Laub ab, ansonsten brauchen sie kaum Pflege. Alle hier aufgeführten Gräser lassen sich durch Teilung vermehren.

OBERE REIHE VON LINKS NACH RECHTS

- *Alopecurus pratensis* 'Aureovariegatus'
  ↕ 1,2 m ↔ 40 cm
- *Arundo donax* var. *versicolor*
  ↕ 1,8 m ↔ 60 cm
- *Hakonechloa macra* 'Aureola' 🏆
  ↕ 35 cm ↔ 40 cm

UNTERE REIHE VON LINKS NACH RECHTS

- *Helictotrichon sempervirens* 🏆
  ↕ bis 1,4 m ↔ 60 cm
- *Stipa gigantea* 🏆
  ↕ 2,5 m ↔ 1,2 m
- *Pennisetum alopecuroides* 'Hameln'
  ↕ 1,2 m ↔ 1,2 m

WAS ZU TUN IST
OKTOBER

DAS WETTER

In Gärten, Parks und Wäldern leuchtet feuerrotes und goldenes Herbstlaub nur noch für kurze Zeit, bevor es endgültig von den Bäumen fällt. Jetzt pflanzt man Bäume und Sträucher, bringt die restliche Ernte ein, lagert gesammelte Samen und sorgt für Winterschutz.

HERBSTLICH KÜHL

Der Oktober tendiert zu wechselhaftem Wetter. In der zweiten Monatshälfte, in der Regel vom 10. bis 20. Oktober, tritt häufig eine längere Schönwetterperiode auf. Ursache für den sogenannten goldenen Oktober ist ein stabiles Hoch über Mittel- oder Osteuropa. Typisch für die länger andauernde sonnige Witterung sind große Temperaturunterschiede zwischen Tag und Nacht, die dann am Morgen für Nebelfelder sorgen. Meist unbeständig und mit zum Teil vorwinterlichen Einbrüchen geht der Oktobermonat schließlich zu Ende. Er bringt aber noch keine Dauerkälte.

WIND IM NORDEN

Atlantische Tiefdruckwirbel ziehen eher im Norden durch und sorgen hier für mehr auffrischende Winde. Im Alpenvorland bringen häufige Föhnlagen tagsüber milde Temperaturen. Im Bergland herrscht gute Fernsicht.

SONNE IM SÜDEN

Die Oktobersonne scheint im Bergland häufiger ist als im Flachland. Vor allem Süddeutschland profitiert von dem im Oktober günstigen Nordalpenklima. So liegt München mit 130 Sonnenscheinstunden deutlich über dem bundesdeutschen Durchschnitt. An etwa sieben Tagen muss man im

Oktober ganz auf Sonnenschein verzichten.

KAUM NIEDERSCHLAG

Die monatliche Niederschlagsmenge beträgt im Oktober rund 56 mm, verteilt auf 14 Tage. Mancherorts bleibt der Regen ganz aus. Extrem trockene Oktober gibt es immer wieder. Die süddeutschen Flüsse weisen in diesem Monat die durchschnittlich niedrigsten Wasserstände auf. Erste Schneefälle sind nicht ganz auszuschließen, sie treten im Flachland aber meist erst Mitte November auf. Bedingt durch die relative Luftfeuchtigkeit bildet sich Nebel hauptsächlich in Flusstälern.

SCHNEE IN HÖHEREN LAGEN

Am Monatsende sorgt wechselhaftes Wetter für viel Regen am Alpennordrand. Hier erreichen die Temperaturen maximal 6 °C und bis unter 1000 m kann es schneien. Auch ist in klaren Oktobernächten mit ersten Frösten zu rechnen.

ALLGEMEINE GARTENARBEITEN

HARKEN SIE LAUB ZUSAMMEN

Rechen Sie Laub regelmäßig zusammen, auch wenn es noch so schön aussieht. Laub auf Grasflächen und Beeten tut Ihrem Garten gar nicht gut! Eine dicke Schicht Blätter lässt den Rasen oft schon innerhalb weniger Tagen verkümmern und bietet Schnecken einen willkommenen Unterschlupf.

Kompostieren Sie Ihr Laub. Viele Gartenbesitzer zünden die Blätterhaufen an, um sie loszuwerden. So gehen wertvolle Ressourcen in Rauch auf. Verwandeln Sie Ihr Laub lieber in Humus. Fallen bei Ihnen viele Blätter an, lohnt ein eigener Komposter. Nach 1–2 Jahren hat sich das Laub zersetzt und liefert beste organische Substanz zum Einarbeiten in den Boden.

Ein Komposter ist schnell gebaut: Treiben Sie vier Pflöcke in den Boden, sodass sie ein Quadrat bilden, und spannen Sie Maschendraht außen herum. Der Draht hält das

Kehren Sie Herbstlaub vom Rasen. Selbst wenn die dicke Schicht nur einige Tage liegen bleibt, schadet das schon dem Rasen.

Bauen Sie sich einen eigenen Komposter. Er ist einfach zu konstruieren und verhindert, dass das Laub vom Wind verweht wird.

Laub zusammen und verhindert, dass der Wind es im Garten umherwirbelt. Große Blätter brauchen länger, bis sie verrottet sind. Aber nach ungefähr 18 Monaten ist guter Humus entstanden, den Sie in den Boden einarbeiten oder als Mulch verwenden können.

Wer keinen Platz für einen zweiten Komposthaufen hat, füllt die Blätter in einen schwarzen Plastiksack. Man bindet den Sack zu, versieht ihn mit Luftlöchern und lässt den Inhalt etwa 1–2 Jahre verrotten.

HALTEN SIE AUSSCHAU NACH SCHÄDLINGEN UND KRANKHEITEN

Wenn es kühler wird, ziehen sich die Schädlinge zwar zurück, aber Grauschimmel und Mehltau sind auf dem Vormarsch, weil sie feuchtes Wetter lieben. Nur gute Gartenhygiene kann sie in Schach halten.

Lassen Sie Abfälle nicht lange herumliegen, sie gehören auf den Kompost. Krankes Material verbrennt man oder wirft es in den Müll. Jäten Sie fleißig Unkraut, denn es dient Schädlingen und Krankheitserregern als Wirt.

Es lohnt sich nicht, Mehltau und Grauschimmel im Herbst mit chemischen Mitteln zu bekämpfen. Vorbeugende Maßnahmen zeigen im Frühjahr weitaus mehr Wirkung. Vor allem Zucchini- und Kürbiskulturen sind jetzt sehr anfällig für Krankheiten. Verbrennen Sie nach der Ernte alle befallenen Teile.

MÄHEN SIE SELTENER

Die Gräser stellen nun allmählich ihr Wachstum ein. Deswegen muss weniger oft gemäht werden. Auch die Schnitthöhe verändert man, damit der Rasen den Winter über kräftiger bleibt: Zu kurz geschoren wird er leicht Opfer von Krankheiten und Moos.

Vertikutieren, aerifizieren und besanden Sie den Rasen, falls noch nicht im September geschehen. Eine solche Generalüberholung ist bei stark beanspruchten Grasflächen ein Muss. Bei größeren Grundstücken lohnt es sich eventuell, Maschinen zu kaufen oder auszuleihen.

Bekommt Ihr Rasen kahle Stellen, sollten Sie ihn ausbessern. Verwenden Sie aber dieselbe Sorte wie auf der restlichen Grünfläche.

FÜTTERN SIE IHRE FISCHE SELTENER

Fische brauchen ab jetzt weniger Futter, weil sie träge werden und weniger fressen, je kürzer die Tage sind. Das verschmähte Futter zersetzt sich im Wasser und ist nicht nur reine Geldverschwendung, sondern kann den Tieren sogar schaden. Aus diesem Grund muss im Herbst die Futtermenge reduziert werden.

SÄUBERN SIE IHREN TEICH

Der herbstliche Teichputz steht an, bevor es winterlich wird. Alle ins Wasser gefallenen Blätter müssen herausgefischt werden. Bei dieser Gelegenheit kann man auch gelbe Blätter an den Pflanzen im Gewässer und im Uferbereich entfernen bzw. zurückschneiden, beispielsweise an Seerosen.

Mit einem Messer entfernt man an Wasserpflanzen gelbes bzw. abgestorbenes Laub. Es darf nur gesunder Wuchs übrig bleiben.

Falls Sie es letzten Monat nicht mehr geschafft haben, dünnen Sie jetzt Wasserpflanzen aus, die überhand genommen haben. Lassen Sie sie nach dem Schnitt eine Zeit lang am Ufer liegen, damit in den Blättern verborgene Tiere den Weg zurück ins Wasser finden.

Lassen Sie herausgefischten Wuchs ein paar Tage lang neben dem Teich liegen, damit sich Tiere wieder ins Wasser retten können.

BÄUME, STRÄUCHER & KLETTERER

BEREITEN SIE DEN BODEN VOR

Präparieren Sie den Boden für wurzelnackte Gehölze, die Sie demnächst pflanzen wollen. Vielleicht möchten Sie Ihrem Garten durch große mehrjährige Gewächse mehr Struktur verleihen. Wenn Sie jetzt den Boden sorgfältig vorbereiten, geben Sie den Neulingen einen guten Start.

Wollen Sie ein größeres Stück Garten bepflanzen, graben Sie großflächig um und entfernen Sie ausdauernde Unkräuter mitsamt den Wurzeln. Diese Säuberungsaktion muss gründlich durchgeführt werden, denn Unkraut vergeht tatsächlich nicht so leicht. Arbeiten Sie reichlich organische Substanz ein.

Wenn der Boden noch nie kultiviert wurde, »holländert« man ihn. Dazu hebt man am Ende einer Fläche ein Stück Graben aus und schafft den Aushub mit dem Schubkarren ans andere Ende. Dann lockert man den Grund des ersten Abschnitts mit der Grabgabel, ohne dabei nährstoffarmen Unterboden nach oben zu heben. Werfen Sie reichlich organische Substanz in den Graben und arbeiten Sie sie in die Sohle ein. Wenn Sie nun den zweiten Gra-benabschnitt schaufeln, können Sie die Erde, die Sie dabei ausheben, gleich wieder in den ersten Abschnitt werfen. Auf diese Weise arbeiten Sie sich Abschnitt für Abschnitt vor, bis die ganze Fläche umgegraben und verbessert wurde. Zum Schluss füllen Sie das letzte Teilstück mit dem Aushub aus dem ersten Grabenabschnitt, den Sie an das andere Ende gefahren haben.

Soll ein vorhandener Pflanzenbestand mit einem Baum oder Strauch ergänzt werden, gräbt man ein entsprechend großes Pflanzloch. Lockern Sie die Sohle wieder und arbeiten Sie Gartenhumus in den Unterboden ein. Treiben Sie, falls nötig, einen Stützpflock in das Loch, bevor Sie die Pflanze einsetzen. Sie muss auf jeden Fall genauso tief gesetzt werden, wie sie vorher gestanden hat. Wenn Sie schließlich die Grube zuschaufeln, treten Sie die Erde immer wieder fest. Zum Schluss wird der Boden geharkt und gewässert und der Stamm an den Pfahl gebunden.

PFLANZEN SIE TOPFKLETTERER

Man setzt sie auf dieselbe Weise in die Erde wie Bäume und Sträucher, die im Kübel gezogen wurden, und bindet sie am Klettergerüst fest. Heben Sie ein tiefes Pflanzloch aus und geben Sie organische Substanz auf den Boden: Laubkompost und etwas Hornmehl sind ideal.

Kletterpflanzen werden genauso tief gepflanzt, wie sie ursprünglich standen, mit Ausnahme von

CLEMATIS PFLANZEN

1 Neigen Sie die Pflanze zum Rankgerüst. Das obere Ende des Ballens befindet sich 10–15 cm unter Bodenniveau.

2 Füllen Sie das Loch auf und drücken Sie die Erde fest. Decken Sie den Wurzelraum mit Kieseln oder, wie hier, Tonziegeln ab.

Clematis. Sie sind recht anfällig für die Clematis-Welke. Diese äußert sich in kleinen rotbraunen Flecken auf den Blüten, die größer und zahlreicher werden und die Blüten schließlich faulen lassen. Man verringert das Befallsrisiko, indem man den Wurzelballen bis zu 15 cm unter dem Bodenniveau eingräbt. Bekommt Ihre *Clematis* trotzdem diese Krankheit, wird sie bis zum Boden zurückgeschnitten. Dann wächst die Pflanze aus den gesunden Knospen am unterirdischen Abschnitt neu nach.

PFLANZEN SIE HECKEN

Immergrüne sollten noch diesen Monat in den Boden kommen, sonst ist es zu spät und man muss bis zum Frühjahr warten (*siehe S. 140–141*). Sommergrüne Hecken hingegen dürfen den ganzen Winter über angelegt werden, solange der Boden nicht zu staunass oder beinhart gefroren ist (*siehe S. 22–23*). Heben Sie einen Graben von mindestens 90 cm Breite aus. Reichern Sie den Untergrund mit organischer Substanz und zusätzlich ein wenig Hornspänen an. Sommergrüne Gehölze wie Buchen brauchen etwa 45 cm Abstand zueinander, Koniferen rund 90 cm. Setzen Sie die Gewächse so tief, wie sie in

Dieser Hängekorb enthält winterblühende Heidekräuter, Stiefmütterchen und Efeu. So bleibt er bis zum nächsten Sommer dekorativ.

der Baumschule standen, treten Sie die Erde vorsichtig fest und wässern Sie gründlich. Im Frühjahr verabreicht man seinen Gehölzen einen organischen Dünger.

BEPFLANZEN SIE TÖPFE FÜR DEN WINTER

Es gibt keinen Grund, warum nur Blumen und Stauden in Kästen und Schalen kommen sollen. Kleine immergrüne Sträucher eignen sich genauso gut. Gewächse mit panaschiertem Laub beleben zwölf Monate im Jahr triste Ecken. Halten Sie Ausschau nach den Sorten 'Marieke' und 'Aureopictus' des Japanischen Spindelbaums (*Euonymus japonicus*). Auch Buchsbaum-Züchtungen mit interessant gefärbtem Blattwerk gibt es sowie Zwergkoniferen in vielen Formen und Grüntönen. Zu den Pflanzen, die den Winter verschönern, gehören außerdem winterharte Alpenveilchen (*Cyclamen*) und Erika-Arten. Winterblühende Stiefmütterchen sorgen bis in den Frühsommer für Lichtblicke.

*Blütensträucher wie diese Malve (*Lavatera*) legen im Sommer kräftig zu. Man schneidet sie um die Hälfte zurück.*

SCHNEIDEN SIE HOHE STRÄUCHER

Schneiden Sie hohe Sträucher kräftig zurück. Der Schmetterlingsstrauch (*Buddleja davidii*) und die Buschmalve (*Lavatera*) können jetzt auf die Hälfte der ursprünglichen Höhe zurückgestutzt werden. Nicht nur, weil sie dann

ordentlicher aussehen, sondern in erster Linie, weil sie dem Wind weniger Angriffsfläche bieten. Kontrollieren Sie außerdem alle neu gepflanzten Gehölze. Treten Sie die Erde leicht fest und stützen Sie die Pflanzen mit einem Pflock. Schwere Böden dürfen nicht zu sehr komprimiert werden, sonst ersticken die Wurzeln.

Kletterrosen wie 'Climbing Iceberg' öffnen im nächsten Sommer gesunde Blüten, wenn sie jetzt gestutzt und angebunden werden.

SO SCHNEIDEN SIE EINE KLETTERROSE

1 Schneiden Sie toten, kranken oder schwachen Wuchs bis zum Boden oder einem gesunden Auge zurück.

SCHNEIDEN SIE KLETTERROSEN

Schneiden Sie Kletterrosen zurück und binden Sie die neuen Triebe fest, bevor die Herbststürme einsetzen. Rosentriebe sind so steif, dass sie schon einmal brechen können, wenn der Wind heftig an ihnen zerrt. Sammeln Sie alle abgefallenen Rosenblätter sorgfältig ein.

Da Rosen häufig unter Pilzkrankheiten leiden, sollten Sie die Blätter vorsichtshalber nicht auf den Kompost geben, sondern über den Hausmüll entsorgen.

SCHNEIDEN SIE KONIFEREN GEGEBENENFALLS ZURÜCK

Stutzen Sie Koniferen, falls nötig. Vor allem Leyland-Zypressen können nach dem Spätsommerschnitt noch einmal kräftig zulegen. Schneiden Sie aber nicht bis ins alte Holz zurück, denn dann treiben die meisten Koniferen nicht mehr neu aus.

2 Stutzen Sie Seitentriebe um etwa zwei Drittel bis auf eine Knospe zurück, die in die gewünschte Richtung zeigt.

3 Binden Sie frisch geschnittene Triebe waagrecht an die Stütze, um sie zur Bildung von Blütentrieben anzuregen.

BLÜTENPFLANZEN

TROCKNEN SIE SAMENSTÄNDE

Trocknen Sie dekorative Samenstände, die Sie später als Vasenschmuck nach drinnen bringen können. Stachelakanthus (*Acanthus spinosus*), verschiedene Mohnarten, Garben (*Achillea*) oder auch Artischocken entwickeln ansehnliche Samenstände, die man im Winter in Vasen oder Gestecken arrangiert. Lassen Sie beim Abschneiden möglichst lange Stängel an den Köpfen und bringen Sie die Teile an einen kühlen, trockenen Ort.

SCHNEIDEN SIE STAUDEN ZURÜCK

Der Garten sieht dann nicht nur sauberer aus, er ist auch weniger krankheitsanfällig. Bei manchen Pflanzen bleibt das Laub nach der Blüte noch lange sehr schön und attraktiv. In diesem Fall gibt es keinen Grund für einen Rückschnitt. Warten Sie, bis die Blätter vom Frost schwarz werden. Wenn man immerzu alles wegschneidet, was nicht mehr ganz frisch aussieht, hat man ständig hässliche Lücken in den Beeten. Weiche Gartenabfälle kommen auf den Kompost. Halb verholzte brauchen länger, bis sie

Lassen Sie Gewächse wie diese Karde an der Pflanze trocknen. Das ist viel besser, als sie hastig im warmen Zimmer zu mumifizieren.

sich zersetzen. Man kann den Prozess beschleunigen, indem man das Material häckselt. Früher wurde es verbrannt, doch das ist nicht nur verboten, sondern auch unsinnig. Gehäckseltes Material muss nicht auf den Komposthaufen, man kann es auch als Mulchschicht im Frühjahr auf die Beete aufbringen.

STAUDEN AUFNEHMEN UND TEILEN

Zu dichte Stauden werden ausgegraben und geteilt. Ältere Exemplare sind schnell entdeckt: Man erkennt sie daran, dass alle neuen Triebe außen sind, während die Mitte verkahlt. Geteilt werden kann von jetzt an bis ins Frühjahr hinein, sofern der Boden nicht gefroren oder so nass ist, dass die Erdklumpen an den Sohlen kleben. Spät blühende Stauden wie Astern werden vorzugsweise erst im Frühjahr geteilt.

Bei der Teilung großer Stöcke hebt man zunächst die Pflanze aus der Erde, sticht zwei Gabeln Rücken an Rücken in die Mitte und drückt sie auseinander. Kleine Stauden lassen sich leicht mit den Händen zerteilen. Bevor Sie die Einzelteile wieder einpflanzen, bessern Sie den Untergrund mit organischer Substanz auf. Zum Schluss wird reichlich gegossen.

PFLANZEN SIE NEUE STAUDEN

Es ist Ihre letzte Chance, solange der Boden noch warm und feucht ist. Die Erde wird mit viel Gartenhumus und ein wenig Hornspänen aufbereitet. Stauden gibt es heutzutage in unzähligen Variationen und die meisten sind nicht teuer, sodass man beim Gestalten des Gartens aus dem Vollen schöpfen kann. Wenn Sie Ihre Stauden regelmäßig teilen, Stecklinge schneiden, Samen sammeln und aussäen, bleibt Ihnen eine Art jahrelang erhalten. Wer Überraschungen liebt, wird sich gerne die Mühe machen, Pflanzen aus Samen zu ziehen. Denn oft unterscheiden sich aus Saatgut gezogene Exemplare ein wenig

MONTBRETIEN TEILEN

1 Sind Blüten und Blätter welk, hebt man die Horste vorsichtig aus der Erde, ohne ihre Wurzeln zu beschädigen.

2 Montbretien bilden außerordentlich dichte Horste. Man kann sie lockern, indem man sie mit Wasser abspritzt.

3 Zum Teilen der Horste ist eventuell ein Messer nötig. Man zieht die Teile auseinander und schneidet das Laub ab.

4 Legen Sie die Teilstücke mit 15 cm Abstand auf den Boden, bevor Sie sie eingraben. So behalten Sie den Überblick.

von der Mutterpflanze. Und Ihr Garten profitiert von der Vermehrungsarbeit.

MONTBRETIEN AUFNEHMEN UND TEILEN

Wenn Ihre Montbretien (*Crocosmia*) zu dichte Horste gebildet haben, sollten Sie wie Stauden aufgenommen und geteilt werden. So bleibt gewährleistet, dass die Pflanzen ihre Wuchskraft behalten und im nächsten Sommer gesunde Blüten ansetzen.

ZWIEBELN AUFNEHMEN UND LAGERN

Wenn die Blätter von Gladiolen gelb werden, ist es an der Zeit, die Zwiebeln auszugraben und einzulagern, bevor der Frost sie schädigt.

Auch Blumenrohr holt man jetzt aus dem Boden. Anfang November ist der letzte Zeitpunkt, zu dem die knolligen Wurzelstöcke von *Canna* in Sicherheit gebracht werden können. Man geht dabei nicht anders vor als bei Stauden: Die Blätter werden zurückgeschnitten, die Knollen gesäubert und in torffreier Erde kühl und trocken überwintert

Nehmen Sie nicht winterharte, sommerblühende Zwiebeln auf. In geschützten und warmen Regionen können nicht ganz so empfindliche Zwiebeln im Boden bleiben, aber in kalten Regionen müssen sie ausgegraben, getrocknet und in Sand überwintert werden.

Wenn Gladiolenblätter gelb werden, nimmt man die Knollen mit einem Handspaten auf, trocknet sie und schneidet dann das Laub ab.

Dahlienknollen müssen jetzt ausgegraben und gelagert werden. Man schneidet die Pflanzen von ihrer Stütze und kürzt einige oberirdische Pflanzenteile bis auf 10 cm zurück. Zur Sicherheit können Sie sie mit Etiketten versehen, damit Sie nicht vergessen, um welche Sorte es sich handelt. Nun hebt man sie vorsichtig mit der Grabgabel aus dem Boden und schüttelt oder wäscht die Erde ab. Wenn sich am Ansatz der hohlen Dahlienstängel Feuchtigkeit hält, faulen die Knollen während der Lagerung. Deswegen lässt man sie kopfüber einige Wochen in einem kühlen, trockenen Raum trocknen. Erst danach dürfen die Knollen in torffreiem Kompost überwintern. Achten Sie darauf, dass die Stängelansätze und die an dieser Stelle befindlichen kleinen Brutknöllchen nicht von Humus bedeckt sind, da sie sonst faulen. Sicherheitshalber können Sie eine schützende Schicht Stroh, Rindenstückchen oder ein anderes

DAHLIEN AUFNEHMEN UND LAGERN

1 Schneiden Sie die Stängel zurück. Graben Sie die Knollen aus und schütteln bzw. waschen Sie alle Erdreste ab.

2 Die Knollen werden kopfüber in eine Holzkiste gestellt und kommen an einen kühlen, trockenen Ort.

trockenes Material darüber geben. Lagern Sie die Dahlien an einem kühlen, aber frostfreien Ort. Im Frühjahr werden sie vorgetrieben und liefern vor dem Umsiedeln ins Freiland auch noch einige Stecklinge zur Vermehrung des Bestands.

BEHALTEN SIE VORGETRIEBENE ZWIEBELN IM AUGE

Kontrollieren Sie vorgetriebene Zwiebeln. Wenn sich erstes Grün zeigt, überprüfen Sie, wie es um die Wurzeln steht. Hat sich bereits ein kräftiges Wurzelsystem gebildet, bringen Sie die Pflanzen an einen kühlen, hellen Platz. Ansonsten bleiben sie weiterhin im Dunkeln.

3 Nach dem Trocknen lagert man die Knollen im Winter in trockener, torffreier Erde. Die Stängel ragen aus der Erde.

SETZEN SIE ZWIEBELN

Pflanzen Sie Tulpenzwiebeln Ende des Monats und im November. Sie sind besonders anfällig für Krankheiten und kommen deswegen später in den Boden als andere Zwiebeln. Man setzt sie zwei- bis dreimal so tief, wie sie hoch sind.

Setzen Sie außerdem schnell noch frühjahrsblühende Zwiebeln nach draußen, denn im nächsten Monat wird es winterlich. Sobald die Zwiebeln in der Erde sind, treiben sie Wurzeln. Je später sie wachsen, umso später blüht die Pflanze. Wenn man will, dass die Zwiebeln in Folge blühen, steckt man auch die Zwiebeln nicht gleichzeitig.

Setzen Sie Lilien im Oktober und November an sonnige bis halbschattige Plätze. Ist der Boden schwer, verbessert man die Durchlässigkeit mit Kies, der zuunterst in die Pflanzlöcher kommt. Die Pflanztiefe beträgt das Zwei- bis Dreifache der Zwiebelhöhe.

PFLANZEN SIE DIE LETZTEN FRÜHJAHRSBLUMEN AUS

Das sollte geschehen, noch bevor der Boden zu kalt wird. In manchen Regionen stehen noch immer blühende Sommerblumen in den Beeten. Aber wenn Sie die Frühjahrsblüte nicht verpassen wollen, müssen die späten Sommerlinge jetzt Platz machen. Bei leichten, sandigen Böden kann man damit etwas länger warten als bei schweren, lehmhaltigen, die sich nur langsam erwärmen.

Wenn Sie spät pflanzen, arbeiten Sie etwas Düngemittel ein, das viel Phosphor enthält, beispielsweise Algenextrakt. Dadurch regen Sie die Wurzelbildung an, ohne das Blattwachstum zu fördern, was zu diesem Zeitpunkt nicht nur nicht erwünscht wäre, sondern die Pflanze sogar beträchtlich schädigen könnte.

TOPFEN SIE HALBWINTERHARTE FUCHSIEN EIN

Halbwinterharte Fuchsien brauchen eine Ruhephase im Winter. Man überwintert sie zusammen mit den nicht winterharten Stauden im nur leicht beheizten Glashaus oder in kühlen Räumen. Gegossen wird eher sparsam, gerade so viel, dass sie nicht austrocknen. Wie häufig und wie stark gewässert werden muss, lässt sich nicht pauschal sagen. Die Dosis hängt von der herrschenden Temperatur ab. Halbwinterharte Fuchsien werfen zwar erst im Oktober ihr Laub ab, trotzdem sind sie im Frühling schon wieder die Ersten, die austreiben und Stecklinge liefern.

Nicht winterharte Fuchsien wie die Sorte 'Swingtime' brauchen im Winter eine Ruhephase, damit sie im Sommer gut blühen.

KÜCHENGARTEN

GRABEN SIE DEN BODEN NACH DEM ABRÄUMEN UM

Wenn die Beete abgeräumt sind, kann der Boden umgegraben werden – je früher, desto besser. Schwere Böden profitieren davon, aufgebrochen zu werden und den Winter über mit grober Scholle liegen zu bleiben. Regen, Schnee und Frost zerkleinern die schweren Erdklumpen und verwandeln sie in feinkrümelige Erde. Im Frühjahr sind die Beete für Saat und Anpflanzung bereitet.

Große Gemüsebeete bearbeitet man am besten wie folgt: Schaufeln Sie an einem Ende einen spatentiefen Graben und bringen Sie den Aushub ans andere Ende. Bedecken Sie den Boden des Grabens mit organischer Substanz. Dann hebt man neben dem ersten einen zweiten Graben aus. Die hier ausgehobene Erde werfen Sie einfach in den ersten Graben. Die Erde des dritten Grabens wiederum kommt in den zweiten usw. Auf diese Weise arbeiten Sie sich Stück für Stück durch Ihr Beet, bis Sie den letzten Graben mit der Erde des ersten füllen.

LEEREN SIE IHREN KOMPOSTER

Verteilen Sie den Humus aus Ihren Kompostbehältern im Garten und harken Sie ihn ein. Guter Kompost gibt dem Boden Kraft und dient zugleich als schützende Mulchdecke für den Winter. In die geleerten Kompostbehälter kommt gleich der frische Gartenabfall. Bis zum Frühjahr ist auch er wieder verrottet. Keinen Sinn hat es, den Gartenhumus dünner auszustreuen. Das ist pure Vergeudung. Verteilen Sie ihn lieber dick auf einer kleineren Fläche. Eine gut geplante Fruchtfolge im Gemüsegarten dient ebenfalls der Verbesserung der Bodenqualität.

DECKEN SIE DEN BODEN MIT PLANEN AB

Wenn Sie im nächsten Jahr zeitig mit der Gartenarbeit beginnen wollen, sollten Sie schon jetzt einen Teil der Beete vor Staunässe schützen. Während sich die anderen Beete allmählich erwärmen, können Sie dann die abgedeckten Flächen bereits bepflanzen. Beschweren Sie die Plane am Rand mit Balken oder Steinen.

Mit einer Kunststofffolie schützen Sie Ihren Boden vor starken winterlichen Niederschlägen. Beschweren Sie die Plane gut.

Unkraut, das sich unter die Planen verirrt, kann leicht wieder entfernt werden, wenn man nicht zu lange wartet. Wenn Sie am Winterende die Plane durch eine transparente Folienhaube ersetzen, können Sie verhältnismäßig früh mit Pflanzung und Aussaat beginnen.

ERNTEN SIE DIE LETZTEN BOHNEN

Man kann noch so fleißig Bohnen pflücken, irgendwann kommt der Zeitpunkt, an dem man den Eindruck hat, es nimmt einfach kein Ende. Wenn die Früchte nicht zu groß sind, können sie eingefroren werden. Überalterte Bohnen allerdings sind zu faserig, um noch Freude zu machen. Wollen Sie Samen für nächstes Jahr, lassen Sie die Schoten an den Sträuchern reifen, bis sie braun werden. Andernfalls schneiden Sie die Pflanzen bis zum Boden zurück und geben die oberirdischen Teile auf den Kompost. Die Wurzeln bleiben in der Erde. Denn Dicke Bohnen und Erbsen reichern den

Boden mit wertvollem Stickstoff an, sodass Sie nächstes Jahr Pflanzen anbauen können, die viel Stickstoff brauchen, beispielsweise Kohlgemüse. Auf diese Weise sparen Sie Kunstdünger.

ERNTEN SIE DIE LETZTEN KARTOFFELN

Lassen Sie die ausgegrabenen Knollen ein paar Stunden an der Luft trocknen. Bei regnerischem Wetter werden sie in einen kalten Kasten oder ins Gewächshaus gelegt. Sie müssen auf jedem Fall trocken sein, bevor sie eingelagert werden. Beschädigte Exemplare sondern Sie aus. Füllen Sie die Kartoffeln in große Papiertüten oder Jutesäcke. Wenn sie im Licht liegen, werden sie grün und ungenießbar. In Plastiktüten wiederum faulen sie leicht.

SIEDELN SIE KRÄUTER IN TÖPFE UM

Ein paar Töpfe mit Kräutern für den Winter, etwa mit Petersilie und Minze, bereichern die Küche sehr. Graben Sie ein paar Wurzeln von jeder Pflanze aus und entfernen Sie gelbe Blätter. Man pflanzt die Teilstücke in Töpfe mit Gartenerde, wässert sie und stellt sie in der Küche an einen hellen Platz auf der Fensterbank. Dann haben Sie stets frische Kräuter griffbereit, die jedes getrocknete oder tiefgefrorene Kraut um Längen schlagen. Auch Basilikum muss nach drin-

Kartoffeln werden in Papier- oder Jutesäcken gelagert und gut abgedeckt, damit kein Licht zu ihnen dringen kann.

Zupfen Sie gelbes Laub von Rosenkohl und werfen Sie es auf den Kompost. Das verhindert Krankheiten und sieht sauberer aus.

nen. Meist schneidet man das Laub komplett ab und friert es ein oder konserviert es in Öl.

ENTFERNEN SIE GELBES LAUB VON KOHL

Entfernen Sie welke Blätter an Rosenkohl und Winterkohlsorten, wie Grünkohl, Blumenkohl oder Brokkoli. Gelbe Blätter nutzen der Pflanze überhaupt nichts, sie bieten nur einen guten Nährboden für Krankheitserreger wie Grauschimmel. Entfernt man sie, sieht das Beet zudem wesentlich hübscher aus.

STECKEN SIE NOCH SCHNELL KNOBLAUCH

Wenn es zu feucht ist, ziehen Sie den Knoblauch besser in Multitöpfen auf und pflanzen ihn am Frühjahrsanfang aus. Stecken Sie in jeden Topf eine Zehe und lassen Sie die Spitze etwas aus der Erde herausragen. Knoblauch braucht nicht viel Wärme. Stellen Sie die Töpfe in einen kalten Kasten oder ganz ins Freie, aber so, dass sie vor starkem Regen geschützt sind.

PFLANZEN SIE FRÜHKOHL

Jetzt ist die letzte Gelegenheit dazu. Wenn Sie nun nicht mehr dazu kommen, müssen Sie ganz darauf verzichten. Sichern Sie die Setzlinge aber mit Netzen vor Vögeln.

SETZEN SIE DIE LETZTEN STECKZWIEBELN

Der Boden muss gut vorbereitet sein. Pflanzen Sie in einem Abstand von 8 cm.

SÄEN SIE DICKE BOHNEN INS FREILAND

In kalten Gegenden müssen sie abgedeckt werden. Ziehen Sie eine 5 cm tiefe Furche. Die Samen sind so groß, dass man sie ohne Probleme in 15-cm-Abständen stecken kann. Dann deckt man sie mit Erde zu, die man leicht andrückt. Folie oder Vlies als Abdeckung dient vor allem als Schutz gegen Mäuse.

Die Samen werden sehr bald keimen und während des Winters langsam wachsen. Im Frühsommer des nächsten Jahres kann geerntet werden.

ERNTEN SIE DIE LETZTEN ÄPFEL

Späte Sorten wie 'Glockenapfel' oder 'Idared' müssten jetzt pflückreif sein. Da der Erntezeitpunkt bei Äpfeln geschmacklich eine entscheidende Rolle spielt, dürfen Sie die Äpfel erst ernten, wenn sie sich leicht vom Zweig lösen.

Äpfel werden in Plastik- oder Holzsteigen gelagert. Die Früchte dürfen sich nicht berühren, sonst stecken sie sich an, falls sie faulen.

Lagern Sie nur makellose Früchte.Beschädigte Äpfel werden umgehend verwertet. Im kühlen Lager halten gesunde Winteräpfel bis ins Frühjahr. Im Gegensatz zu Birnen, die einige Tage im warmen Zimmer nachreifen müssen, können Äpfel, die aus dem Lager kommen, sofort verzehrt werden.

SCHNEIDEN SIE SCHWARZE JOHANNISBEEREN

Wenn Sie diese Arbeit hinter sich bringen wollen, können Sie die Schere jetzt ansetzen. Es lohnt sich aber, bis zum Winter zu warten, wenn die Blätter abgefallen sind und man einen besseren Überblick hat. Außerdem tragen die Pflanzen nach dem Abernten noch Laub, das sie mit Nährstoffen versorgt.

BEREITEN SIE DEN BODEN FÜR NEUE OBSTBÄUME VOR

Wenn Sie nicht ganz genau wissen, wann die Bäume geliefert werden und ob Sie dann auch genügend Zeit haben, fangen Sie besser rechtzeitig damit an.

Bestellen Sie neue Obstbäume. Man sucht sie am besten in aller Ruhe aus Spezialkatalogen aus. Wurzelnackte Bäume pflanzt man während der Ruheperiode. Sie sind dann auch deutlich billiger als Pflanzen in Gefäßen. Obstgehölze werden in der Regel auf eine Unterlage, also einen anderen Baum, veredelt, wenn sie noch sehr jung sind. Die Unterlage versorgt den oberen Teil mit Kraft und beeinflusst die Baumgröße die Ausdehnung der Krone und den Ertragsbeginn. Gute Kataloge geben Auskunft über die verwendeten Unterlagen und die Eigenschaften, die der Baum haben wird.

Wählen Sie für das Auspflanzen einen milden und trockenen Tag. Wenn Sie mehrere Gehölze setzen wollen, graben Sie die ganze Fläche um und arbeiten viel organische Substanz ein. Falls Sie nur einen oder zwei Bäume gekauft haben, bereiten Sie großzügig bemessene Pflanzlöcher vor, damit die Wurzeln nicht gedrängt stehen. Lockern Sie dabei auch den Unterboden ein wenig, ohne ihn herauszuarbeiten. Geben Sie reichlich Mist in die Grube. Besorgen Sie rechtzeitig Pflöcke und Baumbinden, damit sie beizeiten griffbereit sind.

OKTOBER-PROJEKT

SAMEN SAMMELN

Pflanzen aus Samen zu ziehen, den man im eigenen Garten selbst gesammelt hat, ist eine faszinierende Angelegenheit und macht viel Spaß. Allerdings muss man auch wissen, wann man das Saatgut abnehmen soll. Untersuchen Sie deshalb immer einmal wieder die Samenstände. Die meisten Hüllen werden braun und papierartig, sobald die Samen reif sind, doch ist das keine Garantie. Am besten klopft man vorsichtig daran: Fallen einige Körnchen heraus, sind sie fertig zum Einsammeln.

Ernten Sie an einem trockenen, windstillen Tag und geben Sie die Samen in eine Papiertüte oder Schale, damit sie nicht auf die Erde fallen und die Pflanze sich nicht unkontrolliert ausbreitet.

1 Reife Samen, *hier von Engelwurz (oben), fallen einem in die Hand, wenn man leicht an den Stängel klopft. Körnchen in einer Papiertüte sammeln oder Samenstand abschneiden und in eine Schale legen.*

2 Geerntete Samen auf ein Küchentuch legen *und einige Tage lang an einem warmen, gut belüfteten Platz aufbewahren, damit sie vor dem Einlagern gründlich trocknen.*

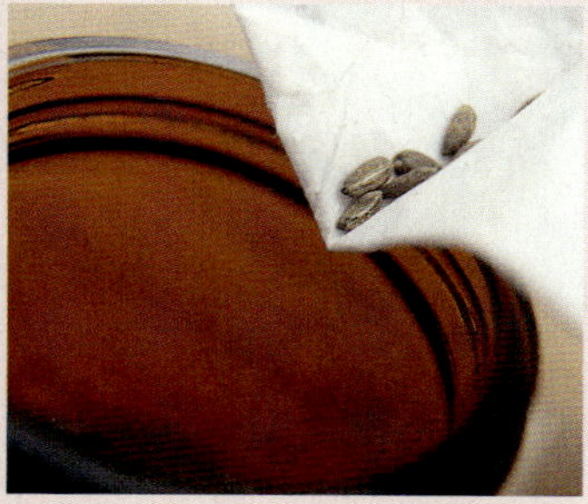

3 Luftdicht verschließbare Gläser oder Plastikbehälter *sind ideal zum Lagern, doch kann man die Samen auch in Papierumschläge geben. Name der Pflanze und Sammeldatum daraufschreiben.*

BEEREN ERNTEN

Frische Beeren abzupfen, wenn sie reif und weich sind, trockene abnehmen, sobald sie beginnen zu schrumpfen. Samen aus dem Fleisch lösen. Nicht bis Frühjahr lagern, sondern gleich aussäen.

EFEUWEIN 1

Parthenocissus tricuspidata 🏆 Sehr wüchsiger, sommergrüner Kletterer, der sich mit Haftscheiben festhält. Das Laub färbt sich im Herbst leuchtend rot und tief purpurn. Gelappte, leuchtend grüne Blätter ab Mai.

↕ bis 20 m ↔ bis 20 m

KULTUR Am besten in durchlässigen, nährstoffreichen Böden in der Sonne oder auch im Schatten. Jungpflanzen befestigt man an der Stütze, bis sie sich selbst festhalten. Gegebenenfalls im März schneiden, um den Wuchs zu begrenzen.

ZEITLOSE 2

Colchicum cilicicum Knollige Staude von aufrechtem, niedrigem Wuchs. Im Oktober und November sprießen noch vor den Blättern breit trichterförmige, purpurrosafarbene Blüten. Das Laub ist eher unscheinbar.

↕ 10 cm ↔ 8 cm

KULTUR An offenen, sonnigen Standorten, verträgt aber auch Streuschatten. Die Knollen im Spätsommer oder Frühherbst 10 cm tief in nährstoffreichen, durchlässigen Boden pflanzen. Grasflächen erst nach dem Einziehen des Laubes mähen.

WILDE LAMPIONPFLANZE 3

Physalis alkekengi 🏆 Wuchskräftige Rhizomstaude. Nickende, glockenförmige, rahmweiße Blüten im Hochsommer. Orangerote Früchte, die von papierartigen »Laternen« umschlossen werden und sich im Spätsommer und Herbst entwickeln. Gut für Trockengestecke.
↕60–75 cm ↔ 90 cm

KULTUR In durchlässigem Boden an vollsonnigen Standorten. Stängel schneiden, sobald die Laternen Farbe annehmen.

2

3

KUPFERFELSENBIRNE 1

Amelanchier lamarckii 🏆 Kleiner sommergrüner Baum mit aufrechten, verzweigten Ästen. Von April bis Mai öffnen sich weiße, sternförmige Blüten in hängenden Trauben. Kleine, purpurschwarze Früchte. Laub im Austrieb bronzefarben, später grün und im Herbst leuchtend rot bis orange.
↕10 m ↔ 12 m

KULTUR Streuschatten wird toleriert, in voller Sonne aber fallen Blüte und Herbstfärbung am schönsten aus. In kalkfreien (sauren) und feuchten, dabei durchlässigen und mit reichlich Humus aufgebesserten Boden pflanzen. Meist müssen nur störende Zweige entfernt werden.

SPALTGRIFFEL 2

***Schizostylis coccinea* 'Sunrise'** 🏆 Wuchskräftige, immergrüne Rhizomstaude. Aufrechte Ähren mit glänzenden, lachsrosafarbenen Blüten im Herbst. Schöne Schnittblume. Die schmalen schwertförmigen Blätter bilden fast das ganze Jahr über eine Zierde.
↕60 cm ↔ 30 cm

KULTUR Die Pflanze sollte in nährstoffreichen, feuchten, doch gut durchlässigen Böden stehen. Sie muss vor kalten Winden geschützt werden. Im Winter gehört sie ins Kalthaus, da sie Fröste nicht übersteht.

JAPAN-EBERESCHE

3

Sorbus commixta Wuchskräftiger, breit kegelförmiger, sommergrüner Baum. Im Spätsommer fedrige Schirmrispen mit gelbstieligen, leuchtend gelben Blüten. Im Herbst Bündel orangeroter Beeren; unpaarig gefiederte Blätter zunächst gelb, dann rot und purpurn.

↕10 m ↔7 m

KULTUR In nährstoffreicher, feuchter, durchlässiger, neutraler bis saurer Erde. Schnitt ist nicht erforderlich; nur überkreuzte oder verletzte Äste entfernen.

CHRISTOPHSKRAUT 1

Actaea simplex **Atropurpurea-Gruppe 'Brunette'** ♕ Robuste, aufrechte Staude. Sie öffnet in der ersten Herbsthälfte Trauben aus duftenden, weißen, rot überlaufenen Blüten, Die dekorativen, dunkelvioletten Blätter bilden einen dichten Bodendecker.
↕ 1,2 m ↔ 60 cm

KULTUR In feuchten, nährstoff- und humusreichen Böden im Halbschatten. Muss in exponierten Lagen möglicherweise gestützt werden.

NERINE 2

Nerine bowdenii ♕ Mäßig wüchsige, mehrjährige Zwiebelpflanze. Schmückt sich im September mit Dolden aus trichterförmigen, zart duftenden, rosa Blüten. Die riemenförmigen Blätter erscheinen nach den Blüten. Wird nur des Flors wegen kultiviert.
↕ 45 cm ↔ 8 cm

KULTUR An einem warmen, geschützten Platz in voller Sonne in stark durchlässige Böden pflanzen. Verträgt keine Staunässe. Im Winter mit trockenem Mulch gut abdecken. Zwiebeln im Sommer so setzen, dass die Spitze knapp unter der Erdoberfläche liegt.

CHRYSANTHEME 3

***Chrysanthemum* 'Talbot Jo'** Aufrechte, winterharte Staude. Im Frühherbst zeigen sich Unmengen ungefüllter rosa Blüten. Ideale Schnittblume. Aromatisch duftende, graugrüne Blätter.
↕ 1,3 m ↔ 75 cm

KULTUR An vollsonnigen Standorten in nährstoffreicher, durchlässiger Erde. Erst nach den Eisheiligen auspflanzen. Für reiche Blüte die Triebspitzen abzwicken. Kübelpflanzen unter Glas überwintern, Freilandexemplare im Winter mulchen.

2

3

1

SALBEI

1

Salvia uliginosa ♕ Reizende, horstbildende Staude mit lanzettlichen, mittelgrünen Blättern, die immer schmaler werden, je weiter oben sie an den schlanken, verzweigten Stängeln sitzen. Vom Spätsommer bis zur Herbstmitte erscheinen endständige Trauben aus klarblauen Blüten.

↕2 m ↔ 90 cm

KULTUR In allen feuchten, aber durchlässigen Böden und an vollsonnigen Standorten. Vor übermäßiger winterlicher Nässe schützen. Im Frühjahr Triebe, die die Form der Pflanze beeinträchtigen, herausschneiden.

KOLBENSUMACH

2

Rhus typhina ♕ Wuchskräftiger, Ausläufer treibender, sommergrüner Strauch oder kleiner Baum. Trägt im Sommer grüngelbe Blüten in dicht gedrängten Rispen, denen an weiblichen Exemplaren dunkelrote, behaarte Fruchtstände folgen. Die gefiederten Blätter nehmen im Herbst ein leuchtendes Orangerot an.

↕5 m ↔ 6 m

KULTUR Beste Herbstfärbung in der Sonne, verträgt aber auch absonnige Standorte. Gedeiht in feuchten, durchlässigen Böden. Kann im Frühjahr auf 2–3 Augen über der Basis zurückgeschnitten werden.

KARTOFFELROSE 3

Rosa rugosa Wüchsiger, sommergrüner Strauch mit stacheligen Trieben. Pinkfarbene oder weiße, ungefüllte, intensiv duftende Einzelblüten. Blüht den ganzen Sommer. Aus jeder Blüte entwickelt sich eine große, signalrote Hagebutte.
↕ 1–2,5 m ↔ 1–2,5 m

KULTUR Braucht nährstoffreiche, feuchte, durchlässige Böden in der Sonne oder im Halbschatten. Alle 3–4 Jahre im Winter 1–2 alte Triebe zur Basis zurückschneiden. Störende Zweige jederzeit stutzen.

2

3

ACER PALMATUM

Sommergrüne, meist buschig wachsende Sträucher oder kleine Bäume mit gelappten oder tief eingeschnittenen Blättern. Schöner Wuchs und intensive Herbstfärbung. Die meisten Sorten bilden im Frühjahr kleine, hübsch gefärbte Blüten, denen im Herbst Flügelfrüchte folgen.

KULTUR In voller Sonne oder im Streuschatten in humusreiche, feuchte, aber durchlässige Erde pflanzen. Jährlich im Herbst mulchen. Vor kalten Winden und Frühjahrsfrösten schützen. Ungünstig stehende Triebe im Winter zurückschneiden, um ein ausgewogenes, offenes Gerüst zu bekommen. Ältere Exemplare so wenig wie möglich schneiden.

OBERE REIHE VON LINKS NACH RECHTS

- *A. palmatum* 'Bloodgood' 🏆
  ↕5 m ↔5 m
- *A. palmatum* 'Chitose-yama' 🏆
  ↕2 m ↔3 m
- *A. palmatum* 'Corallinum'
  ↕2 m ↔3 m

UNTERE REIHE VON LINKS NACH RECHTS

- *A. palmatum* 'Sango-kaku' 🏆
  ↕2 m ↔3 m
- *A. palmatum* 'Garnet' 🏆
  ↕2 m ↔3 m
- *A. palmatum* 'Linearilobum'
  ↕2 m ↔3 m

MALUS

Diese sommergrünen, meist wuchskräftigen kleinen Bäume sind in Einzelstellung eine Augenweide in Kleingärten. Im Frühjahr schmücken sie sich mit einem üppigen Blütenflor, dessen Farbpalette von Weiß über Rosa bis Purpurrot reicht. Im Herbst leuchten die Früchte von Gelb bis Rot, während sich die Blätter feurig gelb und orange verfärben.

KULTUR Zieräpfel gedeihen an einem sonnigen bis absonnigen Platz in jedem nährstoffreichen, gut durchlässigen Boden. Die schönste Laubfärbung erreichen sie jedoch in der Sonne. Im Winter schneidet man alle Äste zurück, die ins Innere der Krone wachsen, und nimmt totes oder beschädigtes Holz heraus.

OBERE REIHE VON LINKS NACH RECHTS

- *M.* 'Butterball'
  ↕8 m ↔ 8 m
- *M.* 'Marshal Ôyama'
  ↕8 m ↔ 6 m
- *M.* 'Veitch's Scarlet'
  ↕8 m ↔ 8 m

UNTERE REIHE VON LINKS NACH RECHTS

- *M. pumila* 'Cowichan'
  ↕8 m ↔ 8 m
- *M.* x *zumi* 'Professor Sprenger'
  ↕7 m ↔ 7 m
- *M.* 'John Downie' 🏆
  ↕10 m ↔ 6 m

WAS ZU TUN IST NOVEMBER

DAS WETTER

Der November fällt oft trüb und nasskalt aus, Blüten sieht man nur noch selten. Dafür zieren Beeren, immergrüne Sträucher und Bäume sowie Gehölze mit dekorativer Rinde, die das Novembergrau mit farbigen Akzenten beleben.

NASSKALT

Hochdrucklagen sorgen für typisches Novemberwetter mit viel Nebel und relativ niedrigen Temperaturen in den Niederungen und mit viel Sonne in den Mittelgebirgen und den Alpen.
An 10–15 Tagen muss mit Nachtfrost bis teilweise –10 °C, an ein bis zwei Tagen mit Dauerfrost gerechnet werden. Die Nullgradgrenze sinkt auf durchschnittlich 1200 m Höhe.

STÜRMISCH

Im November stellt sich die Großwetterlage auf tiefen Luftdruck über Island und hohen Luftdruck über Asien um und so frischt der Wind merklich auf. Zeitweise

starker Wind herrscht vor allem in Norddeutschland. Während Berlin an zwölf Tagen mit Windstärke 6 rechnen muss, herrschen in Regensburg meist nur sieben windige Tage. Sehr stürmisch allerdings ging es am 1. November 2006 an der Küste Ostfrieslands zu. Da löste das Orkantief Britta die schwerste Sturmflut seit über 100 Jahren aus.

SONNE UND NEBEL

Wie im Vormonat gibt es im Bergland mehr Sonne als im Flachland, wo mit fortschreitender Abkühlung die Nebelbildung zunimmt. Während Flussniederungen an zehn Novembertagen mit Nebel überzogen sind, zeigt sich in Freiburg im Breisgau die Novembersonne durchschnittlich 62 Stunden lang, in Frankfurt am Main nur 48 Stunden.

VIEL REGEN

Zunächst überwiegen nasskalte Tage und Ende November bringen warme Westwinde viel Regen und Wind.

VEREINZELT SCHNEE

In einem normalen November fällt der Niederschlag an durchschnittlich vier Tagen bereits als Schnee, wobei er in den Niederungen nicht liegen bleibt. 2003 sorgten heftige Schneefälle im Münsterland für umgeknickte Strommasten und Stromausfall.

ALLGEMEINE GARTENARBEITEN

FORDERN SIE SAMENKATALOGE AN

Je früher Sie die Broschüren in Händen halten, desto besser. Es macht Spaß, schon einmal Pläne für die nächste Saison zu schmieden, und meist sind die Kataloge voll von verlockenden neuen Sorten. Bestellen Sie rechtzeitig, damit Sie auch wirklich alles bekommen, was Sie wollen.

HARKEN SIE HERBSTLAUB ZUSAMMEN

Bei trockener Witterung harken Sie gefallenes Laub zusammen. Es sollte jedoch nicht verbrannt oder einfach weggeworfen werden, sondern ergibt kostbaren Laubhumus, der sich zur Bodenverbesserung und zum Mulchen ebenso eignet wie als Zusatz zu Topferde. Bei Regen sollten Sie sich allerdings vom Rasen fernhalten. Falls Sie ihn unbedingt betreten müssen, obwohl er stark durchnässt ist, legen Sie Planken als Laufsteg aus. Über gefrorene Grasflächen sollte man ebenfalls möglichst nicht laufen.

HALTEN SIE IHREN GARTEN SAUBER

Schädlinge sind jetzt kaum noch unterwegs, trotzdem machen es sich vielleicht gerade einige in Ecken und Ritzen bequem. Sauberkeit und Ordnung sind der beste Schutz. Das gilt für Schuppen, Arbeitsflächen und Geräte ebenso wie für Rabatten. Schmutzige Gefäße werden mit einem schwach konzentrierten Desinfektionsmittel für gärtnerische Zwecke ausgewaschen, getrocknet und eingelagert. Auch Stützen sollten gerade am unteren Ende gründlich gesäubert werden.

PFLEGEN SIE IHR WERKZEUG

Säubern Sie Metallwerkzeug wie Spaten oder Hacken nach Gebrauch: Erde abbürsten, waschen und trocknen lassen.

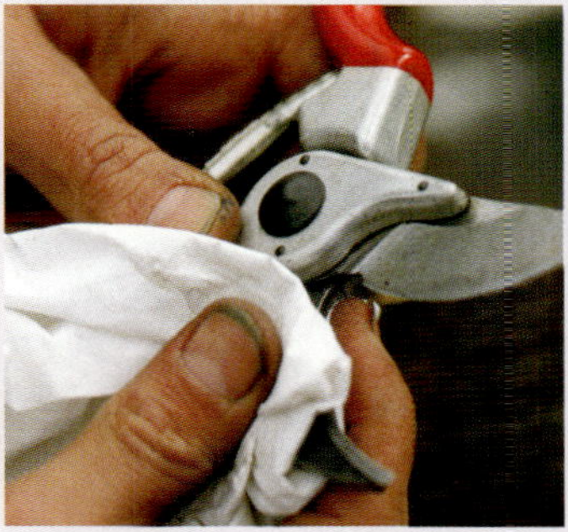

Säubern Sie Gartenscheren mit Öl oder einem Haushaltsreiniger und wischen Sie sie mit einem Küchentuch sauber ab.

Damit hochwertige Stahlteile nicht rosten, ölt man sie mit einem Tuch ein. Klingen können mit einer Feile geschärft werden.

Auch Gartenscheren bleiben rostfrei, wenn man die Klingen ölt und leicht mit einem Topfschwamm abschmirgelt.

SÄUBERN SIE NISTKÄSTEN

Leeren und säubern Sie Nistkästen gründlich, damit sich keine Parasiten in ihnen festsetzen. Schon bald werden Vögel nach einem Unterschlupf für den kalten Winter suchen. Und wenn sie mit einer Behausung bereits vertraut sind, bauen sie dort im nächsten Frühjahr bevorzugt ihr Nest.

PRÜFEN SIE ABFALLHAUFEN AUF TIERE

Falls Sie Gartenabfälle aufgehäuft haben, inspizieren Sie die Haufen vor dem Entsorgen. Vielleicht verbergen sich in ihnen Igel oder Kröten, die es sich schon für den Winter gemütlich gemacht haben. Stören Sie sie nicht. Will man wenigstens einen Teil der Abfälle loswerden, trägt man sie vorsichtig ab. Freuen Sie sich über Ihre Untermieter, denn sie sind Mitstreiter im Kampf gegen Ungeziefer.

ISOLIEREN SIE TÖPFE

Schützen Sie Gefäßpflanzen, die zu groß sind, um nach drinnen gebracht zu werden. Selbst winterharte Gewächse sind im Wurzelbereich durch Frost gefährdet, wenn sie in Töpfen gezogen werden. Umwickeln Sie die Gefäße daher mit Luftpolsterfolie oder Sackleinen. Binden Sie die Blätter von

Mit Gärtnervlies oder Jutesäcken schützt man Töpfe vor der Kälte. Stellen Sie sie möglichst nah an Wände – auch das hilft.

Beim Umsiedeln schwerer Gefäße leistet ein rollbarer Untersetzer wertvolle Dienste und schont Ihren Rücken.

Pflanzen wie *Cordyline* zusammen, um die Wuchsspitze gegen extreme Winternässe zu schützen, und umhüllen Sie sie mit Gärtnervlies. Manche Schutzmaßnahmen lassen sich mit geringerem Aufwand durchführen, wenn man die Töpfe zusammenschiebt. Moderne Pflanzgefäße sind meist frostbeständig, nicht aber Terrakottatöpfe älteren Datums. Sie werden, selbst wenn sie leer sind, eingewickelt oder über den Winter hereingeholt. Bepflanzte Töpfe sollten leicht erhöht stehen, damit das Wasser abfließen kann. In Gartencentern finden Sie dekorative Untersetzer.

HOLEN SIE PUMPEN UND LEUCHTEN AUS TEICHEN

Die Pumpenfilter werden gesäubert und getrocknet, bevor Sie die Geräte verstauen. Falls zuletzt technische Probleme aufgetreten sind, geben Sie die Pumpen in Reparatur. Überprüfen Sie auch die Leitungen und lassen Sie beim geringsten Zweifel an der Sicherheit von Kabeln und Anschlüssen einen Elektriker kommen.

SÄUBERN SIE TEICHE

Ins Wasser gefallene Triebe und Blätter verrotten und produzieren für Fische schädliche Gase. Entfernen Sie daher abgestorbene Pflanzenteile und Laub möglichst bald aus dem Teich.

BÄUME, STRÄUCHER & KLETTERER

ÜBERPRÜFEN SIE BAUMBÄNDER UND STÜTZEN

Die Stützen dürfen nicht wackeln und die Bänder nicht ins Pflanzengewebe einschneiden. Andernfalls werden die Pflanzen im Lauf der Zeit richtiggehend stranguliert.

PFLANZEN SIE WURZELNACKTE GEHÖLZE

In dieser Jahreszeit gibt es die meisten sommergrünen Bäume und Sträucher in Form wurzelnackter Pflanzen zu kaufen. Geeignete Bodenverhältnisse vorausgesetzt, können sie während der gesamten Ruheperiode – also ab jetzt bis März – gepflanzt werden. Verglichen mit Gefäßpflanzen sind sie preiswerter. Bevor Sie jedoch zugreifen, inspizieren Sie das Wurzelsystem auf etwaige Beschädigungen oder Anzeichnen von Austrocknung. Packen Sie Ihre Neuerwerbung vor dem Transport nach Hause sorgfältig ein und nehmen Sie sich die Pflanzung baldmöglichst vor.

Schräge Stützen geben im unteren Bereich Halt und können in den Boden getrieben werden, ohne den Wurzelballen zu verletzen.

Vor dem Pflanzen wird der Boden gründlich vorbereitet und großzügig mit organischer Substanz angereichert. Die Grube muss so bemessen sein, dass die Wurzeln gut Platz haben, ohne anzustoßen. Für Bäume und hohe Sträucher schlagen Sie eine Stütze in den Boden. Sie soll auf der windzugewandten Seite stehen, damit sich die Pflanze von ihr wegbiegt und sich so nicht verletzen kann. Setzen Sie das Gehölz genauso tief, wie es auch zuvor im Gefäß oder Freiland stand – orientieren Sie sich an der Bodenmarke oberhalb des Wurzelballens. Nachdem das Loch zugefüllt ist, wird die Erde um die Pflanze vorsichtig festgetreten.

Frisch gesetzte Sträucher und Bäume müssen unbedingt gut gestützt und angebunden werden. Bei Bäumen allerdings sollte die Höhe des Stützpfahls nicht mehr als ein Drittel des Stamms ausmachen, manchmal sogar noch weniger, damit dieser sich im Wind biegen und dabei kräftigen kann. Nur bei veredelten Hochstämmen, beispielsweise überhängenden Formen, muss der Pfahl bis zur Veredelungsstelle reichen. Für die feste Verbindung von Stamm und Stütze gibt es spezielle Baumbänder, die nach Bedarf gelockert werden.

In Gefäßen gezogene Gehölze können Sie ganzjährig ins Freie setzen. Der Boden wird genau wie für wurzelnacktes Pflanzgut sorgfältig vorbereitet. Erweist sich der Ballen als stark verdichtetes, verdrehtes Gewirr, lösen Sie zumindest einige Wurzeln heraus und breiten sie in der Pflanzgrube sorgsam aus. Nur so kann ein gut verzweigtes System entstehen, das der Pflanze Standfestigkeit und Wüchsigkeit verleiht.

Biegsame Triebe werden gut angebunden, damit der Winterwind nicht an ihnen zerrt.

BINDEN SIE KLETTERER FEST

Lange, biegsame Triebe von Kletterpflanzen und Wandsträuchern bindet man an, damit der Wind nicht an ihnen zerrt und sie beschädigt. Falls sich keine Lücke im Klettergerüst für sie findet, schneidet man die Triebe bis auf 5–6 Knospen zurück.

PFLANZEN SIE WURZELNACKTE ROSEN

Wurzelnackte Rosen werden ab jetzt bis März angeboten. Sie sind etwas kostengünstiger als Pflanzen mit Wurzelballen und wachsen auch besser ein. Damit sie optimal gedeihen, müssen sie in gut vorbereiteten Boden gesetzt werden. Graben Sie einen möglichst

WURZELNACKTE ROSEN PFLANZEN

1 Beschädigte, allzu dünne oder quer durch die Mitte der Pflanze wachsende Triebe werden ebenso entfernt wie schadhafte Wurzeln.

2 Das Loch muss den Wurzeln Platz bieten. Falls der Boden noch nicht aufbereitet wurde, arbeitet man organische Substanz ein und gibt Hornmehl hinzu.

großen Bereich um oder heben Sie ein Loch aus und arbeiten Sie reichlich organische Substanz ein.

Da die Wurzeln niemals austrocknen dürfen, stellt man Rosen gleich nach dem Kauf für einige Stunden in Wasser. Pflanzen Sie die Rosen so, dass die Veredelungsstelle etwa 5 cm tief unter der Erdoberfläche liegt.

Wenn Sie alte Rosen durch neue ersetzen, zeigen diese möglicherweise Wachstumsstörungen. Ursache ist die Rosenmüdigkeit des Bodens, die dann auftritt, wenn an einem Standort schon länger Rosen kultiviert werden. Entfernen Sie so viel alten Boden wie möglich und ersetzen Sie ihn durch frische Erde.

3 Setzen Sie die Rose mit ausgebreiteten Wurzeln in das Pflanzloch. Die Veredelungsstelle muss sich unter dem Bodenniveau befinden.

4 Schütten Sie das Loch zu, wobei Sie die Erde mit den Händen um die Wurzeln verteilen und festdrücken. Zuletzt Boden leicht antreten und gut wässern.

BLÜTENPFLANZEN

SCHÜTZEN SIE IHRE PFLANZEN VOR FROST

In kälteren Regionen sind vor allem Jungpflanzen der Gattung *Kniphofia* nicht zuverlässig winterhart. Fassen Sie die Blätter zusammen und binden Sie sie zu einem festen Packen. Dadurch bleibt die Pflanzenkrone selbst bei starker Frosteinwirkung unversehrt. Auch für andere leicht frostanfällige Stauden wie Bartfaden (*Penstemon*) empfehlen sich Schutzmaßnahmen. Hierfür eignen sich Fichtenreiser oder Stroh, über die Pflanzen gebreitet und mit Netzgewebe fixiert, ebenso wie eine lockere, trockene Abdeckung aus Laubhumus oder Rindenmulch. Inspizieren Sie die Pflanzen im Verlauf des Winters auf Anzeichen von Krankheitsbefall.

Auch nicht aufgenommene, aber nicht ganz winterharte Zwiebeln wie Nerinen und Schmucklilien (*Agapanthus*) sollten mit einer dicken Mulchschicht aus Gartenkompost isoliert werden. Am besten gedeihen solche Pflanzen an einem geschützten Standort, etwa an nach Süden ausgerichteten Mauern oder Zäunen.

BEFREIEN SIE STAUDEN VON LAUB

Befreien Sie Stauden von Laub, das von größeren Gehölzen auf sie gefallen ist. Wartet man damit zu lange, bekommen die Pflanzen unzureichend Licht. Außerdem lockt das feuchte, dunkle Milieu Schnecken an. Geben Sie die Blätter in den Kompost oder häufen Sie sie auf, um Laubhumus zu gewinnen.

SCHNEIDEN SIE ALTEN WUCHS ZURÜCK

In kälteren Gegenden erweist es sich jedoch eventuell als zweckmä-

Nach der Blüte wird der gesamte oberirdische Wuchs von Stauden gekappt.

ßiger, zum Schutz der Pflanzen bei strenger Witterung einen Teil zu erhalten – zumal schön gewachsene abgestorbene Triebe mitunter recht malerisch aussehen, wenn sie von Schnee oder Raureif überzogen sind.

Rücken Sie Bambus mit einer Astschere zu Leibe und tragen Sie Handschuhe, denn die Triebe sind tückisch.

SCHNEIDEN SIE GRÄSER UND BAMBUS

Schneiden Sie Bambus sowie Ziergräser zurück, die im Winter keinen dekorativen Wert haben. Stängel einiger Bambusarten, die über eine ausreichende Stärke verfügen, können, gründlich gesäubert, in der nächsten Saison als Pflanzenstützen dienen.

PRÜFEN SIE VORGETRIEBENE ZWIEBELN

Wenn die Sprosse etwa 2–3 cm hoch sind, stellen Sie die Pflanzen in ein Kalthaus, in einen kalten Kasten oder auch auf eine kühle Fensterbank. Sobald sich bei Hyazinthen und Narzissen wie 'Paper White' und 'Soleil d'Or' erste Blütenansätze zeigen, kommen sie in ein wärmeres Ambiente. So blühen sie rechtzeitig zu Weihnachten.

SEHEN SIE GELAGERTE ZWIEBELN DURCH

Faulende Exemplare werden weggeworfen. Sind sie nur an einzelnen Stellen befallen, lassen sie sich vielleicht noch retten, indem man die Herde mit einem scharfen Messer herausschneidet und mit Stäubeschwefel behandelt. Anschließend werden sie sicherheitshalber getrennt von den anderen gelagert.

TOPFEN SIE AMARYLLIS EIN

Wenn Sie zu Weihnachten blühende Amaryllis (*Hippeastrum*) haben möchten, so sollten Sie die Zwiebeln Anfang November eintopfen und gießen. An einem warmen Platz erwachen sie zum Leben. Ideal ist, wie für viele Topfpflanzen, ein Platz auf einer Fensterbank mit einem Heizkörper darunter.

SETZEN SIE TULPENZWIEBELN

Durch möglichst spätes Setzen verringert man das Risiko einer Pilzinfektion, des so genannten Tulpenfeuers. Dennoch sollten die Tulpenzwiebeln vor Ende des Monats in der Erde liegen. Natürlich kann man Tulpen auch wie andere früh blühende Zwiebeln in Töpfen ziehen. So lassen sie sich ganz nach Bedarf nutzen. Man senkt sie einfach mitsamt dem Topf in die Erde und nimmt sie nach der Blüte heraus, um sie woanders einziehen zu lassen. Gepflanzt werden Tulpen, ob in Beeten oder Töpfen, genauso wie andere Zwiebeln. Eine Schicht Sand verhindert Fäulnis.

Setzen Sie Tulpenzwiebeln auf eine Lage Kies, damit sie nicht faulen. Besonders gefährdet sind sie in schweren Tonböden.

EMPFEHLENSWERTE TULPEN

'Dreamboat'

'Keizerskroon'

'Fringed Beauty'

'Dreaming Maid'

KÜCHENGARTEN

GRABEN SIE BEETE NOCH RASCH UM

Der Boden sollte nicht so nass sein, dass er an den Stiefeln kleben bleibt. Um ihn vor allzu lang anhaltenden Regenfällen zu schützen, können Sie ihn mit Kunststofffolien abdecken. Wenn Sie gutes Wetter zum Umgraben nutzen wollen, schlagen Sie die Folien zurück. Anschließend legen Sie sie wieder auf.

NEHMEN SIE PASTINAKEN AUF

Pastinaken schmecken besser, wenn sie etwas Frost abbekommen haben. Danach werden sie wie Möhren aus der Erde gezogen und im Keller in sandgefüllten Kisten eingeschlagen.

Falls Sie für diese Art der Winterlagerung nicht den erforderlichen Platz zur Verfügung haben, häufen Sie die Wurzeln im Freien nahe dem rückwärtigen Hauseingang auf und breiten dick Stroh darüber. Mit Pflöcken im Boden verankertes Netzmaterial hält die Abdeckung an ihrem Platz.

ERNTEN SIE ROSENKOHL

Man beginnt im unteren Bereich der Pflanzen, wo zunächst die dicksten Röschen sitzen. Hohe Pflanzen werden gestützt und angebunden.

SCHÜTZEN SIE KOHLKULTUREN

Wenn die Temperaturen sinken und sich das Nahrungsangebot verringert, werden Tauben und andere Vögel vermehrt Ihren Gemüsegarten heimsuchen.

Es sind verschiedene Vogelscheuchen auf dem Markt, die zuverlässigste Abwehrstrategie aber ist eine geeignete Abdeckung. Verankern Sie Netze auf jeden Fall im Boden, damit sie für kleine Vögel nicht zur Falle werden.

SCHÜTZEN SIE IHREN BLUMENKOHL

Reifer Blumenkohl kann durch starke Fröste Schaden nehmen.

Man schützt die Köpfe, indem man die Blätter einschlägt und zusammenbindet.

Aus tierschützerischer Sicht unbedenklicher sind Fliegendraht oder Restabschnitte von Gärtnervlies. In jedem Fall muss eine solche Abdeckung mittels Stöcken so hoch gespannt sein, dass die Vögel das Gemüse mit ihren Schnäbeln nicht erreichen.

Nach einem kräftigeren Schneefall müssen Sie die Hauben von ihrer Last befreien.

BINDEN SIE BLUMENKOHLBLÄTTER ZUSAMMEN

Blumenkohl braucht jetzt Schutz, damit die »Blumen« weiß bleiben und sich nicht öffnen. Binden Sie dafür die Blätter zusammen und legen Sie sie über die Köpfe. Mittlerweile gibt es sogar schon Neuzüchtungen, deren Blätter sich von Natur aus über den Blumenkohl legen und ihn so etwas vor den Elementen schützen.

PFLANZEN SIE OBSTGEHÖLZE

Setzen Sie neue Obstbäume und -sträucher, sofern der Boden nicht gefroren oder zu nass ist. Zuvor muss er mit reichlich Gartenkompost oder gut verrottetem Stallmist angereichert werden.

Heben Sie eine Grube aus, in der sich die Wurzeln ausbreiten können, und lockern Sie die Erde am Grund, ohne den Unterboden nach oben zu befördern. Geben Sie eine größere Menge organischen Materials – ideal ist gut verrotteter Stallmist – in die Grube und arbeiten Sie es in die Erde ein. Obstgehölze, die auf schwach wachsende Unterlagen veredelt wurden, müssen fast während ihrer gesamten Lebensdauer gestützt werden. Schlagen Sie schon vor dem Setzen einen Pfahl in den Boden, um später das Wurzelsystem nicht zu verletzen.

Die Pflanzung geht wie bei allen Bäumen und Sträuchern vor sich (eine Ausnahme bilden nur Schwarze Johannisbeeren). Veredelte Obstbäume haben am Stamm eine wulstartige Verbindung zwischen Edelreis und Unterlage, die über der Erde liegen muss. Andernfalls treibt das Edelreis selbst Wurzeln, sodass seine unerwünschten Eigenschaften wieder durchschlagen. Setzen Sie Obstgehölze daher nicht tiefer, sondern eher etwas höher, als sie zuvor in der Baumschule standen.

Man füllt den Aushub ein, verteilt ihn gut zwischen den Wurzeln und tritt ihn behutsam an. Danach wird der Baum mit einem regulierbaren Baumband an der Stütze

Die verdickte Verbindung zwischen Edelreis und Unterlage ist als Verdickung im Stamm erkennbar. Bei Obstgehölzen muss sie ein Stück über dem Boden stehen.

fixiert. Als Mulchmaterial empfehlen sich Kompost oder verrotteter Stallmist, an geschützten Standorten auch Stroh.

PFLANZEN SIE JOHANNISBEEREN

Ihr Wurzelhals sollte 8–10 cm unter der Erdoberfläche liegen. Dadurch wird der Neuaustrieb aus der Basis angeregt. Anschließend schneidet man die Pflanzen bis auf etwa 10 cm über dem Grund zurück, um die Bildung ertragreicher Triebe zu fördern.

SCHNEIDEN SIE APFEL- UND BIRNBÄUME

Das beschränkt sich in erster Linie auf das Einkürzen der Leittriebe – sie stellen die Verlängerung der Haupttäste dar – um etwa ein Drittel. Unbedingt sollte man überkreuzte oder aneinander reibende Zweige herausnehmen. So verhindert man Verletzungen und sorgt zudem für eine lichte Kronenmitte. Die Luft kann besser zirkulieren, wodurch das Krankheitsrisiko gemindert wird.

MULCHEN SIE GESCHNITTENE OBSTGEHÖLZE

Eine Mulchdecke hält die Feuchtigkeit länger im Boden, reichert den Boden mit Nährstoffen an und unterdrückt Unkräuter, die den Nutzpflanzen Wasser und Nährstoffe nehmen. Jede Art von organischer Substanz ist geeignet.

Einer von zwei überkreuzten Zweigen muss weichen, sonst scheuert sich die Rinde auf und Krankheitserreger haben freie Bahn.

NOVEMBER-PROJEKT

FARBENFROHE WINTERRABATTE

Im Winter muss Ihr Garten nicht zwangsläufig grau in grau sein. Sicher, ein üppiges Blütenmeer ist nicht möglich, doch mit einer Kombination von Sträuchern, die eine farbenfrohe Borke zu bieten haben, erzielt man ebenfalls eine erstaunliche Wirkung. Lässt man überdies die trockenen Samenstände an den Pflanzen, kann man sich über verblüffende »Skulpturen« freuen, die an sonnigen Tagen mit Raureif überzogen besonders spektakulär aussehen.

Daneben verschönern blühende Heidekräuter, Winterlinge, Zwiebelblumen wie Schneeglöckchen oder immergrüne Sträucher den winterlichen Garten. Ein weiteres willkommenes Element ist Duft: Gehölze wie *Viburnum* × *bodnantense* 'Dawn' erfüllen den Garten mit ihrem Wohlgeruch.

Rubus thibetanus
Die geisterhaft weißen Zweige dieses Strauchs bereichern im Winter jeden Garten. Für optimale Färbung Triebe im Frühjahr bis auf 2–3 Knospen zurückschneiden.

Salix alba var. *vitellina* 'Britzensis'
Diese wüchsige Weide mit feurig orangeroten Trieben wird wie ein Strauch behandelt. Ihre Zweige leuchten besonders, wenn man sie im Frühjahr stark zurückschneidet.

Stipa tenuissima
Das fedrige Gras wiegt sich beim leisesten Windhauch und bringt Bewegung in eine Rabatte. Seine gelbbraunen Blütenstände kontrastieren mit anderen Gewächsen.

Sedum 'Herbstfreude'
An einem eisigen Wintertag bilden die rotbraunen, lange haltenden Blütenstände dieser Fetthenne unübersehbare Frostskulpturen im Garten.

FEUERDORN 1

***Pyracantha* 'Golden Charmer'** ♀ Wuchskräftiger, buschiger, immergrüner Strauch mit Dornen. Leuchtend orangerote Früchte, die den Strauch im Herbst und Winter schmücken. Kleine weiße Blüten in Dolden; Blütezeit Mai bis Juni. Glänzende, leuchtend grüne Blätter das ganze Jahr über.
↕3 m ↔ 3 m

KULTUR In nährstoffhaltigen, gut drainierten Böden. Hecken im Sommer schneiden. Bei Exemplaren, die an Mauern stehen, holt man nach vorn oder hinten wachsende Triebe im April heraus. Seitentriebe werden nach der Blüte auf 2–3 Blätter eingekürzt, damit die Beeren besser zu sehen sind.

ÜBELRIECHENDE SCHWERTLILIE 2

Iris foetidissima ♀ Wuchskräftige, immergrüne Rhizomstaude. Im Frühsommer erscheinen matt purpurne, gelb getönte Blüten. Im Herbst platzen die Samenkapseln auf und geben perlartige, scharlachrote Samen frei. Die riemenförmigen, dunkelgrünen Blätter riechen unangenehm, wenn man sie zerreibt.
↕30–90 cm ↔ unterschiedlich

KULTUR Verträgt in gut durchlässigen Böden Sonne und Schatten. Zu dichte Horste im Herbst teilen.

PERÜCKENSTRAUCH 3

***Cotinus* 'Grace'** Wüchsiger, sommergrüner Strauch oder kleiner Baum. Winzige, purpurrosa Blüten überziehen die Pflanze im Sommer wie ein zarter Schleier. Die eiförmigen, purpurroten Blätter färben sich im Herbst scharlachrot. ↕6 m ↔5 m

KULTUR In mäßig nährstoffreichen, feuchten, aber durchlässigen Böden. Für größere, intensiver gefärbte Blätter bei gut eingewöhnten Pflanzen alle Triebe im Frühjahr stark zurückschneiden.

2

3

PAMPASGRAS 1

***Cortaderia selloana* 'Sunningdale Silver'** 🏆 Wüchsiges, ausdauerndes Gras. Im Spätsommer wachsen fedrige, aber gut witterungsbeständige Blütenrispen in Silberweiß. Ganzjährig dichte Büschel gebogener, blaugrüner Blätter.
↕ 3 m oder mehr ↔ 2,5 m

KULTUR Gedeiht in nährstoffreichem, durchlässigem Boden an offenen, sonnigen Standorten, verträgt aber Streuschatten. Im Spätwinter oder zeitigen Frühjahr alte Blätter ausputzen oder herausschneiden. Achtung: Sie sind scharfkantig. Jungpflanzen benötigen Winterschutz.

MANDARINROSE 2

Rosa moyesii Wüchsiger, aufrechter, offener Strauch, der sein Laub im Herbst abwirft. Einfache, becherförmige, siegelwachsrote Blüten, die Honigbienen im Sommer in Scharen anlocken. Im Herbst reifen große, karminrote, flaschenförmige Früchte heran.
↕ bis 4 m ↔ 3 m

KULTUR Nährstoffreiche, feuchte, durchlässige Böden in der Sonne oder im Streuschatten sind der beste Platz für diese Rosenart. Alle 3–4 Jahre schneidet man 1–2 Triebe bis zur Basis zurück. Überlange oder störende Äste können jederzeit gestutzt werden.

2

WOHLRIECHENDE HECKENKIRSCHE 3

Lonicera fragrantissima Buschiger, breitwüchsiger, mäßig wüchsiger, halbimmergrüner Strauch. Intensiv duftende Blüten im Winter und zeitigen Frühjahr. Dunkelgrüne, unterseits blau-grüne Blätter.
↕2 m ↔3 m

KULTUR An sonnigen bis absonnigen Standorten in nährstoffreichem, gut durchlässigem Boden ziehen. Abgeblühte Triebe auf kräftige Knospen oder niedere Seitentriebe zurückschneiden.

3

1

FLÜGEL-SPINDELSTRAUCH 1

Euonymus alatus 🏆 Wüchsiger, dichtbuschiger, sommergrüner Strauch. Von der leuchtend karminroten Herbstfärbung des Laubes heben sich die purpurnen Früchte ab. Sobald die Kapseln aufspringen, werden orangefarbene Samen sichtbar. Die Zweige tragen an den Kanten flügelartige Korkleisten. Das dunkelgrüne Laub bildet im Sommer einen schönen Schmuck.
↕2 m ↔ 3 m

KULTUR Volle Sonne sorgt für intensive Herbstfärbung, doch gedeiht die Pflanze in durchlässiger Erde auch im Halbschatten. Im Winter bei Bedarf beschneiden.

SPÄTBLÜHENDE CLEMATIS 2

***Clematis* 'Bill MacKenzie'** 🏆
Wüchsige, sommergrüne Kletterpflanze. Von Spätsommer bis Herbst erscheinen offen glockige, goldgelbe Blüten. Flaumige Fruchtstände, die sich bis in den Frühwinter halten. Während des ganzen Sommers attraktives Laub.
↕bis 7 m ↔ 2–3 m

KULTUR In nährstoffreichen, mit Humus angereicherten, durchlässigen Boden tief pflanzen und den Wurzelbereich beschatten. Im Frühjahr bis auf 30 cm über der Basis zurückschneiden.

ROSTROTE REBE 3

Vitis coignetiae 🏆 Wuchsfreudiger, sommergrüner Kletterer. Große, herzförmige Blätter; im Herbst zunächst golden, dann leuchtend rot und schließlich purpurn. Dunkelgrünes, gerunzeltes, tief geadertes Laub mit braunem Filz an der Unterseite.
↕ 15 m ↔ unterschiedlich

KULTUR An sonnigen bis halbschattigen Standorten in durchlässiger, möglichst neutraler bis leicht basischer Erde. Gegebenenfalls im Winter und noch einmal im Sommer zurückschneiden.

2

3

WAS ZU TUN IST

DEZEMBER

DAS WETTER

Ist der Himmel blau und klar, steht kalte Dezemberwitterung bevor. Genießen Sie die wunderbar sonnigen Wintertage, doch ziehen Sie sich warm an, denn auch jetzt steht Arbeit an. An frostfreien Tagen kann man den Winterschnitt besorgen.

WINTERKÄLTE

Im ersten Dezemberdrittel herrscht meist trübe, nasse Witterung, gefolgt von kalter, trockener Witterung, bevor es wieder wärmer und feuchter wird. Kaltlufteinbrüche um den 20. Dezember werden um Weihnachten wieder vom Zustrom milder Meeresluft abgelöst. »Grüne Weihnachten« sind zumindest im deutschen Flachland die Regel. Eine 5 cm hohe Schneedecke weisen Lagen unterhalb 500 m nur an jedem fünften Weihnachtsfest auf, unterhalb 200 m ist Schnee noch seltener. Die Temperaturen können im Dezember bis auf –20 °C sinken, jedoch unter Föhneinfluss bis auf 20 °C steigen. In München gibt es die meisten Frosttage – 24 an der Zahl. Mit 4,4 °C im Mittel, statt der üblichen 0,2 °C, war der Winter 2006/2007 der wärmste seit Aufzeichnungsbeginn.

WINDE UND BÖEN

Auch im Dezember ist der Norden Deutschlands windreicher als der Süden. In List auf Sylt erreichte eine Böe am 3. Dezember 1999 das absolute Windgeschwindigkeitsmaximum im Tiefland mit 184 km/h.

WENIG SONNE

Der Dezember ist in Deutschland der sonnenscheinärmste Monat des

Jahres. Allerdings ist das Bergland in Bezug auf die Sonnenscheindauer bevorzugt und so weist die Zugspitze rund 116 Sonnenscheinstunden auf. Im Vergleich zu München, das im Dezember normalerweise 59 Stunden Sonnenschein verzeichnet, kommt Lugano auf rund 118 Stunden. Wien muss sich in diesem Monat mit 31 Sonnenstunden zufriedengeben.

FEUCHT

Folge der hohen Luftfeuchtigkeit in diesem Monat – er ist der feuchteste des Jahres überhaupt – sind häufiger Nebel bzw. Hochnebel, vor allem in den Niederungen.

HÄUFIG SCHNEE

Der Dezember ist der niederschlagsreichste Wintermonat. Während es in München an rund zehn Tagen schneit, fällt in Köln nur an vier Tagen Schnee. Eine geschlossene Schneedecke gibt es vor allem in höheren Lagen ab 700 m. An fünf Tagen bleibt der Schnee auch in Hamburg liegen.

ALLGEMEINE GARTENARBEITEN

HALTEN SIE IHREN GARTEN SAUBER

Schädlinge lassen sich in dieser Jahreszeit kaum blicken. Das will aber nicht viel heißen. Bei den milderen Wintertemperaturen, die sich inzwischen offenbar eingespielt haben, überleben viele Parasiten, die strenge Kälte nicht überstehen würden. Gartenhygiene trägt entscheidend dazu bei, dass sie im Frühjahr und Sommer nicht überhandnehmen. Halten Sie die Flächen um die Pflanzen sauber, denn unter abgefallenem Laub und dergleichen findet Ungeziefer Unterschlupf. Alles, was Anzeichen von Krankheitsbefall zeigt, muss verbrannt werden oder kommt in die Abfalltonne.

Allerdings sollten Sie, wenn Sie biologisch gärtnern und ein natürliches Gleichgewicht herstellen möchten, beim Aufräumen gelegentlich ein Auge zudrücken. Nützlinge, die eifrig Ungeziefer vertilgen, stellen sich nur ein, wenn sie geeignete Bedingungen vorfinden. In Mauerritzen und hinter bröckelndem Putz suchen

Igel überwintern bevorzugt unter Laub. Lassen Sie also ruhig einen Blätterhaufen in einer abgelegenen Gartenecke liegen.

gern die wertvollsten Mitstreiter im Kampf gegen die Blattlausplage Schutz: Marienkäfer. Tun auch Sie etwas für Ihre Helfer und erhalten Sie Ihnen ein paar Refugien.

FÜTTERN SIE VÖGEL

Sie zählen ebenfalls zu Ihren Verbündeten, selbst wenn sie sich gelegentlich über Ihre Ernte hermachen. Sobald der Boden gefroren oder zugeschneit ist, wird die Nahrungssuche für sie schwer. Besorgen Sie spezielles Futter. Diese Mischungen aus Samen und Nüssen sind auf die Bedürfnisse der Vögel abgestimmt, Küchenabfälle dagegen bekommen ihnen nicht und locken nur Ungeziefer an. Stellen Sie auch eine Schale mit Wasser nach draußen, das Sie bei Bedarf mit heißem Wasser auftauen. Austrocknung ist für Vögel ebenso bedrohlich wie Nahrungsmangel.

SCHÜTZEN SIE PFLANZEN VOR FROST

Bringen Sie Pflanzen, die Sie vielleicht bisher übersehen haben,

Haushaltsabfälle sind für Vögel ungeeignet. Kaufen Sie stattdessen spezielles Wildvogelfutter mit Samen und Nüssen.

unter Glas in Sicherheit. Vor allem in kälteren Regionen erhalten Bartfaden (*Penstemon*) und andere Gewächse, die im Freien überwintern, eine Isolierung. Als Materialien eignen sich Stroh oder Fichtenreisig. Bei Stauden, deren oberirdischer Wuchs inzwischen abgestorben ist, wird die Abdeckung einfach darüber gebreitet, bei wintergrünen Arten hingegen um die Pflanzen gelegt. Mit Stöcken in der Erde fixierter

Maschendraht hält die Packung an ihrem Platz. Höhere Sträucher umwickelt man mit Stroh, das man mit Sackleinen umhüllt. Plastikfolien sind ungeeignet, denn auch während der Vegetationsruhe brauchen Pflanzen Luft.

ISOLIEREN SIE WASSERHÄHNE

Gefrierendes Wasser dehnt sich aus und kann Leitungen zum Platzen bringen. Wickeln Sie mehrere Lagen Sackleinen um die Hähne oder verwenden Sie eines der inzwischen erhältlichen Spezialprodukte. Leitungsschäden lassen sich auch vermeiden, indem man die Wasserzufuhr zu den betreffenden Hähnen den Winter über sperrt und die Leitungen leerlaufen lässt.

HÄCKSELN SIE GEHÖLZSCHNITT

Anstatt Schnittabfälle einfach wegzuwerfen oder zu verbrennen, sollten Sie sie häckseln. So liefern sie noch wertvolles Mulchmaterial oder, wenn Sie die Schnipsel mit Grünzeug gemischt auf den Kompost geben, nahrhaften Humus. Falls Ihre Gartengestaltung vornehmlich auf Sträuchern und Rasenflächen basiert, reservieren Sie einen Teil des Häckselguts zur Auflockerung des Grasschnitts – dieser braucht viel Sauerstoff, um richtig zu verrotten. Krankes Holz wird nicht zerkleinert, sonst verteilt man die Erreger im ganzen Garten.

BESORGEN SIE SICH STALLMIST

Sie können ihn von Bauern oder Gestüten beziehen. Selbst in Städten ist Dung gar nicht so schwer zu bekommen, wie man zunächst vielleicht meint: Im Branchenbuch machen Sie mit ziemlicher Sicherheit einen Reitstall in Ihrer Umgebung ausfindig. Manche verlangen vielleicht einen geringen Preis, die meisten aber sind froh, ihre Pferdeäpfel loszuwerden. Wenn Sie den Mist gleich im Winter während des Umgrabens einarbeiten wollen, muss er bereits gut verrottet sein. Andernfalls häufen

Sie ihn für eine spätere Verwendung auf, bis er gereift ist. Ebenso können Sie ihn nach und nach unter anderes Material mischen, das auf den Kompost soll.

IMPRÄGNIEREN SIE HOLZ

Wenn es im Dezember eine Reihe trockener Tage gibt, können Sie Anstricharbeiten gut erledigen. Die Auswahl an Holzschutzmitteln unterschiedlicher Qualitäten und Farben ist groß. Ein altes und nach wie vor bewährtes Mittel ist Kreosot. Nehmen Sie jedoch nur ein hundertprozentig reines Produkt, denn andere enthalten Giftstoffe, die den Pflanzen schaden. Auch das reine Kreosot dürfen Sie nicht schlucken, einatmen oder mit der Haut in Berührung bringen, trotzdem ist das Mittel immer noch ein relativ geringes Übel.

Sogar im Dezember ist es manchmal tagelang trocken. Das ist die Gelegenheit, Holz für den Winter zu imprägnieren.

SÄUBERN SIE WEGE VON FLECHTEN UND MOOS

Ansonsten kommen Sie bei Regenwetter schnell ins Schleudern. Es sind inzwischen viele Spezialprodukte dafür auf dem Markt, ein handelsübliches Bleichmittel für Haushaltszwecke tut es jedoch genauso. Nach der Einwirkzeit wird der Belag einfach mit einem Schrubber entfernt. Für großflächige Einsätze empfiehlt sich der Einsatz eines Hochdruckreinigers. Auch Mauern oder Holz tut eine Grundreinigung gut.

BÄUME, STRÄUCHER & KLETTERER

SCHÜTTELN SIE SCHNEE VON GEHÖLZEN

Gerade weil er im Dezember eher noch Seltenheitswert hat, lässt man ihn um des Anblicks willen oft gerne auf Bäumen und Sträuchern liegen. Allerdings summieren sich die Flocken zu einem beachtlichen Gewicht, unter dem ein Ast durchaus abbrechen kann. Koniferen in Einzelstellung, die besonders durch ihre Form wirken, werden mit Draht oder Schnur umwickelt, sofern sie nicht schon zu groß dafür sind. So verhindert man, dass die Zweige unter der Schneelast zu sehr nach unten gebogen werden. Für niederliegende Pflanzen bildet eine Schneedecke hingegen einen zuverlässigen Frostschutz.

Solange die Schneehaube nicht hart gefroren ist, sollte man sie sofort abschütteln, um Schäden an den Gehölzen zu verindern.

ÜBERPRÜFEN SIE NEU GEPFLANZTE GEHÖLZE

Wenn sie von Windstößen gelockert oder durch Frost angehoben wurden, besteht Austrocknungsgefahr für die Wurzeln, die jetzt nicht mehr direkt mit der Erde in Kontakt sind. Falls die Erde in der Umgebung der Pflanzen

Risse aufweist, treten Sie sie vorsichtig an. Gehen Sie gerade bei schwerem Lehmboden vorsichtig zu Werk, da sonst alle Luft aus der Erde entweicht.

SCHNEIDEN SIE HOHE BUSCHROSEN

Schneiden Sie größere Rosenbüsche auf halbe Höhe zurück, um Windschäden zu vermeiden. Wenn der Wind zu sehr an den Pflanzen zerrt, entsteht an ihrer Basis ein Loch im Boden, in dem sich Regenwasser sammelt. Dadurch können die Wurzeln faulen bzw. noch größere Schäden davontragen, wenn das Wasser gefriert.

SCHNEIDEN SIE WEINREBEN

Weinreben können in einer Saison bis zu 3 m zulegen. Wenn man sie jahrelang ungehindert gewähren lässt, wird man ihnen irgendwann nicht mehr Herr. Dünnen Sie zu dichten Wuchs aus und stutzen Sie Seitentriebe bis auf zwei Augen vor dem Haupttrieb zurück.

STUTZEN SIE SOMMERGRÜNE HECKEN

Schneiden Sie wuchernde Hecken aus Buche, Hainbuche und anderen sommergrünen Gehölzen jetzt zurück. So oft Hecken im Verlauf des Sommers auch gestutzt werden, sie breiten sich fast unmerklich immer mehr aus. Jetzt, während der Vegetationsruhe, ist eine ideale Gelegenheit, um sie wieder in ihre eigentlichen Schranken zu weisen. Bei einer alten, gut aufgebauten Hecke brauchen Sie dafür eventuell eine Astschere oder Baumsäge.

Beschneiden Sie die Seiten nach Möglichkeit so, dass die Hecke oben einen Durchmesser von höchstens 45–60 cm hat, nach unten aber immer breiter wird. Durch die Schrägung werden Schäden infolge schwerer Schneelasten ausgeschlossen.

Die Höhe können Sie ganz nach Belieben bestimmen. Um einen ebenmäßigen, waagrechten Abschluss zu erhalten, spannen Sie am besten eine Schnur.

SCHNEIDEN SIE SOMMERGRÜNE GEHÖLZE

Das sollte aber nicht um des Schneidens Willen geschehen. Unnütze Verletzungen schwächen das Gehölz und sind eine potenzielle Eintrittsstelle für Infektionen. Vor allem Walnussbäume verlieren bei einem Schnitt viel Saft. Ungesunder Wuchs allerdings muss entfernt werden, denn er richtet noch mehr Schaden an als Schnittverletzungen. Da die Äste und Zweige jetzt kahl sind, können Sie besonders gut erkennen, wo Schnittmaßnahmen erforderlich sind und wie sie ausgeführt werden sollten.

Sie brauchen eine gute Gartenschere, eine Astschere sowie eine Baumsäge zum Entfernen dickerer Zweige. Kettensägen sind zwar effizient, in den Händen unerfahrener Benutzer allerdings eine große Gefahrenquelle. Überlassen Sie den Einsatz derartigen Geräts ebenso einem Fachmann wie das Entfernen besonders ausladender

NIEDRIGE ÄSTE ENTFERNEN

1 Um Äste abzutrennen, verringert man zunächst ihr Gewicht. Ein unten gesetzter Schnitt verhindert das Einreißen der Rinde.

2 Stützen Sie den Ast und sägen Sie ihn etwa 5 cm weiter außen von oben nach unten glatt durch.

oder in großer Höhe wachsender Äste. Bevor Sie an alte Bäume Hand anlegen, informieren Sie sich bei der zuständigen Behörde, ob Sie keiner Baumschutzverordnung unterliegen.

Entfernen Sie zunächst abgestorbenen oder kranken Wuchs sowie überkreuzte Zweige, die aneinander reiben. Anstatt nur den betreffenden Abschnitt zu kappen, stutzen Sie die Zweige besser komplett bis zu einer Gabelung zurück.

3 Der verbliebene Stumpf wird dicht am Stamm gleich neben dem Astring sauber abgesägt.

Nehmen Pflanzen zu viel Raum ein, können sie verkleinert werden. Je mehr man jedoch entfernt, desto kräftiger fällt der Neuaustrieb aus. Um übermäßigen Wuchs zu bändigen, sollte man daher nicht radikal säbeln, sondern leicht und gezielt schneiden. Anders als bei Hecken wird bei frei stehenden Gehölzen nicht nur außen geschnitten, sondern möglichst auch die Mitte ausgelichtet, damit die Luft besser zirkulieren kann und im Schatten des Gehölzes wachsende Pflanzen mehr Licht bekommen.

Gehen Sie mit Bedacht vor. Bevor Sie einen Zweig abnehmen, betrachten Sie die Pflanze aus einiger Entfernung und schätzen ab, wie sich Ihr Vorhaben auf die Gesamterscheinung auswirkt. Unüberlegtes Schneiden lässt sich, wenn überhaupt, nur langfristig korrigieren.

Nach dem Schnitt verabreichen Sie möglichst einen nichtmineralischen Dünger und mulchen mit organischer Substanz.

BLÜTENPFLANZEN

ENTFERNEN SIE WEITER TOTEN WUCHS

Stauden werden weiterhin von abgestorbenem Wuchs befreit; ihre Beete jätet und säubert man gründlich. Kräftige abgeblühte Stängel bestimmter Gattungen aber, z.B. der Fetthenne (*Sedum*), nehmen sich, von Raureif überzogen, vor allem an einem klaren, sonnigen Morgen ausgesprochen malerisch aus. Es wäre schade, sie jetzt schon abzuschneiden.

INSPIZIEREN SIE IMMER WIEDER TOPFPFLANZEN

In Gefäßen kultivierte Gewächse sollten routinemäßig überprüft werden. Abgestorbenes Laub und andere Pflanzenreste, die sich in den Töpfen ansammeln, sind nicht nur unschön anzusehen, sondern auch eine Einladung an Krankheitserreger und Schädlinge. Schaffen Sie baldmöglichst Abhilfe und entfernen Sie die Pflanzenabfälle.

PRÜFEN SIE EINGELAGERTE ZWIEBELN AUF KRANKHEITEN

Sehen Sie eingelagerte Zwiebeln und Knollen unbedingt regelmäßig durch, denn Krankheiten wie Grauschimmel (Botrytis) und Fäulnis greifen mitunter rasant um sich. Bei den ersten Anzeichen sortieren Sie infizierte Zwiebeln oder Knollen aus. Sind sie nur an einer Stelle befallen, so schneiden Sie diese heraus und bestäuben sie mit Schwefel. Damit sollte sich die weitere Ausbreitung der Krankheit verhindern lassen.

TOPFEN SIE LILIEN EIN

Als Substrat eignet sich Universalerde, die über einer Schicht aus grobem Sand eingefüllt wird. Man setzt jeweils 4–5 Zwiebeln in einen 18-cm-Topf, bedeckt sie etwa 10 cm hoch mit Erde und gießt reichlich. Im Frühjahr werden Sie mit wunderschönem Flor belohnt.

Der Topf für Rittersterne muss so bemessen sein, dass er die große Zwiebel aufnimmt. Im Spätwinter öffnet sie herrliche Blüten wie rechts Hippeastrum *'Apple Blossom'.*

TOPFEN SIE RITTERSTERN EIN

Zwiebeln von Ritterstern sind ein beliebtes Weihnachtspräsent. Falls auch Sie eine verschenken möchten oder geschenkt bekommen, setzen Sie sie in einen Topf, in den sie eben bequem hineinpasst, und zwar so, dass die Nase gerade aus der Erde herausschaut. Man stellt sie an einen kühlen, hellen Platz oder treibt sie etwas vor.

BRINGEN SIE VORGETRIEBENE ZWIEBELN IN EIN WARMES ZIMMER

Entsprechend präparierte Zwiebeln von Hyazinthen und Narzissen, die im Herbst in die Erde gesetzt und dann einige Wochen lang in einer kühlen Umgebung weiter kultiviert wurden, können Sie jetzt ins Warme bringen, damit sie pünktlich zu Weihnachten blühen.

KÜCHENGARTEN

PFLEGEN SIE IHREN KOHL

Häufeln Sie Früh- und Winterkohl an, um ihn gegen starke Winde abzuschirmen. Hohe Rosenkohlpflanzen, die besonders leicht umknicken, stützen Sie bei Bedarf und binden sie an. Entfernen Sie regelmäßig vergilbte Blätter, denn sie bilden einen Nährboden für Pilze.

Kohl braucht ein fest verankertes Wurzelwerk, um den kräftigen Winterwinden standzuhalten. Häufeln Sie Erde um die Basis.

Frühkohl wird üblicherweise im Herbst in Abständen von etwa 15 cm gepflanzt. Ernten Sie im Winter von jeder zweiten Pflanze das Grün und lassen Sie die übrigen bis zum Frühjahr ungestört reifen.

BRINGEN SIE TÖPFE NACH DRINNEN

Bringen Sie Töpfe mit bedingt winterharten Pflanzen nach drinnen, sofern nicht bereits geschehen. Im Dezember müssen Sie schon mit eisigem Winterwetter und strengen Frösten rechnen. In einem Kalthaus oder Wintergarten sind Ihre Pflanzen bestens aufgehoben – wärmere Bedingungen würden sie verfrüht zur Bildung von Trieben anregen, die infolge

Jetzt können Schwarze Johannisbeeren geschnitten werden. Weil das Laub fehlt, sieht man, welche Äste entfernt werden müssen. Ein gesunder Strauch trägt im Sommer zahlreiche Beeren.

des Lichtmangels jedoch überlang und schwach geraten würden.

SCHNEIDEN SIE SCHWARZE JOHANNISBEEREN

Schwarze Johannisbeeren fruchten an jungem und altem Holz. Der Schnitt junger Sträucher zielt darauf ab, ein Gerüst aus vier oder fünf Haupttrieben aufzubauen, aus denen jeweils zahlreiche ertragreiche Fruchtzweige hervorgehen sollen. Bei bereits gut aufgebauten Sträuchern kürzen Sie alle Triebe, die nicht schon im Spätsommer zurückgeschnitten wurden, auf 2–3 Knospen über dem vorjährigen Holz ein. Leittriebe können Sie je nach ihrer Stärke um ein Drittel oder sogar um die Hälfte stutzen. Überkreuzte, abgestorbene oder schadhafte Triebe werden gleich mit ausgelichtet.

DEZEMBER-PROJEKT

BEHAUSUNG FÜR TIERE

Nützlinge wie Marien- und Laufkäfer haben es in unseren gepflegten, sauberen Siedlungen nicht immer leicht, Lebensräume zu finden. Daher sollten wir alles tun, um sie in unsere Gärten zu locken.

Möglich ist das beispielsweise, indem man eine ruhige Ecke des Gartens sich selbst überlässt oder dort einen Holzstoß vor sich hin rotten lässt. Sie können aber auch eine Mauer für Tiere errichten, die zahlreichen Insekten Unterschlupf in Form von Ritzen und Höhlungen in Holz und Stein bietet.

Die Mauer ist schnell hochgezogen: Schichten Sie abwechselnd Holz, Backsteine, Halmstücke, zerbrochene Platten und andere Baumaterialien auf. Mit ihren unterschiedlichen Formen und Mustern ist ein solcher Lebensraum nicht nur für Tiere gut, sondern auch ein dekoratives Gartenelement.

1 ***Schichten Sie*** *die Mauer in einem ruhigen Winkel auf. Die erste Lage besteht aus Backsteinen und Fliesen. Darauf kommen Holzbretter und darüber wieder Ziegel. Eine Lage Dachziegel obenauf schützt die Mauer vor zu viel Nässe.*

2 ***Schneiden Sie*** *Bambushalme in Stücke und stecken Sie sie in Lücken – in ihnen können sich Bienen und Wespen verkriechen. Wellpappe ist der perfekte Unterschlupf für Marienkäfer. In weitere Lücken kommen Moos, Stroh und Zweige.*

3 ***Lassen Sie*** *die Mauer nun in Ruhe. Je älter und ungepflegter sie ist, desto mehr Tiere lockt sie an. Man sollte höchstens hin und wieder leichte Materialien wie Stroh austauschen, wenn sie von Vögeln herausgezupft werden.*

BAUMZWERGMISPEL 1

Cotoneaster frigidus **'Fructu Luteo'**
Mäßig wüchsiger, sommergrüner Baum oder großer Strauch, erst aufrecht, später ausladend. Im Sommer winzige, weiße Blüten in großen Doldenrispen, gefolgt von cremegelben Früchten im Herbst. Die Blüten sind eine gute Bienenweide und die Früchte Winterfutter für Vögel.
↕ bis 10 m ↔ bis 10 m

KULTUR Verträgt fast jeden Untergrund, selbst trockenen Boden, gedeiht aber optimal in mäßig nährstoffreicher, durchlässiger Erde in voller Sonne. Im Winter bei Bedarf leichter Formschnitt.

WINTERSCHNEEBALL 2

Viburnum × bodnantense **'Dawn'** 🏆
Kompakter, aufrechter, wuchsfreudiger, sommergrüner Strauch. Duftende rosa Winterblüten in kleinen runden Rispen an kahlen Zweigen. Tief gefältelte, leuchtend grüne Blätter, die nach dem Austrieb zunächst rotbraun sind.
↕ 3 m ↔ bis 2 m

KULTUR Der Winterschneeball kommt mit allen leicht feuchten, durchlässigen Böden an sonnigen bis absonnigen Standorten zurecht. Er muss kaum geschnitten werden; man nimmt lediglich Triebe heraus, die nicht ins Gesamtbild passen, und dünnt bei älteren Exemplaren zu dichten Wuchs aus. Nach der Blüte schneiden.

1

WINTERJASMIN 3

Jasminum nudiflorum 🏆 Wüchsiger, winterharter, sommergrüner Strauch mit überhängenden Zweigen. Von Dezember bis April leuchtend gelbe Blüten an blattlosen Zweigen. Die grünen Zweige und dunkelgrünen Blätter wirken fast das ganze Jahr über dekorativ.

↕ bis 3 m ↔ bis 3 m

KULTUR In jeder nährstoffreichen Gartenerde. Triebe nach der Blüte auf kräftige Knospen zurückstutzen. Alle 3–4 Jahre alte Zweige teils zur Basis zurückschneiden.

STECHPALME 1

***Ilex aquifolium* 'Handsworth New Silver'** 🏆 Wüchsiger, dichter, immergrüner Strauch mit breitkegeliger Gestalt. Leuchtend rote Beeren im Spätherbst und Winter. Die purpurn gefärbten Triebe tragen ganzjährig stachelig gezähnte, dunkelgrüne Blätter mit cremegelbem Rand.
↕8 m ↔5 m

KULTUR Die prächtigste Blattfärbung entwickelt sich in voller Sonne, doch wird auch Streuschatten vertragen. Gedeiht in nährstoffreichem, durchlässigem Boden. Formschnitt bei Bedarf im Frühjahr.

JAPANISCHE AUKUBE 2

***Aucuba japonica* 'Variegata'** Wüchsiger, dichtbuschiger, immergrüner Strauch. Ganzjährig panaschiertes Laub. Aufrechte Rispen mit winzigen, purpurnen Blüten von April bis Mai; an weiblichen Pflanzen leuchtend rote Steinfrüchte.
↕bis 3 m ↔ bis 3 m

KULTUR Wächst außer in staunassem Boden auch unter schwierigen Bedingungen, etwa an schattigen, trockenen Standorten oder in Küstenlagen. Im Frühjahr schneiden, bei Bedarf auch rigoros.

1

2

MAHONIE

3

***Mahonia* × *media* 'Charity'** Aufrechter, buschiger, wuchskräftiger, immergrüner Strauch. Von September bis März öffnen sich duftende, tiefgelbe Blüten in langen, aufrechten Trauben. Ganzjährig ausgesprochen schmückende, glänzend dunkelgrüne, dornig gezähnte Blätter.
↕ bis 5 m ↔ 4 m

KULTUR In feuchter, aber durchlässiger, humusreicher Erde an einem halbschattigen Ort. Kann auch in der Sonne stehen, wenn der Boden zuverlässig feucht bleibt. Muss kaum geschnitten werden.

3

SILBERWEIDE

1

***Salix alba* var. *vitellina* 'Britzensis'** 🏆
Großer, aufrechter, sommergrüner Baum. Wächst durch regelmäßigen Schnitt strauchig. Leuchtend orangerote junge Triebe im Winter. Im Frühjahr erscheinen schlanke gelbe Kätzchenw mit dem Austrieb der schmalen, mittelgrünen Blätter.
↕25 m ↔ 10 m

KULTUR In allen feuchten, durchlässigen Böden. Jährlich oder, wenn Kätzchen gewünscht werden, alle zwei Jahre im Frühjahr radikal bis zum Boden oder auf einen kurzen Stamm zurückschneiden. Beste Färbung an Jungtrieben.

AMARYLLIS

2

***Hippeastrum* 'Apple Blossom'**
Robuste Zwiebelpflanze. Im Winter öffnen sich große, weiße, trichterförmige Blüten mit rosa überhauchten Kronblattspitzen. Pflanze ist nach der Blüte eher unscheinbar.
↕30–50 cm ↔ 30 cm

KULTUR Zwiebeln im Herbst in die Erde legen, sodass die Hälfte herausragt. Zunächst nur wenig, nach Einsetzen des Wachstums reichlich gießen und alle zwei Wochen einen ausgewogenen Flüssigdünger verabreichen. Wenn die Blätter nach der Blüte einziehen, Wassergaben reduzieren und schließlich ganz einstellen.

1

2

3

WINTERGRÜNE ÖLWEIDE 3

***Elaeagnus* × *ebbingei* 'Gilt Edge'** 🏆
Mäßig wüchsiger, immergrüner Strauch, dicht und buschig. Trägt ganzjährig glänzend dunkelgrüne Blätter mit auffälligem, cremegelbem Rand. Im Herbst öffnen sich duftende, aber unscheinbare Blüten.
↕ bis 4 m ↔ bis 4 m

KULTUR Volle Sonne erbringt die schönste Panaschierung, doch wird auch Streuschatten vertragen. Geeignet sind alle nährstoffreichen, nicht zu trockenen oder nassen Böden, nicht aber flachgründiger Kalkboden. Leichter Formschnitt.

DAS JAHR AUF EINEN
BLICK

ALLGEMEINE GARTENARBEITEN

Januar

Versorgen Sie Vögel mit Nahrung und Wasser.

Graben Sie den Boden um, wenn das Wetter es zulässt.

Decken Sie Flächen ab, um Staunässe zu vermeiden.

Bestellen Sie Saatgut und Zwiebeln.

Schützen Sie empfindliche Pflanzen vor Wind und Kälte.

Belüften Sie Rasenflächen.

Halten Sie ein Stück Ihres Teichs eisfrei.

Zupfen Sie bei mildem Wetter Unkraut aus.

Februar

Geben Sie Gartenvögeln Futter und Wasser.

Streuen Sie organischen Dünger.

März

Mulchen Sie Beete und Rabatten.

Pflanzen Sie immergrüne Sträucher um.

Säen Sie kahle Stellen im Rasen neu an.

Schließen Sie Teichpumpen an.

April

Wässern Sie weiterhin neu gepflanzte Bäume und Sträucher bei Trockenheit.

Düngen Sie ältere Rasenflächen.

Setzen Sie neue Wasserpflanzen ein.

Mai

Wässern Sie durstige Pflanzen regelmäßig.

Schützen Sie Jungpflanzen vor Schnecken.

Stärken Sie Wasserpflanzen mit einem Spezialdünger.

Füttern Sie Fische regelmäßig.

Kräftigen Sie den Rasen durch Düngen, Unkrautvernichtung und regelmäßiges Mähen.

Schützen Sie Pflanzen mit Gärtnervlies vor Nachtfrost.

Juni

Jäten Sie Beete, Rabatten und Kübel regelmäßig und zwicken Sie welke Blüten ab.

Setzen Sie neue Fische in den Gartenteich ein.

Befreien Sie Teiche von Wasserlinsen und Algen.

Mähen Sie den Rasen regelmäßig und schneiden Sie die Kanten.

Frischen Sie kümmernden Rasen mit etwas Dünger auf.

Wässern Sie im Frühjahr neu angelegte Rasenflächen.

Gießen Sie mit steigenden Temperaturen Gefäßpflanzen regelmäßig.

Wässern Sie Jungpflanzen gut.

Juli

Stellen Sie bei Trockenheit eine Vogeltränke auf.

Wässern Sie neue und junge Pflanzen den Sommer über gut, aber mit Bedacht.

Bekämpfen Sie Krankheiten und Schädlinge.

Düngen und wässern Sie alle Topfpflanzen regelmäßig.

August

Stellen Sie frisches Wasser für Vögel und andere Tiere bereit und füllen Sie Ihren Teich auf.

Düngen und wässern Sie Gefäßpflanzen.

Mähen Sie bei Hitze und Trockenheit nicht mehr so oft.

September

Holen Sie Pflanzenabfall aus dem Garten, damit Schädlinge und Krankheiten darin nicht überwintern können.

Versetzen Sie immergrüne Sträucher.

Vertikutieren bzw. belüften Sie den Rasen.

Spannen Sie Laubfangnetze über den Teich.

Oktober

Harken Sie Laub zusammen und werfen Sie es auf den Kompost.

Säubern Sie weiterhin den Garten; erkrankte Pflanzenreste müssen verbrannt oder entsorgt werden.

Graben Sie leere Beete um.

Reinigen Sie Teiche und bringen Sie Pumpen nach drinnen.

November

Schaffen Sie Ordnung im Garten.

Säubern Sie Nistkästen und kaufen Sie Vogelfutter.

Überprüfen Sie gesammelte Gartenabfallhaufen auf überwinternde Tiere, bevor Sie den Abfall entsorgen.

Graben Sie weiter Beete um.

Säubern Sie alte Töpfe und Schalen oder werfen Sie Unbrauchbares weg.

Treten Sie nicht auf gefrorenen Rasen.

Installieren Sie ggf. Teichheizungen.

Dezember

Füttern Sie Vögel und lassen Sie Teiche, Wasserspiele und Tränken nicht völlig zufrieren.

Graben Sie weiterhin Beete um und arbeiten Sie organisches Material ein.

Säubern Sie Wege und reparieren Sie Schuppen und Zäune.

Häckseln Sie den Schnittabfall von Zier- und Obstgehölzen.

Januar

Drücken Sie frisch gepflanzte Gehölze ggf. fest.
Schütteln Sie Schnee von Bäumen und Sträuchern.
Prüfen Sie die Stützen von Gehölzen.
Pflanzen Sie bei mildem Wetter sommergrüne Hecken.
Bringen Sie Bäume und Sträucher in Form.
Schneiden Sie Wisterien und andere wüchsige Kletterer.

Februar

Pflanzen Sie Gehölze, falls das Wetter es zulässt.
Drücken Sie die Erde um frisch gepflanzte Bäume und Sträucher fest, wenn der Frost sie gehoben hat.
Schneiden Sie winterblühende Sträucher, die gerade verblüht sind.
Schneiden Sie sommerblühende Sträucher, die an neuem Holz blühen.
Schneiden Sie winterharte immergrüne Gehölze.
Stutzen Sie Jasmin und im Spätsommer blühende Clematis.
Topfen Sie Gefäßsträucher um und geben Sie ihnen eine Kopfdüngung.

März

Schneiden Sie Busch- und Strauchrosen.

Stutzen Sie Wintersträucher mit dekorativen Trieben zurück.

Bringen Sie unschön gewordene Kletterpflanzen auf Vordermann und pflanzen Sie neue Arten.

April

Pflanzen Sie immergrüne Gehölze.

Stellen Sie um frisch gepflanzte Bäume und Sträucher bei Bedarf einen Windschutz auf.

Stutzen Sie graulaubige Sträucher, um einen buschigen Wuchs zu fördern.

Binden Sie die Jungtriebe von Kletterern an.

Schneiden Sie frühblühende Sträucher nach der Blüte.

Schneiden Sie Blattschmucksträucher.

Mai

Schneiden Sie frühjahrsblühende Sträucher nach dem Flor.

Stutzen Sie *Clematis montana* nach der Blüte.

Schneiden Sie Formhecken.

Bringen Sie in Gefäßen gezogene frostempfindliche Sträucher nach draußen.

Juni

Schneiden Sie frühjahrsblühende Sträucher.

Halten Sie Ausschau nach Schädlingen und Wildtrieben an Rosen.

Juli

Schneiden Sie Sträucher, die im Frühsommer geblüht haben.

Stutzen Sie Koniferenhecken und nehmen Sie Stecklinge.

Schneiden Sie Wisterien.

August

Stutzen Sie Hecken.

Schneiden Sie zu groß gewordene Rosen nach der Blüte.

September

Pflanzen Sie neue Gehölze.

Stellen Sie das Düngen von Bäumen und Sträuchern in Gefäßen ein.

Oktober

Pflanzen Sie letztmals immergrüne Sträucher.

Pflanzen Sie neue Kletterer.

November

Pflanzen Sie wurzelnackte Gehölze.

Pflanzen Sie Obstbäume und -sträucher.

Schützen Sie nicht ganz winterharte und neu gepflanzte Sträucher vor Frost und Wind.

Dezember

Schneiden Sie Zier- und Obstgehölze.

Schneiden Sie Weinreben.

Schütteln Sie Schnee von Bäumen und Sträuchern.

Januar

Halten Sie die Pflanzenbasis frei von feuchtem Laub.

Überprüfen Sie, ob sich vorgetriebene Zwiebeln entwickeln.

Säen Sie Wicken unter Glas.

Februar

Entfernen Sie die alten Stängel krautiger Stauden.

Treiben Sie Dahlien vor.

Teilen und pflanzen Sie Schneeglöckchen.

Bringen Sie früh blühende Zwiebelpflanzen zum Vortreiben ins Haus.

März

Teilen Sie zu groß gewordene Staudenhorste.

Teilen Sie Polyanthus-Primeln nach der Blüte.

Pflanzen Sie im Sommer blühende Zwiebeln.

Säen Sie winterharte Sommerblumen jetzt aus.

Säen Sie Wicken ins Freiland oder siedeln Sie Jungpflanzen ins Freiland um.

Zwicken Sie die Spitzen von Wicken ab, um sie zur Bildung von Seitentrieben anzuregen.

Wässern Sie Zimmerpflanzen wieder häufiger.

Schützen Sie zarte Jungpflänzchen vor Schnecken.

Schneiden Sie alten Wuchs ab, der den Winter über an der Pflanze geblieben ist.

April

Teilen Sie Stauden.

Stützen Sie hohe Stauden.

Schützen Sie Jungpflanzen vor Schnecken.

Zupfen Sie einjährige Unkräuter mit der Hand aus.

Stechen Sie mehrjährige Unkräuter aus.

Schneiden Sie welke Narzissenblüten ab.

Säen Sie einjährige Kletterer und Gräser.

Mai

Teilen und schneiden Sie abgeblühte Stauden.

Pflanzen Sie Dahlien am Ende des Monats aus.

Räumen Sie Frühjahrsbeete frei.

Härten Sie Sommerblumen ab.

Dünnen Sie im Freien ausgesäte Einjährige aus.

Juni

Räumen Sie frühjahrsblühende Stauden ab oder schneiden Sie sie zurück.

Nehmen Sie Stecklinge von Nelken.

Säen Sie Stauden aus.

Schneiden Sie das welke Laub von Zwiebelpflanzen zurück.

Nehmen Sie zu dicht gewordene Zwiebelhorste auf und teilen Sie sie.

Pflanzen Sie Sommerblumen in Rabatten, Gefäße und Hängekörbe.

Juli

Entfernen Sie regelmäßig welke Blüten.

Teilen Sie Bartiris.

Senken Sie Nelken ab und schneiden Sie Stecklinge.

Setzen Sie herbstblühende Zwiebeln.

Pflanzen Sie Sämlinge von Zweijährigen um.

August

Sammeln Sie reife Samen von Gewächsen, die Sie vermehren möchten.

Schneiden Sie Lavendel nach dem Verblühen zurück.

Gießen Sie Pflanzen, die regelmäßig Wasser brauchen.

Nehmen Sie Stecklinge von nicht winterharten Stauden wie Pelargonien und Fuchsien.

September

Beginnen Sie mit dem Pflanzen neuer Stauden.
Teilen Sie zu dicht gewordene Stauden.
Stützen Sie hohe, spätblühende Stauden.
Setzen Sie frühjahrsblühende Zwiebeln.
Pflanzen Sie frühjahrsblühende Stauden.
Bepflanzen Sie Gefäße mit Frühjahrsblumen.

Oktober

Pflanzen Sie neue Stauden.
Setzen Sie Tulpen- und Lilienzwiebeln.
Teilen Sie zu dicht gewordene Stauden.
Nehmen Sie Dahlien, Gladiolen und andere sommerblühende Zwiebeln auf.

November

Stecken Sie Tulpenzwiebeln.

Isolieren Sie Töpfe, die draußen überwintern.

Dezember

Wässern Sie ruhende Pflanzen, die Sie nach drinnen gebracht haben, sparsam, damit sie nicht faulen.

Pflegen Sie Topfpflanzen, damit sie sich auch im Winter von ihrer schönsten Seite zeigen.

Januar

Keimen Sie Frühkartoffeln vor.

Schützen Sie Obstbäume vor Vogelschäden.

Pflanzen und schneiden Sie Obstbäume.

Treiben Sie Rhabarber vor.

Februar

Bereiten Sie Gemüsesaatbeete vor.

Kalken Sie Gemüsebeete, falls nötig.

Pflanzen Sie Obstbäume und -sträucher.

Mulchen Sie Obstbäume nach dem Düngen.

März

Säen Sie Gemüse ins Freiland.

Setzen Sie Frühkartoffeln.

April

Säen und pflanzen Sie weiter Gemüse im Freien aus.

Topfen Sie die Obstbäume ein, die Sie in Gefäßen ziehen möchten.

Mai

Dünnen Sie bereits ausgesätes Gemüse aus.

Säen und pflanzen Sie empfindliche Gemüsesorten Ende des Monats aus.

Schützen Sie Ihr Gemüse vor der Möhrenfliege.

Säen Sie weiterhin sukzessiv Gemüse aus.

Juni

Ernten Sie reifes Gemüse.

Pflanzen Sie Winterkohlsorten und schützen Sie sie vor Schädlingen.

Wässern Sie Obst- und Gemüsepflanzen bei Trockenheit gründlich.

Juli

Wässern Sie Gemüse regelmäßig.

Ernten Sie Frühkartoffeln, Zwiebeln und Knoblauch.

Entspitzen Sie Feuerbohnen am Stangenende.

Zwicken Sie die Triebspitzen von Tomaten ab, sobald sich vier Blütentrauben gebildet haben.

Ernten Sie Himbeeren und Johannisbeeren.

Ernten Sie Kräuter zum Trocknen.

August

Nehmen Sie Zwiebeln auf und trocknen Sie sie.

Schneiden und trocknen Sie Kräuter für den Winter.

Wässern und düngen Sie Tomaten regelmäßig und entfernen Sie gelbe Blätter.

Pflanzen Sie neue Erdbeeren und halten Sie sie gut feucht

Ernten Sie die ersten Äpfel und Birnen.

September

Ernten Sie die letzten Kürbisse und Zucchini und nehmen Sie Tomaten auf.

Pflanzen Sie Frühjahrskohl.

Säen Sie Wintersalat.

Ernten Sie Äpfel, Birnen und remontierende Himbeeren.

Oktober

Schneiden Sie den oberirdischen Wuchs mehrjähriger Gemüsesorten zurück.

Nehmen Sie Rhabarber auf und teilen Sie ihn, falls nötig.

November

Teilen Sie Rhabarber.

Schneiden Sie Obstgehölze.

Dezember

Häufeln Sie hohe Rosenkohlpflanzen an, um sie zu stabilisieren.

Bringen Sie Kübelpflanzen zum Schutz vor Frost nach drinnen.

Kursiv gedruckte Seitenzahlen verweisen auf Abbildungen.

A

Abelia 'Edward Goucher' 270, 271
Acacia dealbata 122, *122*
Acanthus
A. spinosus 434
Schnitt 64
Acer palmatum 458–459
A. p. 'Bloodgood' 458, *458*
A. p. 'Chitose-yama' 458, *459*
A. p. 'Corallinum' 458, *459*
A. p. 'Garnet' 458, *459*
A. p. 'Linearilobum' 458, *459*
A. p. 'Sango-kaku' 458, *458*
Achillea
A. 'Fanal' 278, *278*
Samenstände *434*
Schnitt *349*
Actaea simplex Atropurpurea-Gruppe 'Brunette' 454, *454*
Agapanthus
A. 'Blue Giant' 410, *410*
Frostschutz 474
Akazie 122, *122*
Akelei *siehe Aquilegia*
Alcea rosea Chater's-Double-Gruppe 316, *316*
Alchemilla mollis 267, *267*
Algen in Teichen 139
Allium 'Purple Sensation' 229, *229*
Alopecurus pratensis 'Aureovariegatus' 418, 418
Alpenveilchen *siehe Cyclamen*
Alpenveilchennarzisse *siehe Narcissus cyclamineus*
Alpen-Waldrebe *siehe Clematis alpina*
Alstroemeria 'Friendship' 328, *328*
Alyssum
Schnitt 203
Amaranthus caudatus 360, 360
Amaryllis *siehe Hippeastrum*
Amelanchier lamarckii 181, *181*, 452, *452*
Anchusa 'Loddon Royalist' 400
Anemone
A. blanda 395
A. b. 'Violet Star' 114, *114*
A. coronaria 'Lord Lieutenant' *256*
A. × hybrida 'Elegans' 370, *371*
de Caen, Pflanzung 152, *256*
herbstblühend 256
Anhäufeln 163
Apfel *355*
Ernte 355, 407, 446
Erziehen 164
Lagern 407, 446, *446*
Schnitt 481
Zieräpfel *siehe Malus*
Aquilegia canadensis 177, *177*
Aquilegia McKana-Hybriden 224, *225*
Arabis
Rückschnitt 203
Argyranthemum foeniculaceum 358, *359*
Armenischer Storchschnabel *siehe Geranium psilostemon*
Artischocken 306, *306*
Arundo donax var. *versicolor* 418, *419*
Asarina procumbens 155
Aster
A. novi-belgii 'Peace' 416, *416*
Düngen 300
Stützen 393
Teilen 435
Astilbe
A. 'Bronce Elegans' 268, *268*
Teilen 387
Astrantia major 331, *331*
Atlantisches Hasenglöckchen *siehe Hyacinthoides non-scripta*
Atlasblume *siehe Clarkia amoena*
Ätna-Ginster *siehe Genista aetnensis*

Aubrieta
A. 'J. S. Baker' 170, *171*
Schnitt 203, *203*
Aucuba japonica
A. j. 'Variegata' 510, *511*
Schnitt 58, *346*, 347
Aussaat
Einjährige
Gräser 156
Kletterer 154–155
winterhart 104–105, *105*, 152
im Freiland 106–109
Gemüse 158–161, 208–209
Kräuter 110–111
Stauden 205
Zweijährige 207
siehe auch jeweilige Arten und Sorten
Azalee *siehe Rhododendron*

B

Bacillus thuringiensis 262
Balearen-Waldrebe 80, *80*
Bambus, Schnitt 475, *475*
Bärenklau *siehe Acanthus*
Bartfaden *siehe Penstemon*
Basilikum 444
Baumbänder *20*
Bäume
Bänder und Stützen 20, *20, 142–143*, 470, *470*
Neupflanzung 498–499
Pflanzung 428
aus Gefäßen 142–143, *142–143*, 471
wurzelnackt 21, *56*, 56–57, 92, 470–471
Schnee abschütteln 498
Schnitt
Entfernen von unerwünschtem Wuchs 297, *297*
Formschnitt 24
sommergrüne Bäume 500–501, *500–501*
sommergrüne Bäume umpflanzen 21
siehe auch Obstbäume
Baumlupine 280, *280*
Becherkätzchen *siehe Garrya elliptica*
Beetpflanzen
Frühjahr *400*
Abräumen 204
Pflanzung 401, 440
Sommer 204, 256–257, 302
Abräumen 401
Wässern 257
Bellis perennis 400
Säen 207
Berberis
B. darwinii 174, *174*
B. thunbergii 'Helmond Pillar' 220, *220*
als Heckenpflanze 23
Bergenia 'Sunningdale' 173, *173*
Bergtabak *siehe Nicotiana sylvestris*
Bergwaldrebe *siehe Clematis montana*
Betula
B. papyrifera 46, *46*
als Heckenpflanze 22, *23*
Birke *siehe Betula*
Birne
Ernte 355, 407
Erziehung 164
Lagerung 407
Schnitt 481
Spalier *165*
Blätter
Aufsammeln 15, 424, *424*, 466
Kompostieren 424–425, *425*
Unterschlupf für Tiere 494
Blattläuse 214, 251, 291, 383
Blattmangold 208, *208*
Blaukissen *siehe Aubrieta*
Blauminze *siehe Nepeta × faassenii*
Blauregen *siehe Wisteria*
Blausternchen *siehe Scilla siberica*

Blumenkohl
  Schutz 36, 479, *479*
  Wässern 212
Blumenrohr *siehe Canna*
Blutjohannisbeere *siehe Ribes sanguineum*
Boden
  Abdeckung mit Folie 35, 442–443, *443*
  Erwärmen 35
  Festdrücken nach dem Pflanzen *21*
  Harken 106, 106
  Stickstoffgehalt 260
  Testen 12–13, 68
  siehe auch Umgraben
Bohnen
  Einfrieren 354
  siehe auch jeweilige Bohnen, z.B. Dicke Bohnen
Bohnenstangen 103
Botrytis 216, 263, 425
Brachyscome iberidifolia 257
Braunelle 135
Brautspiere *siehe Spiraea*
Breitwegerich *135*
Briza maxima 157
Brombeeren
  Düngen 163
  Pflanzung 73
Brunnen 139, *247*
Brunnenkresse *siehe Tropaeolum*
Buchsbaum *siehe Buxus*
Buddleja
  B. davidii 362, 363
    B. d. 'Fascinating' 58
    Schnitt 59, 431
  B. globosa 281, *281*
Buschmalve *siehe Lavatera × clementii*
Buschwindröschen *siehe Anemone blanda*
Buxus
  B. sempervirens
    B. s. 'Suffruticosa' *141*
    Schnitt 196
    Steckhölzer 196–197

C

Calendula 243
  Aussaat 399
Caltha palustris 114, *115*
Camassia leichtlinii 232, *232*
Camellia
  C. × williamsii 'Anticipation' 76, 77
  Entfernen welker Blüten 249
Campanula
  C. takesimana 'Elizabeth' 326, *326*
  C. medium 401
Canarina canariensis 155
Canna
  C. 'Pretoria' 255
  Pflanzung 255
  Lagerung 437
Carpinus, als Hecke 22
Caryopteris × clandonensis
  C. × c. 'Kew Blue' 415, *415*
  Schnitt 59, *59*
Centaurea
  C. cyanus 398
    Aussaat 399
  C. hypoleuca 'John Coutts' 324, *325*
Ceratostigma, Schnitt 59
Chaenomeles
  C. × superba 'Nicoline' 81, *81*
  C. × superba 'Pink Lady' 123, *123*
  Schnitt 144, *144*
Chelone obliqua 414, *415*
Chemikalien
  Entfernen 54–55
  Probleme 190
Chionodoxa
  C. forbesii 'Pink Glow' 115, *115*
  in Grasflächen 395
  Weihnachtsschmuck 394
Choisya
  C. 'Aztec Pearl' 232, *233*
  C. ternata, Schnitt 58
Christophskraut *siehe Actaea simplex*

Chrysanthemum
C. 'Talbot Jo' 455, *455*
Düngen 300
Cistus × cyprius 277, *277*
Clandon-Bartblume *siehe*
Caryopteris × clandonensis
Clarkia amoena 327, *327*
Clematis
C. 'Abundance' 376, *377*
C. alpina 'Frances Rivis' 176, *176*
C. 'Bill MacKenzie' 488, *489*
C. cirrhosa var. *balearica* 80, *80*
C. 'Comtesse de Bouchard' 376, *377*
C. 'Fireworks' 282, *282*
C. 'Gravetye Beauty', Schnitt 61
C. 'Guernsey Cream' 282, *283*
C. 'Hagley Hybrid' 376, *376*
C. 'Jackmanii' 376, *376*,
Schnitt 61
C. 'Lasurstern' 282, *283*
C. 'Madame Julia Correvon', Schnitt 61
C. 'Marie Boisselot' 282, *282*
C. 'Markham's Pink' 233, *233*
C. montana 199
C. m. var. *grandiflora* 221, *221*
Schnitt 198
C. 'Nelly Moser' 282, *283*
C. orientalis, Schnitt 61
C. 'Paul Farges' 376, *377*
C. texensis, Schnitt 61
C. 'The President' 282, *283*
C. 'Ville de Lyon' 376, *377*
Schnitt 61
C. viticella, Schnitt 61
Anbinden 147
frühblühend, großblumig 284–285
Gruppe 3, Schnitt 61
Pflanzung *429*
spätblühend 376–377
Schnitt 61, *61*
Cleome hassleriana 'Colour Fountain' 330, 331
Cobaea scandens 155
Colchicum
C. byzantinum 301
C. cilicicum 450, *451*
Pflanzung 300
Consolida 105
Convallaria majalis 168, *168*
Cornus 48
C. alba
C. a. 'Aurea' 48, *48*
C. a. 'Elegantissima' 48, *49*
C. a. 'Sibirica' 48, *48*
C. mas 76, *76*
C. sanguinea 'Flaviramea' 48, *49*
C. sanguinea 'Winter Beauty' 48, *49*
C. sericea 48, *49*
Schnitt 96, *97*
Cortaderia selloana 'Sunningdale Silver' 486, *486*
Corydalis flexuosa 222, *223*
Corylopsis glabrescens 175, *175*
Corylus avellana 'Contorta' 118, *118*
Cosmos atrosanguineus 417, *417*
Cosmos bipinnatus Sensation-Serie 322, *323*
Cotinus 146
C. coggygria f. *purpureus* 371, *371*
C. 'Grace' 485, *485*
Cotoneaster
C. frigidus 'Fructu Luteo' 508, *508*
als Hecke 23
Crambe cordifolia 271, 271
Crataegus
C. laevigata 'Rosea Flore Pleno' 226, *226*
als Hecke 22
Crocosmia
C. × crocosmiiflora 'Jackanapes' 369, *369*
Teilen *436*, 437
Crocus
C. kotschyanus 300, *301*
C. sativus 300
C. speciosus 300
C. tommasinianus 77, *77*

C. vernus 'Pickwick' 117, *117*
für Weihnachten 394
in Grasflächen 396–397
Cyclamen 431
C. coum Pewter-Gruppe 82, *82*
Cytisus × praecox 'Warminster' 172, 173

D

Dahlia
D. 'Bishop of Llandaff' *65*, 410, *411*
D. 'Hamari Gold' *65*
D. 'Jescot Julie' *65*
D. 'Kathryn's Cupid' *65*
D. 'Preston Park' *65*
D. 'Zorro' *65*
Bestellen 29
Lagern 30, 437–438, *438*
Vortreiben 64
Daphne mezereum 116, *116*
Darwin-Berberitze *siehe Berberis darwinii*
Delphinium
D. 'Bruce' 323, *323*
Ausdünnen 152
Entfernen welker Blüten 254
Stützen *200*
Deutsche Schwertlilie *siehe Iris germanica*
Deutzia 248
Dianthus
D. 'Little Jock'
Pflanzung 401
Aussaat 207, 276, *277*
Dicentra spectabilis 169, *169*
Dicke Bohnen 108
Abzwicken der Triebe 214, *214*
Aussaat 446
Einfrieren 354
Dierama pulcherrimum 359, 359
Digitalis
D. × mertonensis 231, *231*
D. purpurea f. *albiflora 400*, 401
Duftwicke *siehe Lathyrus odoratus*
Dung 13
Beschaffen 496
für Hecken *22*
für Obstbäume 71
Verteilen *14*
Dünger
Arten 193
Beerensträucher 163
Kunstdünger, Winterdüngung 133, *133*
organisch, Winterdüngung 37, 55, 64
Rasen 136, 191–192
Flüssigdünger 245, 293
Phosphat 343
stickstoffarm 386
Rosen 297
für Sommerpflanzungen 204
Topfpflanzen 192–193, 344
Wasserpflanzen 195
Zwiebeln *28*, 28, 202

E

Eberesche *siehe Sorbus*
Eccremocarpus scaber 154, 155
Echinacea purpurea 'White Swan' 364, *365*
Echter Fächerahorn *siehe Acer palmatum*
Echter Lavendel *siehe Lavandula angustifolia*
Echter Safran *siehe Crocus sativus*
Edeldistel *siehe Eryngium × tripartitum*
Edelgarbe 278, *278*
Edelgoldregen *siehe Laburnum × watereri*
Efeu *siehe Hedera*
Efeuwein *siehe Parthenocissus tricuspidata*
Eibe *siehe Taxus*
Einfrieren
Bohnen 354
Kräuter 308–309, 444
Einjährige *siehe* Sommerblumen
Elaeagnus × *ebbingei* 'Gilt Edge' 513, *513*
elektrische Anlagen, Pflege im Winter 54

Elfenbeinginster *siehe Cytisus × praecox*
Elfenkrokus *siehe Crocus tommasinianus*
Endivien, Bleichen von 310, *310*
Entengrütze 194, *194*
Entfernen welker Blüten *249*, 249, 253–254, 299
Lavendel 345–346
Rosen 296, *296*
Sommerblumen 352
Zwiebeln 28, 150, 202
Epimedium × warleyense 178, *178*
Eranthis hyemalis 41, *41, 67*
Pflanzung 67
Erbsen
Ernte 260
Aussaat 69, *69*, 108
Stützen 162, *162*
Erdbeeren
Ausläufer 216–217, *263, 406*
Blätter entfernen 312–313, *313*
Ersetzen 313
Grauschimmel 263
Pflanzung *406*, 406–407
Schutz *216*, 216–217
Erica
E. carnea 'Springwood White' 40, *41*
E. × darleyensis 'Jenny Porter' 80, 80
Farbe im Winter *430*, 431
Stutzen 57
Eryngium × tripartitum 412, *412*
Erysimum cheiri 'Blood Red' *400*
Erythronium 'Pagoda' 179, *179*
Escallonia rubra 'Woodside' *141*
Eschscholzia californica 317, *317*
Estragon 111
Eucalyptus, Schnitt 96
Eucomis comosa 151
Lagern 437
Pflanzung 151
Euonymus
E. alatus 488, *488*
E. fortunei 'Silver Queen' 78, *78*
E. japonicus
E. j. 'Aureopictus' 431
E. j. 'Marieke' 431
Euphorbia
E. characias, Entfernen welker Blüten 253
E. × martini 227, *227*
E. polychroma 171, *171*
E. robbiae, Entfernen welker Blüten 253
Europäischer Perückenstrauch *siehe Cotinus coggygria*
Exochorda × macrantha 'The Bride' 223, *223*

F

Fächererziehung 164, *165*
Fallschirmrudbeckie *siehe Rudbeckia laciniata*
Farbe
Triebe 96–97
Töpfe für den Winter 430–431
Farne *31*
Feldsalat 307
Felicia amelloides 257
Felsen-Löwenmaul *siehe Asarina procumbens*
Fetthenne *siehe Sedum*
Feuerbohnen 261
'Enorma' 309
Aussaat 208–209
Ernte 309, 354, 443
Pflanzung 260–261
Wässern 261, 304
Wuchs bremsen 309
Feuerdorn *siehe Pyracantha*
Feuergeißschlinge *siehe Lonicera × heckrottii*
Fiederblättrige Schmuckblume *siehe Cosmos bipinnatus*
Fingerhut *siehe Digitalis*
Fingerstrauch *siehe Potentilla fruticosa*

Fische
Einsetzen 293, *293*
Füttern 89, 195, 426
in gefrorenen Teichen 15–16
Umsiedeln 137
siehe auch Teiche
Flachbeete für Gemüse 35
Flechten 497
Flieder *siehe Syringa vulgaris*
Flügelspindelstrauch *siehe Euonymus alatus*
Folie zum Abdecken von Böden 35, 442–443, *443*
Forsythia
F. × *intermedia* 'Lynwood' 120, *120*
Schnitt 144
Fritillaria
F. imperialis 118, *119*
F. meleagris 180, *181*
Frostschutz 190, 468–469, 474, 495
Frühlingskrokus *siehe Crocus vernus*
Fuchsia
Stecklinge 352
F. 'Auntie Jinks' 368, *368*
F. 'Swingtime' *441*
Schnitt 59
Winterpflege 440

G

Galanthus 66
G. plicatus subsp. *byzantinus* 44, *44*
Pflanzung 67
Galtonia candicans 29
Pflanzung 151
Lagern 437
Gänsekresse *siehe Arabis*
Garrya elliptica 46, *47, 141*
Gartenastilbe *siehe Astilbe*
Gartenbohne *209*
Ernten 354
Aussaat 208–209
Gartenfuchsschwanz *siehe Amaranthus caudatus*
Gartenmontbretie *siehe Crocosmia* × *crocosmiiflora*
Gartenverbene *siehe Verbena* × *hybrida*
Gärtnervlies 214–215
Gazania Chansonette-Serie 373, *373*
Gebogener Lerchensporn *siehe Corydalis flexuosa*
Gefäße
Düngen 192–193, 344
Einstellen der Düngung 389
Frostschutz 19, *19, 468*, 468–469
für Weihnachten 394
Gruppieren 341–342, *342*
Kopfdüngung 63
Lorbeer 504
Mulchen 243
Pflege 303, 502
Rosen 90, *90*
Schnecken 132
Umstellen *469*
Wässern 19, 193, 303, *303*, 341–342, 344, 349
Wasserpflanzen 138–139
Winterfärbung 430–431
winterharte Pflanzen 89–90
Zwiebeln 397
Gefurchter Dickmaulrüssler 191, *191*
Gelbe Scheinkalla *siehe Lysichiton americanus*
Gemüse
Ausdünnen von Sämlingen 158, *158*
Ernte 260, 290, 305, 354
fernöstliche Sorten 261–262, 307
Flachbeete anlegen 35
Freilandaussaat 106–109
Fruchtfolge 159
Frühgemüse 35
Hacken 215
Kalken 68, 305
Mischkultur 212
Umgraben im Herbst 442
Unkraut jäten 215, 305

Wässern 304
siehe auch die einzelnen Gemüsesorten
Genista aetnensis 270, 270
Geranium
G. himaleyense 280, *281*
Rückschnitt 349
Entfernen welker Blüten 299
G. maculatum 205
G. psilostemon 370, 370
Geum 'Borisii' 266, *267*
Gießen *siehe Wässern*
Gladiolus 29, *151*
Lagern *437*
Pflanzung 150–151
Glattblattaster *siehe Aster novi-belgii*
Glockenrebe *siehe Cobaea scandens*
Goldlack *siehe Erysimum cheiri*
Goldlöckchen *siehe Forsythia*
Goldrute *siehe Solidago*
Graue Heiligenblume *siehe Santolina chamaecyparissus*
Graue Sterndolde *siehe Astrantia major*
Großblütige Prunkspiere *siehe Exochorda × macrantha*
Großblütiger Storchschnabel *siehe Geranium himaleyense*
Große Kapuzinerkresse *siehe Tropaeolum majus*
Großer Staudenphlox *siehe Phlox paniculata*
Größtes Zittergras *siehe Briza maxima*

H

Häckseln 496
Hainblume *siehe Nemophila*
Hainbuche *siehe Carpinus*
Hakonechloa macra 'Aureola' 418, *419*
Hamamelis
H. × intermedia
H. × i. 'Arnold Promise' 42, *42*
H. × i. 'Jelena' *60*
Schnitt 61
Hängekörbe
Auskleidung 258
Farbe im Winter *430*
Pflanzung 258, *258–259*
Urlaubsvorbereitung 342
Wässern 192–193
Harken 106, *106*
Hartriegel *siehe Cornus*
Hebe 'Eveline' 330, *330*
Hecken
Arten *141*
Koniferen, Schnitt 297
Lavendel 145
Pflanzung 22–23, 92, 140, 430
Schnitt 63, 196–197, 346–347, 297, 499
Heckenkirsche *siehe Lonicera*
Heckenschere *347*
Hedera
H. helix 'Dragon Claw' *99*
Schnitt 26, *26*
Heiligenkraut *siehe Santolina*
Helianthus 'Music Box' 316, *317*
Helichrysum serotinum
Schnitt *145*
Helicotrichon sempervirens 418, *419*
Helleborus
H. orientalis 79, *79*
Rückschnitt 252
Helenium 'Moerheim Beauty' 413, *413*
Hemerocallis 'Gentle Shepherd' 320 *321*
Higankirsche *siehe Prunus × subhirtella*
Himbeeren
Ernte 311, 407
Pflanzung 72, 73
Schnitt
einmal tragend 311–312, *312*
remontierend 71, *71*
unerwünschte Ruten 216
Himmelsleiter *siehe Polemonium carneum*

Hippeastrum 476, 503
H. 'Apple Blossom' *503*, 512, *513*
Holunder *siehe Sambucus*
Holzschutz 497, *497*
Hooker-Fleischbeere *siehe Sarcocca hookeriana*
Hordeum jubatum 156
Hornnarbe *siehe Ceratostigma*
Hundszahn *siehe Erythronium*
Hyacinthoides non-scripta 230, *230*
Hyacinthus orientalis 'City of Haarlem' 126, *127*
Hyazinthe *siehe Hyacinthoides*
Hydrangea
H. paniculata 'Grandiflora' 363, *363*
H. petiolaris, Schnitt 26, *26*
Hygiene
Rabatten 134, 494
Stauden 15, 103
Werkzeug 466, *467*

I
Igel 15, 468, 494
Ilex
I. aquifolium 'Handsworth New Silver' *141*, 510, 510
Indigofera heterantha 367, *367*
Indigostrauch *siehe Indigofera heterantha*
Inkalilie *siehe Alstroemeria*
Ipomoea tricolor 155, *155*
I. t. 'Heavenly Blue' 320, *320*
Iris 299
I. foetidissima 484, *485*
I. germanica 273, *273*
I. 'Harmony' 82, *83*
I. histrioides 395
I. unguicularis 'Mary Barnard' 44, *45*
Teilen *298*, 298–299, 387
Weihnachtsblüher 394
Italienische Waldrebe *siehe Clematis viticella*

J
Japan-Eberesche *siehe Sorbus commixta*
Japanische Aukube *siehe Aucuba japonica*
Japanische Skimmie *siehe Skimmia japonica*
Japanischer Blauregen *siehe Wisteria floribunda*
Japanischer Schneeball *siehe Viburnum plicatum*
Japanischer Spindelbaum *siehe Euonymus japonicus*
Jasminum
J. mesnyi 176, *177*
J. nudiflorum 62, 99, 509, *509*
Jäten 192, *192*, 245
Gemüse 215
Jäten von Unkraut
Gemüse 215, 305
Hacken 192
Rasen 134
Schädlingsbekämpfung 191
Sommer 245
Vernichten von Sämlingen 14
Winter 64
Jungfer im Grünen *siehe Nigella damascena*

K
Kahle Scheinhasel *siehe Corylopsis glabrescens*
Kaiserkrone *siehe Fritillaria imperialis*
Kalken von Gemüse 68, 304
Kamelie *siehe Camellia*
Kanarenglocke *siehe Canarina canariensis*
Kapuzinerkresse *siehe Tropaeolum speciosum*
Kartoffeln
Anhäufeln 163
Ernten 306, 402, *402*, 444

Frühkartoffeln 36
Pflanzung 109, *109*, 163
Vorkeimen 37, *37*
Kartoffelrose *siehe Rosa rugosa*
Kerria japonica
Schnitt 197
Kirsche (Obst)
Spaliergehölz 164, *165*
Chinesischer Senfkohl 307
Kirsche
Sargent-Kirsche *siehe Prunus sargentii*
Traubenkirsche *siehe Prunus padus*
Zierkirsche *siehe Prunus × subhirtella*
Klatschmohn *siehe Papaver rhoeas*
Kleinblättriger Pfeifenstrauch *siehe Philadelphus microphyllus*
Kletterhortensie *siehe Hydrangea petiolaris*
Kletterpflanzen
Anbinden 147, 197–198, 471
einjährig, Aussaat 154–155
Pflanzung 57, 98, 429
Rosen 90, 94–95, 344–345, 389, 432–433
Schnitt 26, 98, *99*
Kniphofia 474
Knoblauch 306
Stecken 404, *404*, 445
Knollenfenchel 159
Kohl
Anhäufeln 504
Ernten 354
Frühjahr
Aussaat 308
Pflanzung 404, 445
Zierkohl 401
Kohlfliege 212, 308
Kohlgewächse
Anhäufeln 504
Gelbfärbung des Laubs 444–445
Kalken 68
Netze 213, 478–479
Pflanzung 212, 308
Schutz 212–213, *262*
Umpflanzen 212
siehe auch einzelne Kohlsorten, z.B. Rosenkohl
Kohlhernie 207
Kohlweißling *262*
Kolkwitzia 248
Kolbensumach 456, *456*
Kompost 13
Grasschnitt 244–245
Komposter 382, *382–383*, 442
Kopfdüngung 63, *63*
Mulchen 442
Patio-Rosen 90
Koniferen
Pflege im Winter 57, *57*
Schnitt 63
Stutzen 433
Hecken 297, 346–347
Königskerze *siehe Verbascum*
Kopfdüngung
Rasen 385, *385*
Sträucher in Gefäßen 63
Kordon 164
Korea-Glockenblume 326, *326*
Koriander *111*
Korkenzieherhasel *siehe Corylus avellana*
Kornblume *siehe Centaurea*
Krankheiten 190–191, 291–292, 340, 425
Kräuter
Aussaat 110–111, 161
Ernten und Trocknen 308–309
im Haus 444
Pflanzung 161
Kreosot 497
Kronenanemone *siehe Anemone coronaria*
Kröten 468
Küchenschelle *siehe Pulsatilla vulgaris*
Kupferfelsenbirne *siehe Amelanchier lamarckii*

Kugelprimel *siehe Primula denticulata*
Kupferbänder gegen Schnecken 132
Kürbis 403, *403*
  Ernte 403
  Krankheiten 425
  Pflanzung 210–211

L

Laburnum × watereri 'Vossii' 228, *229*
Lagerung
  Baumobst 407, 446, *446*
  Dahlien 30, 437–438, *438*
  Samen 12, 108
  Speisezwiebeln 307, 402
  Zwiebeln 437–438
Lagurus ovatus 156
Lathyrus 153
  L. odoratus Bijou-Gruppe 358, *358*
  Aussaat 32–33, 153
  Erziehung 202
  Pflanzung 153
Lauch
  Aussaat 158
  Pflanzung 209–210, *210*
  Umpflanzen 158–159
Laurustinus *siehe Viburnum tinus*
Lavandula
  L. angustifolia 'Twickel Purple' 278, *279*
  Entfernen welker Blüten 345–346
  Schnitt *145*
Lavatera 431
  L. × clementii 'Barnsley' 372, 372
  Schnitt 59
Lavendel *siehe Lavandula*
Lilium
  L. candidum 350, 351
  Eintopfen 502
  Pflanzung 151–152, 255, 439–440
Limnanthes douglasii 399
  Aussaat 399
Lobelia erinus 'Crystal Palace' 328, *328*
Lonicera
  L. fragrantissima 487, *487*
  L. × heckrottii 275, *275*
  L. periclymenum 99
  L. × purpusii 42, *43*
Lorbeer 504
Lorbeerkirsche *siehe Prunus laurocerasus*
Löwenzahn 135
Lupinus
  L. arboreus 280, *280*
  Ausdünnen 152
  Entfernen welker Blüten 254
Lysichiton americanus 116, *117*

M

Madonnenlilie *siehe Lilium candidum*
Magnolia stellata 170, *170*
Mähnengerste *siehe Hordeum jubatum*
Mahonia × media 'Charity' 511, *511*
Maiglöckchen *siehe Convallaria majalis*
Mais
  Aussaat 161
  Bestäubung 211, *211*
  Pflanzung 211
Malus 184–185
  M. 'Butterball' 460, *460*
  M. 'Evereste' *185*
  M. 'John Downie' 460, *461*
  M. 'Katherine' *184*
  M. 'Marshal Ôyama' 460, *461*
  M. × moerlandsii 185
  M. pumila 'Cowichan' 460, *460*
  M. 'Royalty' *185*
  M. toringo 184
  M. transitoria 185
  M. 'Veitch's Scarlet' 460, *461*
  M. × zumi 'Professor Sprenger' 460, *461*
Mandarinrose *siehe Rosa moyesii*
Mangold 208
Männertreu *siehe Lobelia erinus*
Marienglockenblume *siehe Campanula medium*

Marienkäfer 494
Meerkohl *siehe Crambe cordifolia*
Mehltau 251, 383, 425
Milchstern *siehe Ornithogalum*
Minze 444
  Eintopfen 70, *70*
  Pflanzung 111
Mizuna 307
Möhren, Schutz 214–215
Möhrenfliege 214–215
Monarda 'Mahogany' 366, *366*
Moos
  in Rasen 134
  Torfmoos, Gefährdung 258
  auf Wegen 497
Mulchen 13
  Arten 88
  Dicke *88*
  Frostschutz 474
  nackte Erde 88
  Neupflanzungen 190
  Obst 71, 215
  Sommer 242–243, 291
  Unkrautbekämpfung 192
Myositis
  Aussaat *206*
  Pflanzung 401

N

Nachtschatten *siehe Solanum crispum*
Narcissus
  N. 'Ambergate' *395*
  N. 'Broadway Star' *395*
  N. 'Cassata' *395*
  N. 'Cheerfulness' 121, *121*
  N. cyclamineus 83, *83*
  N. 'Jack Snipe' 394
  N. 'Jumblie' 395
  N. minimus 394
  N. 'Paper White' 394, 475
  N. 'Rip van Winkle' *395*
  N. 'Soleil d'Or' 475
  N. 'Tahiti' *395*
  N. tazettus 394
  Entfernen welker Blüten 150
  Pflanzen im Gras 394–395, 396–397
Nelkenwurz *siehe Geum*
Nemesia caerulea 364, *364*
Nemophila 105
Nepeta × faassenii 269, *269*
Nerine *149*, 300–301
  N. bowdenii 301, 454, *455*
  Frostschutz 474
Netze
  Erdbeeren 217
  Kletterer 198
  Kohlgewächse 213, 479
Nicotiana sylvestris 325, *325*
Nigella damascena 'Miss Jekyll' 326, *327*
Nistkästen 55, *55*, 468

O

Obst
  Mulchen 215
  Stroh zum Unterlegen *217*
  Wässern 215, 263
Obstbäume
  Boden vorbereiten 447
  Erziehung 164, *165*
  in Gefäßen, Pflanzung 164
  Mulchen 71, 481, *481*
  Pflanzung 480
Ohrwürmer 348, *348*
Orangenblume *siehe Choisya*
organische Substanz 13
  für Hecken 22
  Verteilen 14, *34*, 193
Orientalische Waldrebe *siehe Clematis orientalis*
Ornithogalum 29
  im Gras 395
Ösenschrauben 98
Osteospermum jucundum 360, *361*

P

Paeonia 282
P. lactiflora
P. l. 'Ballerina' 282, *283*
P. l. 'Bowl of Beauty' 282, *282*
P. l. 'Kelway's Supreme' 282, *283*
P. l. 'Laura Dessert' 282, *283*
P. l. 'Sarah Bernhardt' 282, *282*
P. officinalis 'Rubra Plena' 282, *283*
Pak Choi 261, 307
Pampasgras *siehe Cortaderia selloana*
Papaver
P. orientale
P. o. 'Cedric Morris' 220, *221*
Entfernen welker Blüten 299
Rückschnitt 252
P. rhoeas Shirley-Serie 321, *321*
P. somniferum, Aussaat 399, 401
Samenstände 434
Papierbirke *siehe Betula papyrifera*
Parthenocissus
P. tricuspidata 450, *450*
Schnitt *26*
Pastinaken
Aufnehmen und Lagern 478
Aussaat 108–109
Schutz 214–215
Patagonisches Eisenkraut *siehe Verbena bonariensis*
Pelargonium
Stecklinge 352
P. 'Apple Blossom Rosebud' 372, *373*
Pennisetum alopecuroides 'Hameln' 418, *419*
Penstemon 374
P. 'Alice Hindley' 374, *374*
P. 'Apple Blossom' 374, 375
P. 'Burgundy' 374, *374*
P. 'Chester Scarlet' 374, 375
P. 'Maurice Gibbs' 374, *375*
P. 'Stapleford Gem' 374, 375
Frostschutz 474, 495
Perückenstrauch *siehe Cotinus*
Pestizide 340
Petersilie 444
Schutz 214–215
Petunia 'Purple Wave' 319, *319*
Pfingstrose *siehe Paeonia*
Pflanzung
Bäume und Sträucher 428
in Gefäßen 144, 388, *388–389*, 471
wurzelnackt 21, 56–57, 92, 470–471
Frühjahrsbeetpflanzen 401
Gemüse 67, 109, 209–212, 308
Hecken 22–23, 92, 140
Himbeeren 73
Kletterpflanzen 57, 98, 429
Knoblauch 404, 445
Rosen 472–473
Stauden 148, 390–391, *390–391*, 435
Wasserpflanzen 138–139
Zwiebeln 67, 150–152, 255
Pflaumen, Erziehung 164
Philadelphus microphyllus 276, 276
Phlox
P. paniculata 'Eva Cullum' 318, *319*
Ausdünnen 152
Entfernen welker Blüten *253*
pH-Wert des Bodens 12–13, 68
Physalis alkekengi 451, *451*
Pieris japonica 'Flamingo' 168, *169*
Polemonium carneum 268, *269*
Potentilla fruticosa 272, 273
Prachtkrokus *siehe Crocus speciosus*
Prärielilie *siehe Camassia leichtlinii*
Primeljasmin *siehe Jasminum mesnyi*
Primula
P. denticulata var. *alba* 230, *231*
P. Gold-laced-Gruppe *102*
P. 'Inverewe' 125, *125*
P. 'Miss Indigo' *102*, 127, *127*
Teilen 102
Prunkwinde *siehe Ipomoea*
Prunus 182–183

P. avium *182*
P. 'Kanzan' *182*
P. 'Kiku-shidare-zakura' *183*
P. laurocerasus, Schnitt 58, 63
P. padus 'Watereri' 226, *226*
P. sargentii 124, *124*
P. serrula 47, *47*
P. 'Shirotae' *183*
P. 'Spire' *183*
P. × subhirtella 45, *45*
P. 'Ukon' 183
Pulmonaria
P. angustifolia 'Azurea' 122, *123*
Rückschnitt des Laubs 201, *201*
Pulsatilla vulgaris 174, *175*
Purpurfetthenne *siehe Sedum spectabile*
Purpurfingerhut *siehe Digitalis purpurea*
Purpursonnenhut *siehe Echinacea purpurea*
Pyracantha *196*
P. 'Golden Charmer' 484, *484*
Schnitt 144, *196*

R

Rabatten
Hygiene 134, 383
Lücken 243
Rankgitter 198
Rasen
Belüften (Aerifizieren) *17*, 134, *384*, 385
Durchlässigkeit 17
Düngen 136, 191–192, 245, 292–293, 343, 386, *386*
Filz 384
Frost 14, 16
Jäten 134
Kanten 91, *91*, 245
Kopfdüngung 385, *385*
Laub entfernen *15*, 424, *424*
Mähen
Frühjahr 90, 134, 191
Herbst 426
Sommer 244–245, 290, 292, 343
Moos 134
Neuaussaat 386, *386*, 426
Unebenheiten18, *18*, 134
Vertikutieren 384
Wässern 292
Wurmerde 16–17
Rasenmäher, Wartung 18
Rauke 307
Raupen *262*, 262–263
Rhabarber vortreiben 37
Rhodochiton atrosanguineus *155*, 365, *365*
Aussaat 155
Rhododendron 236
R. 'Beauty of Littleworth' *237*
R. cinnabarinum *237*
R. 'Freya' *236*
R. 'Golden Torch' *237*
R. 'Narcissiflorum' *237*
R. 'Strawberry Ice' *236*
R. yakushimanum 180, *180*
Entfernen welker Blüten *249*
Rhus typhina 456, *457*
Ribes sanguineum 'Brocklebankii' 172, *172*
Riesenhyazinthe *siehe Galtonia candicans*
Rindenschnipsel 242
Rispenhortensie *siehe Hydrangea paniculata*
Rittersporn *siehe Consolida, Delphinium*
Rosa 332, 334
R. 'Albertine' 334, *335*
R. Amber Queen 332, 333
R. 'American Pillar' *99*, 334, *334*
R. Blue Moon 332, *333*
R. 'Bobbie James' 334, *335*
R. 'Chinatown' 332, *333*
R. 'Climbing Iceberg' *432*
R. 'Danse du Feu' 334, *335*
R. Eglantyne 332, *332*

R. 'Golden Showers' 334, *335*
R. Graham Thomas 332, *332*
R. Handel 334, *334*
R. moyesii 486, *487*
R. rugosa 457, *457*
R. 'William Lobb' 332, *333*
Rosen
Buschrosen 332
Düngen 297
Entfernen welker Blüten *296*, 296–297
Erziehung
Kletterrosen 250
Kletterrosen 334
Anbinden *147*
Patio-Rosen 90
Rambler-Rosen 250, 334
Anbinden *147*
Schnitt 90, 94–95
Buschrosen 94, 499
Kletterrosen 94, 389, *432–433*, 432–433
Rambler-Rosen 94, 344–345, *345*
Strauchrosen *95*
Strauchrosen 332
Wildtriebe 250–251, *251*
wurzelnackt pflanzen 472–473
siehe auch Rosa
Rosenkelch *siehe Rhodochiton atrosanguineus*
Rosenkohl
Anhäufeln 504, *504*
Ernten 478
Gelbwerden der Blätter 444–445, *445*, 504
Pflanzung 212
Rosmarin 308–309
Rostrote Rebe *siehe Vitis coignetiae*
Rote Akelei 177, *177*
Rote Schildblume *siehe Chelone obliqua*
Rubus, Schnitt *97*
Rudbeckia laciniata 'Herbstsonne' 411, *411*

S
Saatschalen, Säubern von 466
Salat
Keimung 260
Wintersalat 403
Salbei 308–309, *309*, 456, *456*
Salix
Schnitt 97
S. alba var. *vitellina* 'Britzensis' 512, *512*
S. caprea 'Kilmarnock' 126, *126*
Salvia
S. coccinea 'Lady in Red' 362, *362*
S. uliginosa 456, *456*
Salweide *siehe Salix caprea*
Sambucus 146
Samen
Anritzen 32, 33
Aussaat
Freiland 106–109
Gemüse 158–159
Wicken 32–33
winterharte Einjährige 104–105, 399
Bestellen 12, 466
Lagerung 12, 108
Saatbeete vorbereiten 106
Sammeln 351
Samenstände 434
Sämlinge
Ausdünnen 158, *158*
Selbstaussaat 341
Unkräuter vernichten14
Sand in Rasenflächen einarbeiten 17
Sandböden *13*
Santolina
Schnitt 145
S. chamaecyparissus 'Lemon Queen' 279, 279
Sarcococca hookeriana var. *digyna 40, 40*
Sauerstoff bildende Pflanzen 139
Ausdünnen *246*, 294
Scabiosa 'Butterfly Blue' 368, *369*

Schachbrettblume *siehe Fritillaria meleagris*
Schädlinge 190–191, 291–292, 340
  Überwintern 383, 425
  siehe auch unter den einzelnen Schädlingen
Schalotten
  Ernten *305*, 305–306
  Pflanzung 69
Scharlachkirsche *siehe Prunus sargentii*
Scharlachroter Salbei *siehe Salvia coccinea*
Schattenglöckchen *siehe Pieris japonica*
Schizostylis coccinea 'Sunrise' 452, 453
Schlafmohn *siehe Papaver somniferum*
Schleierfrauenmantel *siehe Alchemilla mollis*
Schlitzfolie 212
Schmetterlingsstrauch *siehe Buddleja*
Schmucklilie *siehe Agapanthus*
Schnecken 132, 260, 340–341, *341*
Schneeball *siehe Viburnum*
Schneeglöckchen *siehe Galanthus*
Schneeheide *siehe Erica carnea*
Schneelast auf Pflanzen 498
Schneerose *siehe Helleborus*
Schneestolz *siehe Chionodoxa*
Schnitt
  Bäume
    Clematis 61, *61*
    Form 24, *24*
    sommergrün 500–501, *500–501*
    unerwünschter Wuchs 297, *297*
    Wisteria 25
  Eucalyptus 96
  Feuerdorn 144, 196
  Flieder 250
  Forsythien 144, *144*
  Häckseln 496
  Hecken 63, 297, 499
  Himbeeren
    neue Ruten 73, *73*
    remontierend 71, *71*
    unerwünschte Ruten 216
  Kletterer 26, 98
  Obstbäume 481
  Rosen 90, 94–95, 344–345, *345*, 389, 432–433
  Schwarze Johannisbeeren 446–447, 505
  Sträucher
    Färbung 146
    frühblühend 197
    immergrün 58
    silberblättrig 145
    sommergrün *248*, 248–249, 500–501
    spätblühend 59–61
    Wintertriebe 96
  Winterjasmin *62*
  Wintertriebe *97*
  Zierquitten 144
Schnittlauch *111*
  Teilen 111
Schönranke *siehe Eccremocarpus scaber*
Schopflilie *siehe Eucomis*
Schwarzäugige Susanne *siehe Thunbergia alata*
Schwarze Johannisbeeren 505
  Düngen 163
  Pflanzung 481
  Schnitt 446–447, 505
Schwarze Kosmee 417, *417*
Schwertlilie *siehe Iris*
Scilla
  S. siberica 'Spring Beauty' 120, *120*
  in Grasflächen 395
Sedum
  Rückschnitt 64
  S. spectabile 'Brilliant' 416, *417*
Seerosen 137, *139*
  Teilen 138
Seggen *31*
Seidelbast *siehe Daphne mezereum*
Silberweide *siehe Salix alba*
Skabiose *siehe Scabiosa*

- *Skimmia japonica* 43, *43*
- Sockenblume *siehe Epimedium × warleyense*
- *Solanum crispum* 'Glasnevin' 329, *329*
- *Solidago* 'Goldenmosa' 412, *413*
- Sommerblumen
  - Ausdünnen 200–201
  - Aussaat 104, 152, 399
  - Entfernen welker Blüten 352
  - Pflege 303
  - Sammeln von Samen 351
  - Stützen *200*
- Sommerblumenzinnie *siehe Zinnia elegans*
- Sonnenblume *siehe Helianthus* 'Music box'
- *Sorbus*
  - Schnitt 297
  - *S. commixta* 453, *453*
- Sonnenbraut 413, *413*
- Spaliere 164, *165*
- Spaltgriffel *siehe Schizostylis coccinea*
- Speisezwiebeln *355*
  - Begleitpflanzen 214–215
  - Ernte 307, 355
  - Lagerung 307, 402
  - Steckzwiebeln 110, 403, 445
- Spinat 208
- Spinatsenf 307
- Spindelstrauch *siehe Euonymus*
- Spinnenpflanze *siehe Cleome hassleriana*
- *Spiraea* 'Arguta' 224, 224
  - Schnitt 197, 197
- Springbrunnen 139
- Stachelakanthus *siehe Acanthus spinosus*
- Stauden
  - Ausdünnen 152
  - Bestellen 30
  - Düngen 64, 300
  - Entfernen welker Blüten 299
  - Freilandaussaat 205
  - Hygiene 15, 103, 134
  - Laub auf Stauden entfernen 474
  - Pflanzung 148, 390–391, *390–391*, 435
  - Pflege 303
  - Rückschnitt 349, 392, 434–435, 474–475, 502
  - Stützen 103, 254
  - Teilen *100–101*, 100–101, 148, 201, *392–393*, 392–393, 435
- Stechpalme *siehe Ilex*
- Stecklinge
  - Buchsbaum 196–197
  - halbausgereifte *353*
  - von frostempfindlichen Stauden 352
- Steinkraut *siehe Alyssum*
- Sternmagnolie *siehe Magnolia stellata*
- Stickstoffsammler 260
- Stielmangold 208, *208*
- *Stipa gigantea* 418, *419*
- Stockmalve *siehe Alcea rosea*
- Strandflieder *302*
- Sträucher
  - Frostschutz 19, 495
  - frühblühend, Schnitt 197
  - Gefäßsträucher
    - Kopfdüngung 63
    - Pflanzung 143, 388, *388*, 471
  - hoch, Schnitt 431
  - immergrün
    - Schnitt 58
    - Umsetzen 92, *93*, 389
  - neu gepflanzt 498–499
  - panaschiert 430–431
  - Pflanzung 428
  - Schnee abschütteln 498
  - silbrig belaubt, Rückschnitt 145
  - sommergrün
    - Umsetzen 21
    - Schnitt 248–249, 500–501
  - spätblühend, Schnitt 59–61
  - wurzelnackt, Pflanzung 21, 56–57, 92, 470–471
- Strauchveronika *siehe Hebe*
- Strohblumen, Trocknen 302, 302
  - Samenstände 434

Stützen
Astern 393
Bäume *20, 56, 142–143*, 470, *470*
Duftwicken 153
Erbsen 162, *162*
Kletterer *98*, 147
Säubern 466
Stauden 103, 200, 254
Sumpfdotterblume *siehe Caltha palustris*
Syringa vulgaris 234, *234–235*
Entfernen welker Blütenstände 249
Rückschnitt 250, *250*
S. v. 'Charles Joly' *234*
S. v. 'Charles X' *235*
S. v. 'Katherine Havemeyer' *235*
S. v. 'Madame Lemoine' *234*
S. v. 'Président Grévy' *235*
S. v. 'Primrose' *235*

T

Taglilie *siehe Hemerocallis*
Tamarix tetranda 274, *275*
Taxus, Schnitt 63, 347
Teiche 294–295
Auffüllen 294–295, 342
Ausdünnen von Wasserpflanzen 136–137, *136–137*
Ausräumen 139
Beleuchtung 469
Bewuchs, zu dichter *195*, 387
Frost 15–16
Netze 387
Pflege 294, 342, 387, 426–427, 469
Pumpen *89*, 427, 469
Unkraut 194, *427*
Vorbereitung im Frühjahr 88–89
Wasserpflanzen 138–139
siehe auch Fische
Teilen
Iris *298*, 298–299
Stauden 100–101, 148, 201, 392–393, *392–393*
Seerosen *138*
Wasserpflanzen 246
Texas-Waldrebe *siehe Clematis texensis*
Thunbergia alata 155
Thymian 308–309
Tibetanische Kirsche *siehe Prunus serrula*
Tiere
Anlocken 291, 494
im Frühjahr 132
in Abfallhaufen 468
Wasser in Teichen 294–295
im Winter 55
Tigerblume *siehe Tigridia*
Tigridia 29
Lagerung 437
Pflanzung 151
Tomaten
Aussaat 160–161
Buschtomaten *160*, 161, 311
Düngen 311
Entfernen von Seitentrieben 311, *311*
Entspitzen 310
Freiland 261, 310–311
Reifung 405, *405*
Spaliertomaten 161, 310–311
Tonboden *13*
Lockern 22
Tränendes Herz *siehe Dicentra spectabilis*
Traubenkirsche *siehe Prunus padus*
Trichterschwertel *siehe Dierama pulcherrimum*
Trollblume *siehe Trollius × cultorum*
Trollius × cultorum 'Earliest of All' 222, *222*
Tropaeolum 12
T. majus, Aussaat 154
T. peregrinum 155
T. speciosum 361, *361*
Tulipa
T. 'Dreamboat' 477
T. 'Dreaming Maid' 477

T. 'Fringed Beauty' 477
T. 'Keizerskroon' *477*
T. 'Spring Green' 228, *228*
T. tarda 124, *125*, 394
Aufnehmen 202
Entfernen welker Blüten 202
in Grasflächen 397
Pflanzung 439, 476, *476*
Türkenmohn *siehe Papaver orientale*

U
Übelriechende Schwertlilie *siehe Iris foetidissima*
Umgraben
Herbst 428, 442, 447
Winter 34–35, 64, 478
Unkraut
einjährig 14
in Rasen *135*
in Teichen 194
mehrjährig 14
Urlaub, Vorkehrungen für den 290, 341–342

V
Verbascum 'Cotswold Queen' 322, *322*
Verbena
V. bonariensis 318, *318*
V. × hybrida Sandy-Serie 366, *367*
Veredeln 480
Vergissmeinnicht *siehe Myosotis*
Veronica gentianoides 266, *266*
Viburnum
V. × bodnantense 'Dawn' 508, *509*
V. × juddii 178, 179
V. opulus 'Compactum' 414, *414*
V. plicatum 'Mariesii' 274, *274*
V. tinus 78, *79*
Schnitt 58
Viermännige Tamariske *siehe Tamarix tetranda*
Vitis
V. coignetiae 489, *489*
Schnitt 499
Vögel, Füttern im Winter 495
Vogelfutter 495, *495*

W
Waldrebe *siehe Clematis*
Wasser
Auffüllen von Teichen 294–295, 342
Sparen 290–291
Tonnen 290, *291*
Wasserhähne, Frostschutz 496
Wässern
automatische Bewässerung 290
Beetpflanzen 257
bei Trockenheit *190*
Gemüse 304
im Urlaub 341–342
neue Pflanzen 193, 242
Obst 215, 263
Sickerschlauch 291, 304
Topfpflanzen 19, 192–193, 303, *303*, 341–342, 349
Wasserpflanzen
Ausdünnen 195, 246, 387
Düngen 195
Pflanzen 138–139, 246
Stutzen *426*
Teilung 246
Wege säubern 497
Weide *siehe Salix*
Weigela 'Looymansii Aurea' 272, *272*
Weiße Johannisbeeren 164
Weiße Rüben 262
Werkzeug
Ölen *54*
Pflege im Winter 54, 466, *467*
Wilde Lampionpflanze *siehe Physalis alkekengi*
Wildtriebe 250–251

Windschutz
Errichten 20
für neue Hecken 23
Wintergrüne Ölweide siehe *Elaeagnus × ebbingei*
Winterjasmin *siehe Jasminum nudiflorum*
Winterling *siehe Eranthis hyemalis*
Winterportulak 307, *307*
Winterrettich 307
Winterschneeball *siehe Viburnum × bodnantense*
Wisteria
Schnitt im Winter 25, *25*
W. floribunda 'Multijuga' 25, 225, *225*
Wohlriechende Heckenkirsche *siehe Lonicera fragrantissima*
Wolfsmilch *siehe Euphorbia*
Wucherblume *siehe Argyranthemum foeniculaceaum*
Wurmerde 16–17, *244*

Z

Zaubernuss *siehe Hamamelis*
Zeitlose *siehe Colchicum cilicicum*
Ziergräser *31*, 418–419
Aussaat 156
Rückschnitt 475
Zierhimbeeren *siehe Rubus*
Zierlauch 229, *229*
Zierquitte *siehe Chaenomeles*
Zinnia elegans Dreamland-Serie 324, *324*
Zistrose *siehe Cistux × cyprius*
Zucchini
Aussaat 161
Ernten *354*
Krankheiten 425
Pflanzung 210–211
Zuckermais *siehe* Mais
Zweigriffliger Weißdorn *siehe Crataegus laevigata*
Zweijährige
Auspflanzen 401
Freilandaussaat 207
Zwergmispel *siehe Cotoneaster*
Zwiebeln
Aufnehmen und Lagern 255, 437–438, 476, 502
Austrocknen 300
Düngen 28, 202
Entfernen welker Blüten 28, 202
in Gefäßen 397
in Grasflächen 394–397
herbstblühend, Pflanzung 300–301
nach drinnen bringen 28
Pflanzung 439–440
Rückschnitt des Laubs 254–255
sommerblühend
Bestellung 29
Pflanzung 150–152, 351
Teilen *148*
Weihnachtsschmuck 394, 439, 475, 503

Dank des Autors
Dieses Buch erscheint zwar unter dem Namen eines einzigen Autors, doch war an seiner Entstehung ein ganze Gruppe von Personen beteiligt. Ich möchte jedem von ihnen meinen Dank aussprechen.

Mein Dank geht auch an das Team von Dorling Kindersley, das mich freundlich, professionell und vor allem mit Humor unterstützt hat. Außerdem danke ich dem gesamten Team der Royal Horticultural Society für seine Unterstützung. Ich entschuldige mich bei allen, die ich nicht erwähnt habe, für dieses Versäumnis, und danke jedem von ihnen aufrichtig für die Hilfe.

Dank des Verlags
Dorling Kindersley dankt Simon Maughan und Susannah Charlton von der Royal Horticultural Society für die redaktionelle Unterstützung und dafür, dass sie ihr Fachwissen zur Verfügung gestellt haben. Einen besonderen Dank verdienen Claire-Marie King für die Mithilfe beim Design und Michèle Clarke für die Zusammenstellung des Registers.

Bildnachweis
Der Verlag dankt folgenden Personen und Institutionen für ihre freundliche Genehmigung zum Abdruck der Bilder:
(Abkürzungen: o-oben; u-unten; m-Mitte; l-links; r-rechts; g-ganz oben)

Eric Crichton Photos: 275l; **Gap:** John Glover 218, 448; **Garden Picture Library:** 49gl; Mark Bolton 49gr; Neil Holmes 511gr; Didier Willery 487l; **Garden World Images:** Glenn Harper 329l; Jenny Lilly 493; Tyrone McGlinchey 181u; **The Garden Collection:** Jonathan Buckley/Sarah Raven 289; Nicola Stocken Tomkins 185ur; **Getty Images:** Nilsson Steven 74; 75ur; **John Glover:** 130-31, 189, 241; **Harpur Garden Library:** 53; **Elaine Hewson:** 65gl, ul, 411g; **Diana Jazwinski:** 464-465; **Andrew Lawson:** 87; **Marianne Majerus Photography:** 11, 339; Christopher Bradley 381; **Clive Nichols:** 423, 482; **Photos Horticultural:** 48g; **Caroline Reed:** 65ul, 122, 229l, 332u, 458u.

Coverfotos: Dorling Kindersley

Erstausgabe:
Lektorat Helen Fewster
Bildredaktion Alison Donovan, Joanne Doran
Cheflektorat Anna Kruger
DTP-Design Louise Waller
Projektbetreuung Louise Abbott
Pearson Picture Library Lucy Claxton
Herstellung Rebecca Short